Udo Schulze

NSU

Was die Öffentlichkeit nicht wissen soll...

amadeus-verlag.com

Copyright © 2013 by
Amadeus Verlag GmbH & Co. KG
Birkenweg 4
74576 Fichtenau
Fax: 07962-710263
www.amadeus-verlag.com
Email: amadeus@amadeus-verlag.com

Druck:
CPI – Ebner & Spiegel, Ulm
Satz und Layout:
Jan Udo Holey
Umschlaggestaltung:
Jan Udo Holey

ISBN 978-3-938656-17-4

INHALTSVERZEICHNIS

Einleitung... S. 11

Kapitel 1 Der merkwürdige Tod im Wohnmobil .... S. 13

Kapitel 2 Gesucht: Die dritte Person im „Sunlight"............. S. 17

Kapitel 3 Beate Zschäpe und die Ruine von Zwickau............ S. 24

Kapitel 4 Erst Bankräuber, dann Serienkiller? .... S. 30

Kapitel 5 Und plötzlich gab es Tote............................. S. 34

Kapitel 6 Steckt eine türkische Parallelwelt hinter
den Attentaten?... S. 44

Kapitel 7 Die Spur zum Konfliktherd Zypern .... S. 79

Kapitel 8 Was so ein Trio alles können muss..................... S. 86

Kapitel 9 Waffe, Waffe, du musst wandern...................... S. 104

Kapitel 10 Das Wunder-Video von Zwickau .... S. 126

Kapitel 11 Sonderfall Heilbronn: Die tote Polizistin und das
Geheimnis von der Theresienwiese. .... S. 132

Kapitel 12 Exkurs: Was der Staat uns in Sachen Heilbronn
verschweigt. .... S. 144

Kapitel 13 Zur Person Kiesewetters. .... S. 154

Kapitel 14 Zur Person Martin A.................................. S. 157

Kapitel 15 NSA und NSU. .... S. 161

Kapitel 16 Parallelen zur RAF .... S. 175

Kapitel 17 Wie mit Toten schmutzige Politik betrieben wird..... S. 178

Anhang 1 von Thomas Moser (Journalist)
Ein Verfassungsschützer am Tatort und eine
Anklagebehörde, die Akten unterdrückt....................... S. 189

Anhang 2
Antwortschreiben der Staatsanwaltschaft Berlin.............. S. 195

Über den Autor .... S. 196

Quellen- und Fußnotenverzeichnis .... S. 197
Bildquellenverzeichnis .... S. 216

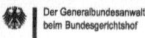 Der Generalbundesanwalt
beim Bundesgerichtshof

Bundesanwaltschaft und Bundeskriminalamt bitten um Ihre Mithilfe

 Bundeskriminalamt

+ + FAHNDUNG + + + FAHNDUNG + + + FAHNDUNG + + + FAHNDUNG + + + FAHNDUNG + + + FAHNDUNG + +

Polizistenmord 2007 in Heilbronn

Am 25. April 2007 wurden in Heilbronn eine Polizeibeamtin ermordet und ein weiterer Polizeibeamter lebensgefährlich verletzt. Tatverdächtig sind die Mitglieder der terroristischen Vereinigung „Nationalsozialistischer Untergrund" (NSU).

Zur Tatzeit nutzten die Verdächtigen ein weißes Wohnmobil (Mietfahrzeug) der Marke Chausson / Fiat Ducato, Typ: Flash 08, Baujahr: 2006, Kennzeichen: C-PW 87.

Tatverdächtige

Uwe Böhnhardt †   Uwe Mundlos †   Beate Zschäpe

Fragen

1. Wem ist im April 2007 dieses Wohnmobil im Raum Heilbronn aufgefallen und wer kann Angaben zu dessen Abstellorten machen?

2. Wer kann Angaben zu den Tatverdächtigen machen?

3. Wer besitzt Fotos oder Videos von Wohnmobil- oder Campingplätzen im Raum Heilbronn aus dem April 2007?

Weitere Informationen finden Sie unter: www.bka.de/nsu

Hinweise bitte an das Bundeskriminalamt
Zentrale kostenfreie Rufnummer der Hinweisaufnahme:
+49 (0) 800 - 0130 110
oder jede andere Polizeidienststelle

Herausgeber und Verleger: Bundeskriminalamt Wiesbaden

Abb. 1:
Fahndungsplakat des Bundeskriminalamts

Einleitung

Seine Bedeutung geht weit über das hinaus, was die Gesellschaft der Bundesrepublik Deutschland aus den 1970-er und 1980-er, bis hinein in die 1990-er Jahre von der „Roten Armee Fraktion" (RAF) kennt. Terror im Land war bis zum Auftauchen des „Nationalsozialistischen Untergrunds" (NSU) praktisch eine Angelegenheit von links. Nur selten gab es Anschläge aus dem rechten Lager, nur selten wurden hier organisierte Strukturen gebildet. Mit dem Wegfall der RAF im Jahr 1998, als ein der Gruppe zugerechnetes Papier, eine Selbstauflösungserklärung, den Weg an die Öffentlichkeit gefunden hatte, war es mit dem linken Terror in Deutschland schlagartig vorüber. Der Begriff verfing nicht mehr, machte der Bevölkerung keine Angst mehr und war nicht mehr geeignet, neue „Sicherheitsgesetze" einzuführen. An die Stelle des RAF-Terrors trat jener der Islamisten. Und nun, nachdem auch dieser in seiner Wirkung auf das Gefühl der Eigenbedrohung innerhalb der Gesellschaft stark schwächelt, wurde zwischen Flensburg und Radolfzell, von Frankfurt/Oder bis Aachen ein neuer Gegner ausgemacht – der NSU. Längst sind wir davon abgerückt, diese Gruppe als Drei-Mann-Betrieb aufzufassen. Längst sind die Zweifel an den Darstellungen des Staates zu diesem Thema größer und unübersehbar geworden. Ein Untersuchungsausschuss jagt den anderen, doch wahre Aufklärung will sich einfach nicht einstellen. Allem Anschein nach deswegen, weil sie umfassend von Justiz, Politik, Polizei und Teilen der Bevölkerung nicht gewollt ist. Zu viel würde dabei zutage treten, von dem die Deutschen aus Sicht der Herrschenden besser nichts wissen sollten. Verquickungen und Verstrickungen von Terror, Organisierter Kriminalität und staatlichen Stellen würden gewiss in einem Maße offenbar, dass dadurch das Gefüge dieses Staates ins Wanken geriete.

So tischt man uns nach wie vor das Geschichtchen von den drei Rechts-Terroristen auf, die eine Mordserie, einen Polizistenmord und zahlreiche Banküberfälle zu verantworten hätten. Am Ende sollen sich

Uwe Mundlos und Uwe Böhnhardt in einem Wohnmobil selber getötet haben.

Durch die jahrelangen Recherchen zu terroristischen sowie geheimdienstlichen Themen, die ich in mehreren Büchern verarbeitet habe, gelang es mir, ein ziemlich gutes Informationsnetzwerk aufzubauen. Es war daher nur eine Frage der Zeit, dass ich bei meiner Recherche zum NSU-Fall tiefer in diese Vorgänge Einblick nehmen würde. Zunächst wurden mir Insiderinformationen nur mündlich zugetragen – was schon spannend genug war und zeigte, dass die Öffentlichkeit an der Nase herumgeführt wird. Die wirkliche Brisanz der Thematik wurde mir allerdings dann erst bewusst, als ich Kopien von Dokumenten zugespielt bekam – zum Beispiel interner Schriftverkehr und Akten – die mir erst die immense Tragweite all dessen verdeutlichten.

Zu Beginn, als ich über den Dokumenten saß und erkannte, wo Material zurückgehalten wurde, wo verdreht oder gar gelogen wird, war ich mir nicht sicher, ob ich das veröffentlichen möchte, aufgrund einer möglichen Gefährdung meiner Person. Doch je länger ich recherchierte, die Tatorte aufsuchte, Interviews führte, wurde mir klar, dass dieses Wissen veröffentlicht werden *muss*!

Vorliegendes Buch räumt nun auf mit dieser haarsträubenden Story, nennt Hintergründe, Fakten und Geheimnisse im Zusammenhang mit der angeblich beispiellosen Terrorwelle von rechts.

NSU – was die Öffentlichkeit nicht wissen soll!

1. Der merkwürdige Tod im Wohnmobil

Die beiden Männer im weißen Wohnmobil der Marke „Sunlight" hatten gerade einen Banküberfall hinter sich. Auf Fahrrädern waren sie geflüchtet, hatten sich anschließend völlig ruhig und harmlos in ein Wohnmobil gesetzt und in eine gutbürgerliche Siedlung begeben. Es war ihr vierzehnter Überfall, eigentlich Routine. Doch irgendetwas war an diesem Tag anders. Irgendetwas störte, veränderte die Atmosphäre. Gefahr lag für die beiden Täter in der Luft, das spürten sie, ganz deutlich sogar. Doch diese unstrittig vorhandene Gefahr war nicht genau zu orten, nicht zu greifen, erst einmal unsichtbar.

Sie wurde sichtbar in Gestalt zweier Streifenpolizisten, die sich dem weißen Gefährt vorsichtig näherten. Wenige Minuten nach Ankunft der Bankräuber waren auch die Beamten in der Wohnstraße in Eisenach eingetroffen. Es war der 4. November 2011, und plötzlich gab es zwei Knallgeräusche. Wenige Sekunden danach drang dichter Rauch aus dem Wohnmobil, Flammen wurden sichtbar. Erst in diesem Augenblick wagten sich die inzwischen von Kollegen verstärkten Polizisten aus ihrer Deckung. Nachdem das Auto von der Feuerwehr gelöscht worden war, machten die Beamten eine grausame Entdeckung. Im Brandschutt lagen zwei Männer. Wie sich später herausstellte, handelte es sich um Uwe Böhnhardt und Uwe Mundlos, gesuchte Rechtsextremisten und Mitglieder einer terroristischen Vereinigung, die sich „Nationalsozialistischer Untergrund" (NSU) nannte. Neben den entsetzlich zugerichteten Leichen fanden die Ermittler eine Pistole „Ceska" VZOR 70, Kaliber 7.65, dazu die Dienstwaffe der am 25. April 2007 in Heilbronn erschossenen Polizistin Michele Kiesewetter, einen Radioscanner zum Abhören des Polizeifunks plus dazugehöriger Frequenzliste, eine Brille mit schwarzem Gestell (Eigentümer unklar), zwei Bahncards, eine kleine Plastikpuppe, eine Wasserpistole, Süßigkeiten, einen Kinderschuh Größe 33, eine Maschinenpistole Pleter 91,9 mm Luger, eine Sturmhaube, eine Handgranate, einen umgebauten Schreckschussrevolver und einen Teddy. Daneben die Beute aus dem Überfall auf die Sparkasse Eisenach – exakt 71.950 Euro.[1]

Die beiden Gangster, später zusammen mit ihrer Freundin Beate Zschäpe für eine Mordserie an türkischstämmigen Migranten (und einem Griechen) sowie für den Mord an Kiesewetter bereits weit vor einem Gerichtsverfahren öffentlich verantwortlich gemacht, hatten Suizid begangen. Schnell war klar: Dritte waren an diesem Tag nicht involviert. Die Männer hatten die Aussichtslosigkeit ihrer Lage erkannt, weil ihr Fahrzeug von zwei Polizisten „umstellt" war und Verstärkung anrückte, also erschossen sie sich und setzten den Camper zuvor in Brand.[2] Wenige Stunden später explodierte in der Frühlingsstraße in Zwickau eine Wohnung. Es war die Bleibe von Zschäpe. Mundlos und Böhnhardt, die von der damals 31-jährigen Frau in Brand gesetzt worden war. Eine brennbare Flüssigkeit, so die Ermittler, war von Zschäpe in den Räumlichkeiten verschüttet und angezündet worden, dadurch sei es zu einer Verpuffung gekommen. Vorher soll die Frau ihre beiden Katzen noch bei einer Nachbarin abgegeben haben. Daraufhin sei sie verschwunden.[3]

Wie das deutsche Nachrichtenmagazin FOCUS herausgefunden haben will, erfuhr Zschäpe von der Sache mit dem Wohnmobil „vermutlich über das Internet"[4], was einigermaßen erstaunlich anmutet, denn warum soll sie zuvor ihre Wohnung in Brand gesetzt haben, wenn sie vom Tod ihrer Komplizen zu diesem Zeitpunkt noch nichts wissen konnte, weil sie die Nachricht ja erst danach durchs Internet erhielt? Doch das Netz als Überbringer der Todesnachricht kommt nach einem Bericht der „Berliner Zeitung" gar nicht in Frage. Ermittler, so die Zeitung, hätten Zschäpes Laptop untersucht und festgestellt, auf welchen Seiten sie am Todestag von Böhnhardt und Mundlos unterwegs gewesen sei.[5] Demnach habe sie nach Meldungen zu Autounfällen vom Vortag gesucht und die Begriffe „natürliche Mittel gegen Übelkeit", „Greenpeace", „gegen Pelze" und „Biobauern in Zwickau" gesucht.[6] Die Mischung der Suchbegriffe lässt eher auf eine Anhängerin grüner Lebensweise, denn auf eine „Nazi-Braut" schließen. Zschäpe, so der Bericht weiter, habe zu diesem Zeitpunkt von der Situation in Eisenach aus dem Netz noch gar nichts lesen können, weil die Meldung dort noch nicht verbreitet gewesen sei.[7] Also muss sie auf andere Art benachrichtigt worden sein. Von einer bis heute unbekannten vierten Person?

Mit wenig Gepäck soll sich Beate Zschäpe dann auf die Flucht gemacht haben, die sie erst einmal zum Bahnhof von Zwickau führte – „auf unbekanntem Weg", wie es heißt.[8] Vom Bahnhof Zwickau aus konnten die Behörden den Fluchtweg der als „Nazi-Braut" titulierten Frau angeblich nahezu lückenlos rekonstruieren. Demnach sei sie von Zwickau aus nach Chemnitz gereist, weiter nach Leipzig, wo sie Bekennerbriefe verschickt habe.[9] Warum sie dafür nicht den Briefkasten direkt vor ihrem Haus in der Zwickauer Frühlingsstraße benutzte, ist nicht leicht zu erklären. Eventuell war ein ganz spezieller Briefkasten in Leipzig ausgesucht worden – von wem auch immer. Dann führte sie ihr Weg weiter nach Eisenach, wo sie den Schauplatz des Vorfalls besucht haben soll, bei dem Böhnhardt und Mundlos ums Leben gekommen waren. Schließlich flüchtete die Frau weiter nach Bremen, kaufte sich dort ein Schönes-Wochenend-Ticket und machte sich auf den Weg über Hannover, Uelzen, Magdeburg und Halle/Saale nach Eisenach. Von dort ging es wieder über Weimar nach Halle/Saale. In der Stadtmitte sei sie beinahe von einer Straßenbahn erfasst worden, hätte sie eine Passantin nicht noch rechtzeitig zurückgerissen. Danach reiste Zschäpe den Unterlagen zufolge nach Dresden und schließlich Jena, wo sie sich stellte.[10] Wie sich im Prozess gegen Beate Zschäpe vor dem Oberlandesgericht München am 2. Juni 2013 herausstellte, wurde die Frau von Jena zur Polizei nach Zwickau gebracht und dort einer als „Unterhaltung" getarnten Vernehmung unterzogen, in der sie allerdings nur Belanglosigkeiten äußerte. Allerdings stellt sich die Frage, warum denn eine Beamtin der Polizei Baden-Württemberg damals in Zwickau an dieser „Unterhaltung" teilnahm.[11]

Rein zufällig kann die Frau nicht anwesend gewesen sein! Vielmehr war es wohl so, dass die Behörden bereits wussten, wen sie mit Beate Zschäpe auf dem Stuhl sitzen hatten und dass es offenbar irgendeinen Zusammenhang mit Heilbronn gab. Der Gedanke, Zschäpe habe in dieser Situation schnelle Hilfe durch den Staat erfahren, ist nicht so einfach wegzuwischen. Sollte die Frau tatsächlich in Diensten des Verfassungsschutzes stehen, war das natürlich ein eminent gefährlicher Augenblick, in dem die Möglichkeit einer Verzweiflungstat Zschäpes in Form von unliebsamen Aussagen gegeben war.

Dass die mögliche Verbindung zum Geheimdienst keine kruden Einfälle sind, belegt ein Artikel der Tageszeitung DIE WELT.[12] Hier ist die Rede davon, es habe bereits in der Zeit zwischen 1998 und 2011 Kontakte zwischen der Frau und dem Landeskriminalamt (LKA) Thüringen gegeben. Zschäpe sei staatlicherseits gelenkt, heißt es. Sie habe mit Informationen aus der rechten Szene gedient und insgesamt fünf Alias-Namen gehabt. Im Jahr 2003 sollen demnach auch Verbindungen aus Justizkreisen zu Verwandten der Untergetauchten bestanden haben. Damals soll ausgelotet worden sein, ob und wie sich Beate Zschäpe wieder hätte legalisieren können.[13]

Während Zschäpe sich 2011 in Jena gestellt hatte, waren das Wrack des Wohnmobils und der Schutt in der Wohnung von Ermittlungsbeamten bereits untersucht worden. Und schnell war klar: In dem Caravan hatten sich die meistgesuchten Rechtsterroristen Deutschlands aufgehalten, in der Wohnung hatte ihre Komplizin Feuer gelegt. Wie durch ein Wunder „überlebten" in dem völlig ausgebrannten Fahrzeug Kunststoffgegenstände (Spielzeug und Kinderschuhe), Geldscheine und sogar Munition, die nicht explodierte. Doch nicht nur materielle Mirakel ereigneten sich in dem weißen Camping-Fahrzeug, auch noch ganz andere Dinge lassen in diesem Zusammenhang erstaunen.

2. Gesucht: Die dritte Person im „Sunlight"

Das weiße Wohnmobil, eine Ausführung neuester Art, hatten Böhnhardt und Zschäpe offenbar am 25. Oktober 2011, also wenige Tage vor dem Showdown in Eisenach, bei einer Verleihfirma abgeholt. Zum Gelände der Firma waren sie mit einem kleinen Kind gekommen, von dem Beate Zschäpe mit „Mama" angesprochen worden sein soll. Das zumindest glaubt der Bundesgerichtshof in Karlsruhe aufgrund von Zeugenaussagen. Das Paar wollte nach Darstellung der Spitzenjuristen einen Familienurlaub vortäuschen.[14] Da stellt sich unweigerlich die Frage, warum die beiden denn einen Familienausflug hätten vortäuschen sollen. Niemand schöpft Verdacht, wenn ein Paar ohne Kind ein Wohnmobil beim Verleiher abholt. Selbst einer der Erwachsenen alleine hätte weder einen Gedanken an Terroristen, noch an Bankräuber oder andere Gesetzesbrecher in den Angestellten der Firma aufkeimen lassen. Wie dem auch sei, die Abholer verließen das Gelände mit dem Wagen wie völlig normale und harmlose Campingfreunde. Was in der Zeit zwischen der Anmietung und dem Banküberfall in Eisenach mit dem Fahrzeug geschah, ist nicht klar. Gesehen wird es von Zeugen allerdings einen Tag vor dem erwähnten Raub an genau jener Stelle, an der später der Brand im Wohnmobil ausbrach. Auch vor der überfallenen Sparkasse wollen Zeugen ein solches Fahrzeug beobachtet haben. Aber auch hier gibt es wieder unterschiedliche Angaben. Während einige Beobachter den Wagen auf einem Gelände vor einer Disko gesehen haben wollen („*Das Auto stand auf dem heruntergekommenen Gelände der Disko MAD, wo normalerweise keine Autos stehen*"),[15] nahmen andere ihn auf dem Parkplatz eines Baumarktes wahr („*Das Auto stand auf dem Parkplatz von OBI*").[16] Bei dem Beobachter, von dem die erste Beschreibung stammt, soll es sich übrigens um einen ehemaligen DDR-Grenzer gehandelt haben.

Ähnlich verwirrend geht es dann mit der Fahndung nach dem Wagen weiter. Da die Polizei darüber informiert war, dass zwei Radfahrer vom Tatort an der Sparkasse flüchtig waren, konzentrierte sie sich bei der Suche auf Fahrzeuge, in denen Räder leicht transportiert werden können. Dazu zählen natürlich auch Wohnmobile, aber nicht nur! Dass die Männer aus der Sparkasse in ein solches Mobil umgestiegen waren, hatte ein Zeuge den Beamten gemeldet. Doch wie kamen sie darauf, den Caravan ausgerechnet in der Wohnstraße zu suchen, in der er schließlich auch stand – Zufall? Unter normalen Umständen wären die Gangster mit ihrem Fahrzeug längst von dort verschwunden, weil eben ein solches Auto in einer solchen Straße besonders auffällt, wenn es nicht dorthin gehört. Unterwegs – so ist das bei Bankräubern nun einmal üblich – werden normalerweise die Fluchtmittel gewechselt, wird also in ein anderes Fahrzeug umgestiegen, was Mundlos und Böhnhardt direkt nach dem Überfall ja auch getan hatten, indem sie von den Rädern ins Wohnmobil wechselten. Deswegen ist es umso unverständlicher, dass sie in der Wohnsiedlung einfach stehen blieben – mit einem auffälligen Auto, das vor Waffen und Beutegeld strotzte. Weitaus sicherer wäre ein Standort irgendwo abseits gewesen.

Dieses seltsame Verhalten der Täter lässt unter anderem zwei Schlüsse zu. Der eine: Sie blieben in der Siedlung, weil sie genau dort jemanden erwarteten. Der andere: Sie konnten dort nicht weg, weil sie bereits tot waren, als der Wagen in der Straße eintraf. Und tatsächlich spricht einiges dafür, dass eine dritte Person mit den Geschehnissen in Eisenach in direktem Zusammenhang steht. Diese Person könnte der Mörder von Böhnhardt und Mundlos sein. Und: Bei dem Sammelsurium an Waffen, Geld und Munition aus dem Wohnmobil wurden die zwei größten Gegenstände, die nach Aussagen von Zeugen in dem Wagen hätten stehen müssen, eben nicht gefunden! Es handelt sich dabei um die beiden Fahrräder der Männer, denn die Polizei suchte eigenen Angaben zufolge ja nach einem Fahrzeug, mit dem sich solche Räder leicht transportieren lassen. Infolgedessen können die Räder nicht in unmittelbarer Nähe zum Sparkassen-Tatort gefunden worden sein. Wo also sind sie geblieben? Diese Frage führt zu der Annahme, die Fahrräder seien niemals in dem Wohnmobil gewesen.

Weitere Unstimmigkeiten:

- Angeblich sollen Mundlos/Böhnhardt einen Schuss auf die beiden zuerst eingetroffenen Beamten gefeuert haben. Im Wohnmobil fand sich allerdings kein Durchschussloch.[17]

- Im Wagen, unter dem Herd, sollen sich zwei Gasflaschen befunden haben, die jedoch bei dem Brand nicht explodierten. Zwei Schalter des Herdes waren aufgedreht, wobei Gas nur dann ausströmen konnte, wenn die Schalter gedrückt blieben. Als Brandbeschleuniger oder Explosionsauslöser war diese Maßnahme mithin ungeeignet. Böhnhardt und Mundlos müssen das gewusst haben, weil sie in dem Fahrzeug einige Tage gelebt hatten. Hat also ein Dritter, der über die Funktionsweise des Herdes nicht genau im Bilde war, die Schalter manipuliert?[18]

- Nach Angaben der Behörden und der beiden ersten Polizisten vor Ort soll das Feuer im Auto innerhalb von sieben bis zwanzig Sekunden nach dem ersten Schuss ausgebrochen sein. Anschließend stand das Wohnmobil innerhalb von Minuten lichterloh in Flammen. Die Hitzeentwicklung ließ Dach und Fenster des Fahrzeugs bersten.[19] Um das Feuer zu entfachen, soll einer der Täter nach offizieller Darstellung Papier in der Mitte des Wagens angehäuft und entzündet haben. Kann dadurch in kürzester Zeit ein solches Inferno entstehen?

- Die Polizeibeamten vor Ort wollen kurz vor den Knallgeräuschen eine Art Möbelrücken aus dem Mobil vernommen haben.[20] Möbel kann man allerdings in einem Wohnmobil nicht verrücken, sie sind fest eingebaut! Was also tat sich dann in dem Fahrzeug?

- Ein unbekannter Dritter soll sich nach Zeugenaussagen kurz vor Ausbruch des Feuers aus dem Wohnwagen entfernt haben.[21]

- Noch Tage nach dem Vorfall suchten Beamte des LKA Thüringen nach Projektilen in Häuserwänden, fanden das Gesuchte aber nicht. Allem Anschein nach deswegen, weil es keine Einschüsse gab.[22] Im Februar, also drei Monate nach Eisenach, wurden im Wohnmobil Glassplitter und ein Projektil unter (!) dem Schutzbezug des Beifahrersitzes gefunden. Von allein konnte weder Glas noch Geschoss dort hinkommen. Was also war zwischen November und Februar mit und in dem Wagen geschehen?[23]

- Die Ermittler sollen eine Zeitlang von der These ausgegangen sein, das Feuer im Wohnmobil sei per Fernzündung über ein Handy ausgelöst worden.[24] Technisch scheint das durchaus möglich zu sein.[25]

- Im Auto wurde die frische DNA einer dritten Person gefunden. Diese Spur soll sich auch auf einer Patrone befinden, die bei einer Schießerei unter Rockern der Hells Angels und der Bandidos in Berlin-Wedding anfiel. Die Verbindung zum Wohnmobil ist unklar. Die Behörden vermuten, das Projektil sei im Besitz früherer Neonazis gewesen, die jetzt zu den Rockern gehören (eine wirklich naive Annahme), oder stamme aus einem illegalen Waffenhandel zwischen beiden Gruppen.[26] BKA-Präsident Jörg Ziercke warnte in einer Meldung der „Deutschen Presseagentur" (DPA) vom 5. April 2013 vor einer wachsenden Zusammenarbeit von Rockern und Rechtsextremisten. Dieses habe man im Verlauf der zurückliegenden Jahre beobachtet, hieß es. Anderen Berichten zufolge soll die Kugel nicht im Wohnmobil, sondern in der Zwickauer Wohnung gefunden worden sein.[27] Immerhin wäre die Verbindung von Ultrarechten zu Rockern und umgekehrt nicht neu. Schon Arnulf Winfried Priem, einer der führenden Rechtsradikalen und Chef der „Kampfgruppe Priem", gab sich in den 1970-er Jahren als langhaariger Typ mit deutlichem Hang zum Rockermilieu.[28] Zeitweise führte er gar eine eigene Gruppe von Rockern. Der 1948 auf dem Gebiet der DDR geborene Mann war einst von der Bundesrepublik aus Ost-Berlin freigekauft worden, wo er wegen Unzucht und staatsgefährdender Propaganda im Gefängnis saß. Priem selber betätigte sich später von West-Berlin aus auch als Fluchthelfer, was in der

DDR rechtlich als Menschenschmuggel gewertet wurde und dementsprechend strafbar war.

- Angeblich waren die Täter im Campingmobil auf eine Schießerei mit der Polizei vorbereitet, haben sich mit ihr aber keine geliefert – warum?

- Ermittler sollen im ausgebrannten Wagen zwei Löcher im Wagendach entdeckt haben, die von Durchschüssen stammen könnten. Eines der Löcher befand sich im hinteren, das weitere im vorderen Teil des Autos, dort, wo die Leichen Böhnhardts und Mundlos' gefunden wurden.[29]

- Bei den Untersuchungen des Wracks fand sich offenbar auch ein unversehrter und sauberer Rucksack auf einer Ablage. Der Inhalt: mehrere Bündel Geld mit Banderolen aus dem kurz zuvor erfolgten Sparkassen-Überfall und ein Päckchen Patronen. Angeblich wurde dieser Fund erst am 1. Dezember 2011 gemacht.[30]

- Nach unterschiedlichen Beschreibungen soll Böhnhardt tot im Wohnmobil gehockt, mal gelegen haben.[31]

- Die beiden Männer im Wohnmobil sollen nach einem Bericht des Nachrichtenmagazins FOCUS durch Schüsse aus einer Pumpgun ums Leben gekommen sein. Demnach habe sich Böhnhardt zuerst umgebracht und Mundlos danach zu der Waffe gegriffen, um sich selber zu töten. Im Wageninneren seien zwei Hülsen der Winchester 1300 neben den Leichen gefunden worden.[32] Doch diese werden bei einem Repetiergewehr erst nach erneutem Durchladen ausgeworfen. Deswegen hätte nur eine Hülse im Auto liegen dürfen, denn Mundlos konnte schließlich nach Eintritt des Todes nicht mehr durchladen, so dass die zweite Hülse ausgeworfen worden wäre.

- Am 14. November 2011 griff der damalige Thüringer Innenminister Jörg Geibert (CDU) in der MDR-Sendung „Fakt ist…!"

im Zusammenhang mit dem Tod von Mundlos und Böhnhardt zu einer seltsam unmissverständlichen Formulierung. Der Politiker sprach von der „Erschießung der Täter im Wohnmobil". Weder der Begriff „Suizid" noch der des „erweiterten Suizids" (Selbstmörder bringt eine oder mehrere Personen aus seinem unmittelbaren Umfeld, zum Beispiel eigene Kinder, Ehepartner oder Freunde, um und tötet sich anschließend selbst) findet hier Verwendung. Geibert spricht eindeutig davon, dass Böhnhardt und dessen Komplize erschossen worden sind. Es fand eine Erschießung statt.[33]

Hier haben wir also eine ganze Reihe von Indizien, die für die zeitweise Anwesenheit einer dritten Person im Wohnmobil sprechen. Die DNA-Spur zu den Rockern allerdings wird vom BKA inzwischen kritisch betrachtet.[34] Immerhin stellte sich im Laufe der NSU-Ermittlungen heraus, dass Fahnder erneut Probleme mit den Wattestäbchen zur Aufnahme solcher Proben an den Tatorten hatten; so wie im Fall des „Phantoms von Heilbronn".[35] Der vollendete Mord an der Polizistin Michele Kiesewetter und der versuchte Mord an ihrem Kollegen Martin A. wird ebenfalls dem NSU zugerechnet (s. eigenes Kapitel dazu).

Interessant im Zusammenhang mit den Ereignissen von Eisenach liest sich ein Artikel in der „Stuttgarter Zeitung" vom 11. November 2012, der sich mit dem Polizistenmord von Heilbronn beschäftigt. Dort wird über eine Sonderkommission „Capron" berichtet, die den Überfall von Eisenach aufzuklären hatte.[36] Benannt wurde die Kommission nach dem Hersteller des Wohnmobils, in dem Böhnhardt und sein Komplize gefunden worden waren. Demnach habe der Überfall in relativer Nähe zu einem Döner-Imbiss stattgefunden, der im Jahr 2000 Ziel eines Anschlags war, für den ein NPD-Funktionär verurteilt worden sei. Der Kommission sei es nicht möglich gewesen, wegen des Bankraubes in der Neonaziszene Thüringens zu ermitteln, weil es ihr nicht erlaubt gewesen sei, schreibt das Blatt. Zudem seien Böhnhardt, Mundlos und Zschäpe mit falschen Pässen in Belgien, auf dem Balkan und in Südamerika unterwegs gewesen. Hinter vorgehaltener Hand würden Mitglieder der Sonderkommission als Verursacher dieser Umstände Geheimdienste vermuten.[37] Darüber hinaus stellt der Autor des Artikels die Frage, warum sich die vermeintlichen Bankräuber im Wohnmobil so erschießen, dass ihre Gesichter unkenntlich sind. Und angeblich, so der Artikel weiter, sollen weder Mundlos noch Böhnhardt, sondern Beate Zschäpe das Gefährt in Brand gesetzt haben. Anschließend sei von ihr die Wohnung in Zwickau in die Luft gejagt worden. Wie der Autor des Artikels zu dieser Annahme gelangt, teilt er seinen Lesern allerdings nicht mit.

Der Linken-Politiker Bodo Ramelow äußerte in einem Radio-Interview ein paar bedenkenswerte Sätze. Er habe erfahren, dass sich kurz nach dem Tod der beiden Verdächtigen plötzlich Mitarbeiter des „Militärischen Abschirmdienstes" (MAD) und des „Bundesnachrichtendienstes" (BND) in Thüringen aufhielten und besonderes Interesse an dem Bankraub von Eisenach gezeigt hätten. Für einen „normalen" Sparkassenüberfall sei das ein völlig ungewöhnliches Vorgehen, so Ramelow.[38]

Zu Unklarheiten führt nicht nur – vorausgesetzt Ramelow hat Recht – die Anwesenheit zweier deutscher Geheimdienste, sondern auch die Annahme, bei einem von beiden habe es sich um den BND gehandelt. Dieser ist unter normalen Umständen im Ausland und nicht in Thüringen tätig. Allerdings kam es bereits in den 1970-er Jahren in der Bundesrepublik zu Inlandsauftritten der Schlapphüte im Zuge der RAF-Fahndungen, so dass es auch im Thüringen des Jahres 2011 durchaus möglich gewesen sein könnte.

Ein Informant aus deutschen Geheimdienstkreisen erklärte mir dazu, dass eine Zusammenarbeit von MAD und BND in einer „Inlandsangelegenheit" nicht üblich ist. Für den MAD fehlt hier ein dienstlicher Bezug. Und für den BND ergibt sich weder eine fachliche und schon gar nicht eine territoriale Zuständigkeit. Mein Informant meinte, Ramelow wollte sich wohl nur wichtig machen. Ich weiß allerdings aus meinen eigenen Recherchen zum RAF-Komplex, dass z. B. im Fall der Todesnacht von Stammheim der MAD in Geheimdienstaktionen mit anderen involviert war und der BND damals die Abhörtechnik für die NVA geliefert hatte.

3. Beate Zschäpe und die Ruine von Zwickau

Beate Zschäpe, Schlüsselfigur des NSU, deren Prozess im April 2013 vor dem Oberlandesgericht (OLG) München begann, spielt im Zusammenhang mit dem 4. November 2011 eine ganz besondere Rolle. Die Vermutungen darüber, welche Stellung sie innerhalb des NSU tatsächlich einnahm, reichen von Mitläuferin über Quartiermacherin bis hin zur absoluten Führungsfigur. Wirklich wissen kann das außer ihr selbst eventuell auch der ominöse Anrufer, der Beate Zschäpe am 4. November 2011 händeringend versuchte zu erreichen. Das Handy, mit dem der bislang Unbekannte Frau Zschäpe anrief, war mysteriöserweise auf das sächsische Innenministerium zugelassen.[39] Journalisten einer Berliner Tageszeitung wollen eigenen Angaben zufolge die damals anrufende Nummer selber kontaktiert haben – und ernteten am anderen Ende der Leitung nichts anderes als eisiges Schweigen.[40] Insgesamt achtzehn Mal wurde der Versuch unternommen, die als „Terror-Braut" bezeichnete Frau an dem bedeutungsvollen 4. November telefonisch zu erreichen.[41] Auch die Polizeidirektion Südwestsachsen hatte solche Versuche nach Darstellung von Medien unternommen, nicht nur das Innenministerium.[42] Unter anderem erreichte ein Ruf das Handy von Zschäpe bereits um 12:11 Uhr, zu einem Zeitpunkt, zu dem die Ereignisse in Eisenach noch in vollem Gange waren. In diesem Fall sprach ein Unbekannter etwas auf die Mailbox des Gerätes.[43] Selbst wenn diese Anrufe – was wohl niemand glaubt – harmlosen Charakters gewesen wären, stellen sich in diesem Zusammenhang drängende Fragen. Eine davon: Wieso, gleich zu welchem Zweck, verfügten die Behörden überhaupt über die Handynummer von Beate Zschäpe?

Die Frau muss also bereits weit vor den Ereignissen vom 4. November 2011 bei bestimmten Behörden ein gewisses Interesse hervorgerufen haben. Die offizielle Erklärung für die massenhaften Anrufe seitens des Innenministeriums und der Polizei gibt ein jämmerliches und wenig durchdachtes Bild ab. Man habe Frau Zschäpe deswegen erreichen wollen, um ihr von der Explosion des Hauses, in dem sie wohnte, zu berichten.[44] Diese Erklärung ist deswegen lächerlich, weil Zschäpe in dem Moment, in dem das Haus zu brennen begann, ihre Katzen einer Nachbarin gegeben hat.[45] Und da sofortige Umfeldbefragungen zum festen Bestandteil einer jeden Brandermittlung der Polizei gehören, wird auch die Nachbarin von den Beamten befragt worden sein. Nachbarn werden allein schon deswegen angehört, weil die Retter schließlich feststellen müssen, wie viele Personen in dem Haus leben und ob eine oder mehrere davon vor Brandausbruch das Haus verlassen haben.

Beate Zschäpe hatte das Haus zuvor verlassen. Somit wussten die Helfer, dass sie über das Feuer informiert war. Vielleicht hat ja gerade die Frau mit den Katzen die Rettungskräfte alarmiert. Alles in allem wird die Begründung für die Anrufe seitens der Behörden angesichts dieser Tatsache als bloßer Schein entlarvt. Genauso wie der offizielle Hinweis, man habe die Handynummer, eben weil man Beate Zschäpe von der Hausexplosion unterrichten wollte, von einer Nachbarin bekommen. Wie kann es dann sein, dass die Verdächtige bereits angerufen wurde, als das Wohnmobil in Eisenach brannte und nicht das Haus in Zwickau? Schon um 12:11 Uhr erreichte ein auf das Innenministerium zugelassenes Handy jenes von der Zwickauerin, deren Behausung aber erst nach 15 Uhr in die Luft flog.[46]

Noch eindeutiger wird die „Süddeutsche Zeitung" mit einer Beschreibung der letzten Minuten vor der Hausexplosion. Hier heißt es: *„Am Nachmittag des 4. November 2011, um 15:05 Uhr, knallt es ganz laut. Aus dem ersten Obergeschoss des Hauses steigt Rauch auf. Auf der Etage lebt seit gut drei Jahren Beate Zschäpe mit Uwe Mundlos und Uwe Böhnhardt. Gisela I. aus dem Nachbarhaus arbeitet im Garten und sieht Zschäpe kommen. Die schreit: ‚Ruft die Feuerwehr'."*[47] Seltsam, dass Beate Zschäpe dann nach Darstellung der Behörden von dem Vorfall nichts gewusst haben soll. Immerhin soll sie ja selber nach der Feuerwehr verlangt haben. Und weiter: *„Eine andere Nachbarin, die gerade ihr Kind aus dem Hort geholt hat, sieht den Qualm, und dann nähert sich eine Frau, die zwei Katzenkörbe trägt. ‚Was ist denn hier los?', fragt sie die Frau. Nach ihrer Erinnerung dreht sich die Frau um, schaut ins Feuer und* *sagt: ‚Ach, du Scheiße.'* Dann bittet sie, auf die Katzen aufzupassen und läuft davon.*“ Genau diese Aussagen der Nachbarinnen von Zschäpe können der Polizei vor Ort nicht verborgen geblieben sein. Zudem ist es unmöglich, dass alle Beteiligten plötzlich und kollektiv an schweren Gedächtnisstörungen litten. Ergo können Beobachter des Komplexes den Gedanken, hier handele es sich um eine Irreführung der Öffentlichkeit seitens der Sicherheitsorgane, so gut wie gar nicht mehr verdrängen. Bei allem Wohlwollen: Die Anrufeskapaden aufs Handy von Zschäpe müssen einen anderen Grund als den offiziell angegebenen gehabt haben!

Was bislang in der Öffentlichkeit kaum bekannt ist, ist die zweite Anschrift des Trios in Zwickau. Vom 1. Mai 2000 bis zum April des Jahres 2008 wohnten die drei des Zehnfachmordes Verdächtigen in der Polenzstraße, die zu einem viel einfacheren Viertel als das der Frühlingsstraße zählt. Ihre Wohnung bestand aus vier Zimmern, Küche, Diele, Bad und war 77,3 Quadratmeter groß.[48] Hausbewohnern, auch ausländischen gegenüber, waren die jungen Leute stets höflich. Lediglich der vor Einblicken gesicherte Keller gab den Menschen in der Umgebung dann und wann zu denken. Dort lebten Zschäpe, Mundlos und Böhnhardt völlig unauffällig, bis sie zur Frühlingsstraße umzogen. Im Brandschutt der neuen Wohnung sollen zum Erstaunen von Feuerwehrleuten und anderen Experten neben belanglosem Zeug auch zwei Mitgliedsausweise von Tennisclubs in Bayern und Niedersachsen sowie die Überreste von drei Überwachungskameras neben einer Maschinenpistole und einem Repetiergewehr gefunden worden sein.[49] Doch damit nicht genug: In der von Feuer, Ruß, einer Explosion und mehreren tausend Litern Löschwasser völlig zerstörten Wohnung förderten Ermittler noch Erstaunlicheres zutage. So angeblich die Handfesseln der in Heilbronn getöteten Polizistin Michele Kiesewetter (da stellt sich gleich die Frage nach dem Verbleib der Handschellen ihres Kollegen Martin A., dem sie samt seiner Waffe ebenfalls abgenommen worden waren). Auch Stadtpläne von Heilbronn, Stuttgart und Ludwigsburg in Baden-Württemberg sollen in Fragmenten vorhanden gewesen sein. Es bleibt die nicht unerhebliche Frage, warum Zschäpe die Wohnung überhaupt in Brand gesteckt haben soll, denn nichts von dem, was später dort gefunden worden sein soll, hätte sie nicht auch mitnehmen und unterwegs entsorgen können.

Das alles riecht – mit Verlaub – nach einer gelegten Spur, denn wie sollten Ausweise und Stadtpläne in der Feuersbrunst nicht total zerstört worden sein? Nun mag der eine oder andere Leser vielleicht meinen, dass ein hochprofessionelles Killer-Team in Zeiten von Navigationsgeräten mit Stadtplänen nicht viel anfängt. Diese würden keinen Sinn ergeben, da doch die Navigationsgeräte schneller und präziser sind und darüber hinaus die modernen Computer während der Fahrt auch Staus und Alternativrouten anzeigen, was im Falle von durch die Polizei errichteten Straßensperren von immenser Bedeutung sein kann. Allerdings habe ich in einem Gespräch mit einem Geheimdienstmitarbeiter erfahren, dass für derartige Planungen die Navigationsgeräte nicht wirklich hilfreich seien, Karten hingegen für einen Überblick über eine Region besser geeignet sind. Daher würde das Vorhandensein solcher Karten schon einen Sinn ergeben. Allerdings glaubt auch dieser Informant, dass die Karten nachträglich dort platziert sein müssen, denn einen Brand würden sie nicht unbeschadet überstehen.

Und nicht weniger interessant als die Stadtpläne sind auch im Brandschutt aufgefundene Fotos, die als Beweis für weitere geplante Morde herangezogen werden. Angeblich sollen diese Bilder von Ausländern betriebene Geschäfte in Stuttgart zeigen, die im Jahr 2003 gemacht wurden und sich auf einer CD befinden sollen.[50] Bei den Geschäften soll es sich um ein türkisches Bistro und ein türkisches Lebensmittelgeschäft in der Nähe des Stuttgarter Nordbahnhofs handeln. Um die Ladenlokale auszukundschaften, seien Mundlos, Böhnhardt und Zschäpe mit einem Wohnmobil angereist und hätten sich für drei Tage auf einem Campingplatz am Cannstatter Wasen niedergelassen.[51] War Beate Zschäpe auch hier nur Mitläuferin oder mehr?

Als undurchsichtig wird ihre Rolle in den Medien bezeichnet. Die Frankfurter Rundschau notierte, die junge Frau habe in Vernehmungen

Mundlos und Böhnhardt als ihre Familie bezeichnet.[52] Ihre leibliche Mutter stammt aus Rumänien, wo sie Zahnmedizin studiert hatte. Die Frau ließ sich zwei Mal scheiden. Beate wuchs bei der Großmutter auf, während die Mutter zurück in ihre Heimat ging. Viel mehr ist über Beate Zschäpe öffentlich nicht bekannt. In die Schlagzeilen geriet sie noch einmal vor Beginn ihres Prozesses in München. Zschäpe soll nach Angaben einer Mitgefangenen in der Kölner Haftanstalt eine Frau damit beauftragt haben, einer farbigen Gefangenen eine „Abreibe" zu verpassen, weil Beate Zschäpe diese nicht habe leiden können. Als Lohn soll die Zwickauerin Kaffee, dreißig Euro, Tabak und Zucker angeboten haben.[53] Die Angesprochene will abgelehnt haben. Bei der Frau soll es sich um eine Jenny R. (25) handeln, die jetzt in einer anderen Justizvollzugsanstalt untergebracht wurde.[54] Die Folge: verschärfte Haftbedingungen für Beate Zschäpe.

In Wirklichkeit aber soll der Vorgang um die Gewaltanstiftung von einer Gefangenen erfunden worden sein. Zschäpes Anwälte wollten Anzeige wegen Verleumdung erstatten. In diesem Zusammenhang wird eine ebenfalls in Köln einsitzende türkische Linksextremistin genannt.[55] Hinter einem solchen Manöver kann leicht vermutet werden, es habe sich dabei um eine gesteuerte Aktion gehandelt, ein Agent Provocateur sei da am Werk gewesen. Die Beschuldigte selbst soll in ihrer Anhörung zu dem Fall angegeben haben, sie suche keine Konflikte, sondern weiche ihnen aus. Außerdem erkaufe sie sich keine Freundschaften.[56] Freundschaften pflegte Beate Zschäpe allerdings zu Nachbarinnen in der Polenzstraße in Zwickau. Das zumindest berichten zwei Frauen in der NDR-Dokumentation „45 Min: Die Nazi-Morde", in der das Umfeld des NSU-Trios beleuchtet wird. Die beiden jungen Frauen berichten in dem Film, sie hätten eine enge Freundschaft zu Zschäpe gepflegt.[57] Richtig interessant wird es, als der Sprecher in dem Streifen berichtet, die Freundinnen in der Polenzstraße hätten niemals Zschäpes Handynummer erfahren. Wie will dann die Polizei in der Frühlingsstraße die Nummer der Frau von einer dortigen Nachbarin erhalten haben, die nicht einmal mit der 38-jährigen Zschäpe näher bekannt war?

Apropos Telefon: Spannend klingt auch, was ein Zeuge vor dem NSU-Untersuchungsausschuss des Deutschen Bundestages in Berlin zum Besten gab:

„Vieles um die monströse Mordserie der Jahre 2000 bis 2007 ist nach wie vor im Dunkeln. Aber auch, was am 4. November 2011 geschah, dem Tag, als mit dem Tod von Uwe Böhnhardt und Uwe Mundlos die NSU-Terrorgruppe bekannt wurde. Was der Ex-Verfassungsschützer Norbert Wiesner nun über jenen Tag schildert, ist mehr als irritierend. Er war seit Sommer 2011 im Ruhestand. Aber am 4. November habe er einen Anruf des Leiters der Polizeidirektion Gotha, Michael Menzel, bekommen. Der habe ihm vom Tod Böhnhardts und Mundlos' erzählt und wollte wissen, wo sich Beate Zschäpe aufhalte. Wenn das jemand wisse, habe er, Wiesner, geantwortet, dann Wohlleben. Die Abgeordneten werden neugierig und fragten nach. Wiesner weiter: ‚Angerufen hat mich Menzel, weil wir uns aus meiner Zeit im Landeskriminalamt kannten. Er wusste, dass ich davor im Landesamt für Verfassungsschutz tätig war. Er hat noch hinzugefügt, dass er das LfV nicht unterrichten werde. Er hat gedroht, notfalls zum Amt zu gehen und die Akten zu beschlagnahmen.' Kriminaldirektor Menzel ging offensichtlich davon aus, dass das LfV die ganze Zeit wusste, wo sich das Trio aufhielt.«[(58)]

Klarheit über Herkunft und Persönlichkeit der Angeklagten gab es erst zur Eröffnung der Hauptverhandlung gegen sie und andere vor dem OLG in München. Doch ihre wahre Rolle innerhalb des NSU wurde bislang auch im Prozess nicht wirklich deutlich.

4. Erst Bankräuber, dann Serienkiller?

Uwe Mundlos und sein Komplize Uwe Böhnhardt sollen allen Berichten zufolge als Bankräuber in Erscheinung getreten sein, um ihr Leben im Untergrund zu finanzieren. Vierzehn Überfälle auf Geldinstitute und einen Supermarkt werden dem toten Duo zur Last gelegt. Doch wirklich mit harten Beweisen konnte diese Annahme bisher nicht untermauert werden. Mit einer Gesamtbeute von rund 600.000 Euro sollen sich die Terroristen dann 14 Jahre lang finanziert haben. Dabei müssen die drei wahre Überlebenskünstler gewesen sein, denn 600.000 Euro, aufgeteilt auf vierzehn Jahre, ergeben pro Nase 1.190 Euro monatlich. Das ist ein Tropfen auf den heißen Stein. Bedenkt man, dass hiervon noch die Mietkosten für die gemeinsame Wohnung, die Kosten für die zahlreichen Anmietungen von Fahrzeugen, die Beträge für den Sprit zu den weit entfernt liegenden Tatorten und die Urlaube auf diversen Campingplätzen bezahlt werden mussten, kann da etwas nicht stimmen. Wer mit gesundem Menschenverstand an die Sache herangeht, merkt schnell, dass es noch andere Finanzquellen gegeben haben muss. Hatte da etwa der Staat in Gestalt eines Geheimdienstes die Schatulle über Jahre hinweg regelmäßig geöffnet?

Folgende Überfälle sollen die Mitglieder des NSU begangen haben:

- 6. Oktober 1999: Überfall auf eine Postfiliale in Chemnitz;

- 27. Oktober 1999: weiterer Überfall auf eine Postfiliale in Chemnitz;

- 30. November 2000: Die dritte Postfiliale in Chemnitz wird zum Raubobjekt der Täter.

- 5. Juli 2001: In Zwickau wird eine Postfiliale ausgeraubt.

- 25. September 2002: Dieses Mal haben sich die Räuber eine Sparkasse in Zwickau ausgesucht.

- 23. September 2003: Fast auf den Tag genau zwei Jahre später ist es eine Sparkasse in Chemnitz.

- 14. Mai 2004: wieder eine Sparkasse in Chemnitz;

- 18. Mai 2004: erneut eine Sparkasse in Chemnitz;

- 22. November 2005: Dieselbe Filiale wird von den Tätern erneut heimgesucht. Sie müssen jedoch ohne Beute fliehen.

- 5. Oktober 2006: eine Sparkasse in Zwickau, wieder flüchten die Täter ohne Beute. Zuvor verletzten sie einen Auszubildenden durch einen Bauchschuss schwer.

- 7. November 2006: Ziel der Täter ist eine Sparkasse in Stralsund.

- 18. Januar 2007: Noch einmal dringen sie in die Stralsunder Filiale ein.

- 7. September 2011: In Arnstedt wird ein Geldinstitut überfallen.

- 4. November 2011: Der letzte Raub findet in Eisenach statt. Kurz darauf liegen Böhnhardt und Mundlos tot im Wohnmobil.

Ob beide Männer in allen Fällen die Täter waren, ist noch lange nicht restlos geklärt. Zwar gehen die Behörden davon aus, dass sich der NSU durch diese Überfälle finanzierte, doch bewiesen ist diese These bisher nicht. Lediglich Täterbeschreibungen durch Zeugen und Angaben zu den Fluchtmitteln wie Fahrräder liegen vor. Doch jeder Jurist und Kriminalist weiß genau, dass Zeugenaussagen in einem Verfahren der Unsicherheitsfaktor Nummer eins sind, denn die allerwenigsten Menschen geraten in ihrem Leben in solche Extremsituationen wie Überfälle und sind aufgrund dessen hinterher kaum in der Lage, eine auch nur relativ objektive Beschreibung der Geschehnisse abzuliefern. Auf dem Presseportal der Polizei im Internet[59] und auch auf den einzelnen Seiten der Polizeien in Sachsen, Thüringen und Mecklenburg-Vorpommern sind die zu den oben genannten Überfällen herausgegebenen Pressemitteilungen nicht mehr vorhanden. Auch bei Eingabe der einzelnen Namen der Opfer zeigt die Datenbank null Treffer an.

Möglicher Hintergrund: Zum Teil liegen die Ereignisse zu weit in der Vergangenheit, so dass sie aus dem System gelöscht worden sind. Möglich ist aber auch, dass man von Böhnhardt und Mundlos abweichende Beschreibungen aus der Öffentlichkeit heraushalten will und die Inhalte der damaligen Pressemitteilungen mit den heutigen Ermittlungsvorgaben nicht im Einklang stehen, somit zu „falschen" Überlegungen führen könnten − aus welchen Gründen auch immer.

Was allerdings der Öffentlichkeit seit mehr als einem Jahr immer wieder präsentiert wird, ist den Ermittlungsbehörden in Wirklichkeit offensichtlich noch lange nicht klar. Bezüglich der Raubüberfälle, die das Trio angeblich begangen haben soll, divergieren öffentliche Verlautbarungen und interne Ergebnisse erheblich. Im Ermittlungsverfahren finden sich von den vierzehn Taten denn auch nur drei, und zwar der Überfall auf eine Sparkasse in Zwickau vom 5. Oktober 2006, der dem Einzeltäter keinen Erfolg beschied, der Raub vom 7. September 2011 in Arnstadt und eben der vom 4. November 2011 in Eisenach.[60] Da fragt sich jeder Beobachter, warum denn die anderen elf nicht dabei sind. Ganz einfach: Es gibt keinerlei Anhaltspunkte für die Täterschaft von Mundlos und Böhnhardt!

Das liest sich dann so:
„Aufgrund kriminalistischer Auswertung der Tatbegehungsmodalitäten bei den Raubüberfällen, bis hin zu zwei weiteren bekannten Taten in Stralsund, konnte die sächsische Polizei zwar Zusammenhänge zwischen den Taten erkennen und ging auch davon aus, dass es sich bei den Überfällen um eine Serie handelt. Aus den seinerzeitigen Ermittlungen ergaben sich jedoch keinerlei Hinweise für die sächsische Polizei auf einen rechtsextremistischen Hintergrund der Banküberfälle, geschweige denn eine Verbindung zu den Gesuchten des Trios. Im Rahmen einer im November 2011 durch die Generalstaatsanwaltschaft durchgeführten Sonderprüfung der Ermittlungsakten zu den Banküberfällen in

Chemnitz und Zwickau ergaben sich keine Hinweise auf eine Verbin-
dung zu dem Trio. Im Rahmen dieser internen Überprüfung wurde
weiterhin festgestellt, dass sich aus den seinerzeitigen Ermittlungen kei-
ne Hinweise auf einen rechtsextremistischen Hintergrund der Bank-
überfälle ergeben hatten.«[61]

Das ist an Eindeutigkeit wohl nicht zu überbieten. Die Behörden
selbst sind sich somit in keiner Weise sicher, dass der NSU hinter den
Überfällen steckte, vielmehr gibt es nicht einmal den leisesten Hinweis
auf eine Verwicklung von Mundlos, Böhnhardt und Zschäpe. Hier
scheinen die Behörden zu staatlichen Verschwörungstheoretikern zu
werden, wenn sie offiziell verkünden lassen, dem Trio seien vierzehn
Überfälle anzulasten, nur weil diese stattgefunden haben und die Täterbeschreibungen in etwa auf Mundlos und Böhnhardt passen bzw. es
sich bei den Fluchtmitteln um Fahrräder handelt. Offenbar baut man
sich hier die Welt, wie sie einem gefällt.

5. Und plötzlich gab es Tote

Die unheimliche Mordserie, für die der NSU verantwortlich gemacht wird, begann am 9. September des Jahres 2000 und endete so plötzlich, wie sie begann, am 6. April 2006. Etwas mehr als ein Jahr später, am 25. April 2007, ereignete sich der Anschlag auf den Streifenwagen in Heilbronn, der ebenfalls dem NSU zugerechnet wird. Seitdem die Mordserie ihren Anfang genommen hatte, wurden Dutzende von Thesen und Theorien genannt und wieder verworfen. Auch der Gedanke, es könne sich bei dem oder den Tätern um „Ausländerhasser", also rassistisch motivierte Verbrecher handeln, wurde schon früh bei den Sonderkommissionen der Polizei in Erwägung gezogen, aber aufgrund zu weniger Anhaltspunkte wieder gestrichen.

Das erste Opfer dieser Serie war Enver Simsek (38), ein türkischer Blumenhändler in Nürnberg. Er brach, von acht Kugeln getroffen, in seinem Lieferwagen zusammen und starb zwei Tage später im Krankenhaus. Zweites Opfer wurde am 13. Juni 2000 der türkische Aushilfsschneider Abdurrahim Özüdogru, der sein Geschäft ebenfalls in der Frankenmetropole betrieb. Auch er wurde erschossen. Laut der Aussage eines Kripobeamten vor Gericht, soll Özüdogru Schichtarbeiter in einem Rüstungsbetrieb gewesen sein, hatte also ein überdurchschnittliches Einkommen (Rüstungsbetriebe, bei vielen Arbeitnehmern unbeliebt, locken mit finanziell großzügigen Angeboten Mitarbeiter an).

Dennoch betrieb der geschiedene Familienvater nebenbei eine Änderungsschneiderei. Zu der Scheidung sei es aufgrund wiederholter Gewaltausbrüche des Türken gegenüber seiner Frau gekommen — meistens dann, wenn das spätere Mordopfer getrunken hatte, so der Beamte vor Gericht. In seiner Freizeit habe sich der Mann durch Sammlungen bei Freunden und Kollegen für Stiftungen der türkischen Armee betätigt. Am Tag des Mordes sah eine Zeugin, wie ein unbekannter Mann als Beifahrer in einen Opel-Omega stieg. Dieser Mann war bereits Tage zuvor bei Özüdogru gewesen und habe Streit mit diesem gehabt. Schließlich, so der Hauptkommissar in seiner Zeugenaussage, habe man Spuren von Drogen in zwei Koffern des Opfers sowie eine britische und eine niederländische Telefonnummer aus Drogenverfahren gefunden.[62] Interessant erscheint in diesem Zusammenhang die eifrige Sammlertätigkeit des Rüstungsarbeiters. Solche Stiftungen wurden in der Vergangenheit häufig von den „Grauen Wölfen" (Mitglieder der rechtsextremen türkischen Partei der Nationalistischen Bewegung „MHP") eingerichtet. So sprachen Arbeitskollegen des Opfers bei Befragungen durch die Polizei auch davon, mit dem Türken eine morgendliche Fahrgemeinschaft gehabt zu haben. Auf dem Weg zur Arbeit soll Özüdogru immer wieder politisiert haben, auch der Begriff „MHP", womit die Partei der Grauen Wölfe bezeichnet wird, sei des Öfteren gefallen.[63]

Nach rund zwei Wochen, am 27. Juni, schlug der Killer erneut zu und tötete – dieses Mal in Hamburg – wieder einen türkischen Kaufmann durch Kopfschüsse. Es war Süleyman Tasköprü, ein Obst- und Gemüsehändler, damals 31 Jahre alt. Bereits am 29. August desselben Jahres zog es den Serienmörder nach München, wo er am helllichten Tage wieder einen türkischen Obst- und Gemüsehändler in dessen Laden umbrachte. Erneut waren es Kopfschüsse, die zum Tode von Habil Kilic führten. Die weiteren Opfer:

- Mehmet Turgut, am 25. Februar 2004 in Rostock ermordet

- Ismail Yasar, am 9. Juni 2005 in Nürnberg erschossen

- Theodorus Boulgarides, am 15. Juni 2005 in München umgebracht

- Mehmet Kubasik, am 4. April 2006 in Dortmund erschossen

- Halit Yozgat, am 6. April 2006 in Kassel ermordet

Die Ermittlungen mehrerer Sonderkommissionen und Kommissariate brachten über Jahre hinweg nicht den geringsten Erfolg. Zunächst waren die Ermittler von einer Mordserie im kriminellen Milieu zwischen Drogenhändlern und Schutzgelderpressern ausgegangen. Auch ein islamistischer Hintergrund wurde anfangs nicht ausgeschlossen. Wie in solchen Fällen üblich, suchten die Kriminalisten erst einmal nach

Gemeinsamkeiten bzw. Berührungspunkten zwischen den Opfern, die es nach offizieller Lesart nicht gibt. Verblüffend schnell war auch klar, dass es sich bei den Mordopfern allesamt um unbescholtene Bürger gehandelt habe, doch diese Aussage stimmt nicht wirklich. Zu Beginn der Berichterstattung über die Mordserie, als noch niemand vom NSU oder anderen rechtsradikalen Zusammenhängen sprach, gab es in Medien den versteckten Hinweis, zumindest ein Opfer sei mit Drogengeschäften in Verbindung zu bringen. Dabei soll es sich um einen der Nürnberger handeln. Dazu hieß es aus Ermittlerkreisen: *„Wir können lediglich einen Nürnberger Gemüsehändler mit Drogen in Verbindung bringen. Er hatte 1996 Rauschgift von Holland nach Deutschland gebracht.“*[64] Ähnlich äußerte sich Wolfgang Geier, Leiter der SoKo „Bosporus“ in der ZDF-Fahndungssendung „Aktenzeichen XY ungelöst“ am 3. August 2006, in der nach dem oder den Tätern der Mordserie gesucht wurde. Man habe festgestellt, dass es bei den meisten Opfern keinen kriminellen Hintergrund gebe, so der Kripomann.[65] Gäbe es bei keinem der Opfer einen solchen Hintergrund, hätte der Beamte das auch gesagt.

Die Haltung der Polizei, in der Mordserie zunächst Hinweise aus dem Bereich der Organisierten Kriminalität zu suchen, kam nicht von ungefähr. Ob es politisch opportun ist, darüber zu berichten oder nicht: Türkische Gangster sind schon seit Jahren tief in den Drogenschmuggel verstrickt – und das überdurchschnittlich. Und besonders Mitte der 1990-er Jahre, zu einem Zeitpunkt, zu dem auch das spätere Nürnberger Opfer aktiv war, verzeichnete das BKA einen Zuwachs türkischer Tatverdächtiger auf dem Drogen-Sektor. In der damals noch zu diesem Thema ungezwungen berichtenden Presse war zu lesen: *„Mit Abstand die größte Gruppe unter den ausländischen Tatverdächtigen im Bereich von ‚Mafia & Co.' sind unverändert Türken, deren Anteil im vergangenen Jahr bei 14,2 Prozent lag.“*[66] Demnach nimmt diese Bande eine herausragende Stellung beim Schmuggel und Verkauf von Heroin und anderen Drogen ein. Dabei bedienen sie sich der klassischen Balkan-Route, die letztlich über die Niederlande nach Deutschland führt. Mit 48 Prozent der durch Türken begangenen Straftaten liegen die Drogendelikte in einem exorbitant hohen Bereich.[67] Darüber hinaus verzeichnete das BKA in einer Auswertung einen hohen Anteil bewaffneter Täter unter den Mitgliedern ausländischer Verbrecherorganisationen. Darunter fallen Türken wieder auf – und zwar mit 11,2 Prozent.[68] Und auch die renommierte deutsche Wochenzeitung „Die Zeit", die als linksliberales Blatt mit Sicherheit nicht im Verdacht steht, rechtes Gedankengut zu transportieren, stellte noch 2008 fest: *Die größte organisierte Tätergruppe ausländischer Herkunft sind hier Türken.*"[69] In Nordrhein-Westfalen, dem mit 18 Millionen Einwohnern bevölkerungsreichsten Bundesland, steht die italienische Mafia lediglich auf Platz sechs eines vom dortigen Innenministerium herausgegebenen „Lagebericht Organisierte Kriminalität". Auf Platz drei, direkt hinter den Libanesen, rangieren türkische Tatverdächtige.[70] Das sind alles in allem genug Gründe für die Fahnder, zu Beginn der Tötungswelle auch in Richtung Mafia-Verbindungen zu blicken. Hier von Voreingenommenheit gegenüber oder gar Diskriminierung von Türken zu sprechen, ist angesichts der Statistiken und Erfahrungen der Ermittlungsbehörden nichts anderes als blanker Hohn und politische Willkür!

Reflexartig, also ohne nachzudenken, haben die Mainstream-Medien in Deutschland diese „kritische" Haltung gegenüber den Ermittlungskommissionen übernommen und diese – selbstverständlich erst im Nachhinein, wenn man immer schlauer ist – als verblendet und teilweise sogar „rassistisch" verunglimpft. Nicht zuletzt wurden die Fahnder, die bei der Suche nach den Mördern der neun Migranten alles gegeben haben, als Verschwörungstheoretiker dargestellt: Was jene, die zu dieser Entgleisung griffen, nicht bedachten, ist eine Art Naturgesetz. Wer quer durchs Land läuft und bei jeder Gelegenheit „Verschwörungstheoretiker!" brüllt, ist nichts anderes als ein Verschwörungstheoretiker. Plötzlich standen reihenweise selbsternannte Fachleute auf und glaubten sogar selbst daran, sie könnten besser ermitteln als die Ermittler. Es ist ja auch so schön einfach und bequem, mit den Wölfen zu heulen. Auch wenn es ums eigene Land und um die dort arbeitenden Kriminalisten geht. Was schert es die Verfasser dieser Kampagnen, dass sie selbst einmal auf Ermittlungen angewiesen sein könnten und sie dann froh sind, Hilfe zu finden? Darüber hinaus zeigt dieses Verhalten, wie schlecht es eigentlich in diesem Land auch in den Reihen der Presse um die innere Stärke bestellt ist. Statt die in großem Maße aus dem Ausland kommenden „Kritiken" an der deutschen Vorgehensweise genau zu untersuchen, werden sie schlicht übernommen und verbreitet. Die objektive Tatsache, dass zunächst in alle Richtungen ermittelt werden muss, als unzutreffend darzustellen, offenbart eine erschreckende Unkenntnis zahlreicher Journalisten. Vielleicht hätten sie bei ihren Schimpforgien gegen die Ermittler einmal an die Möglichkeit denken sollen, dass diese durch Geheimdienste von den wirklichen Hintergründen der Mordserie abgehalten und in falsche Richtungen gelenkt worden sein könnten. Aber wer nicht mehr Journalist, sondern nur noch „Briefträger" ist, also ungeprüft Nachrichten weiterreicht, von dem erwartet man in einem solchen Fall offensichtlich Unmögliches.

Wenden wir uns einmal den einzelnen Tatorten etwas näher zu, stellen wir fest, dass auch das soziale Umfeld der Opfer nicht dazu beiträgt, zunächst einmal *nicht* von Auseinandersetzungen zwischen Ausländern untereinander auszugehen.

- Fall 1: Eine wenig einladende Parkbucht bei Nürnberg — das Opfer kam eigentlich aus Schlüchtern in Hessen, wo der Mann einen Blumengroßhandel betrieb.

- Fall 2: Die Nürnberger Südstadt, ein Viertel, geprägt vom multikulturellen Umfeld und in der Nähe des Hauptbahnhofes gelegen — eine traditionell ungemütliche Gegend, wie man sie rund um deutsche Hauptbahnhöfe sehr häufig antrifft. Hier herrscht ein hoher Migrantenanteil unter der Bevölkerung, auch der der Hartz-IV-Empfänger zeichnet sich durch seine Höhe aus – ein Problembezirk.

- Fall 3: Hamburg-Bahrenberg gehört zum Bezirk Altona. Der Stadtteil wird von einer Autobahn durchschnitten und zählt in der Hansestadt nicht zu den bevorzugten Wohnvierteln, zudem er industriell geprägt ist.

- Fall 4: Er spielte sich in der Nähe des Münchener Stadtteils Neuperlach ab, einer seelenlosen Trabantenstadt, die an Berlin-Mahrzahn oder andere Plattenbauviertel erinnert. Es handelt sich hierbei teilweise um einen sozialen Brennpunkt.

- Fall 5: Auch hier eine Plattenbausiedlung im ehemaligen Dorf Rostock-Toitenwinkel, der auch gerne „Totenwinkel" genannt wird, weil hier Tristesse und Eintönigkeit überwiegen.

- Fall 6: Die Scharrerstraße gehört zur Nürnberger Südstadt, die als Wohnviertel nicht gesucht wird – eine unbeliebte Gegend, die im Mittelalter als Richtstätte diente.

- Fall 7: In München-Westend herrscht ein großer Migrantenanteil innerhalb der Bevölkerung vor, so dass sich inzwischen eine eigene Welt mit eigenen Regeln herausgebildet hat. Das Areal hinter dem Hauptbahnhof hat eine hohe Armutsdichte und ist ein Bereich, wo man eigentlich nur durchreisen möchte.

- Fall 8: Die Dortmunder Nordstadt ist ein typisches Multi-Kulti-Viertel, in dem neben zahlreichen türkischstämmigen Einwohnern auch viele Italiener leben. Deutsche sind hier inzwischen eine Minderheit.

Bei solchen sozialen Strukturen liegt der Gedanke an hausgemachte Motive näher als der an rechtsradikale Anschläge, das liegt in der Natur der Sache. Wer hinter jedem brennenden Haus, in dem Migranten leben, von politisch motivierter Brandstiftung ausgeht, verliert in kürzester Zeit seine Objektivität, die beim Ermitteln allerdings existenziell notwendig ist. Zahlreiche Beispiele belegen diese Hysterie. So im März 2013 in Backnang bei Stuttgart, wo eine türkische Frau und sieben ihrer Kinder bei einem Wohnungsbrand ums Leben kamen.[71] Sofort forderte der türkische Vize-Premier lückenlose Aufklärung und sah selbstverständlich vor seinem geistigen Auge brandschatzende Horden, die der betroffenen Familie nach dem Leben trachteten. Auch deutsche Politiker und Medien setzten die Polizeibeamten in Backnang unter Druck, hatten sie doch die vermeintlich Schuldigen bereits in der extrem rechten Ecke unserer Gesellschaft ausgemacht. Doch am Ende kam alles anders. Auslöser des verheerenden Feuers waren nicht etwa mordgierige Bestien, sondern die Großmutter der Familie.[72] Sie war mit einer brennenden Zigarette eingeschlafen.

Bereits zu Beginn der 1990-er Jahre hatte sich unter dem Eindruck der damaligen Geschehnisse von Rostock und Solingen eine ganz ähnliche Hysterie entwickelt, die der Autor als Polizeireporter einer großen Boulevardzeitung hautnah miterlebte. In Bietigheim-Bissingen, ebenfalls unweit Stuttgarts, brannte ein Asylbewerberheim, mehrere Menschen starben dabei. Sofort stellte die trauernde Bevölkerung Kerzen auf. Alle, die sich dazu aufgerufen fühlten, beschworen den entschiedenen Kampf gegen Rechts, der Bürgermeister gab eine Pressekonferenz, Landespolitiker traten vor die TV-Kameras und versicherten auch hier lückenlose Aufklärung. Zum Schluss herrschte nur noch Schweigen, denn der Täter war ein Bewohner des Heimes. Würden sich die Kriminalisten jedes Mal nach den gerade politisch korrekten Wünschen richten, machten sie sich nicht nur zu Erfüllungsgehilfen, sondern würden auch eine objektive Ermittlung unmöglich machen.

Apropos Solingen: Auch in diesem aufsehenerregenden Fall von mörderischer Brandstiftung, der die gesamte Bundesrepublik beschäftigte, ging es einmal mehr um das fast schon typische Dunkelmannverhalten von Behörden und Politik. Während des Gerichtsprozesses gegen die aus der rechten Szene stammenden Täter fiel zahlreichen Beobachtern die Dünne der angeführten angeblichen Beweise auf. Zeugen vermochten kein Licht ins Dunkle zu bringen, und so wurden die Täter aufgrund von Indizien zu empfindlichen Freiheitsstrafen verurteilt. Genauere Betrachtung verdient hier ein Bernd Schmitt, damals (1994) Inhaber einer gut laufenden Kampfsportschule und Zeuge vor Gericht. Die Schule wurde in schöner Eintracht von Rechtsradikalen und GSG9-Angehörigen besucht. Schmitt selber war V-Mann des Verfassungsschutzes Nordrhein-Westfalen.[73] Die Kampfsportschule des Mannes mutierte schließlich zur Kaderschmiede rechtsradikaler Kreise in NRW, möglicherweise darüber hinaus.[74] Dabei scheint es sich erneut um eine der immer wieder auftauchenden Honigtöpfe des Staates zu handeln, wozu durchaus auch der NSU zählen könnte.

Hellste Empörung entlud sich in allen gesellschaftlich relevanten Kreisen auch Anfang Oktober des Jahres 2000. Ausgerechnet am Tag der deutschen Einheit, dem 3. Oktober, hatten zunächst unbekannte Täter die Synagoge in Düsseldorf mit Molotowcocktails und einem Pflasterstein angegriffen. Bei Nacht und Nebel schleuderten sie ihre Brandsätze gegen das Gotteshaus und entkamen. Verletzt wurde niemand, der Sachschaden blieb gering. Doch der politisch-gesellschaftliche Schaden war enorm. Sofort witterten Ermittler und vor allem Politiker Neonazis als Urheber der verabscheuungswürdigen Tat, sprachen wieder einmal von rückhaltloser Aufklärung, Schande und gärendem Antisemitismus innerhalb der deutschen Bevölkerung.[75] Doch es kam auch in diesem Fall erneut völlig anders als vermutet und von so manchem wahrscheinlich sogar aus den unterschiedlichsten Motiven gewünscht: Die Täter, so stellte sich später heraus, waren keine rechtsradikalen Dumpfbacken aus sozialen Brennpunkten, sondern mindestens genauso dumpfe arabische Heranwachsende. Ein 19-jähriger Palästinenser und ein 20-jähriger Marokkaner hatten den Anschlag begangen, weil sie damit den Tod eines Jugendlichen in Gaza rächen wollten, der von israelischen Soldaten erschossen worden war.[76]

Wir halten fest: Muslimisch geprägte Täter scheinen dann und wann unter dem Deckmäntelchen des Rechtsterrors zu agieren. Nicht umsonst werden die Attentäter in Düsseldorf den Tag der deutschen Einheit als symbolisches Datum und eine Synagoge, die ja zur Nazizeit bevorzugter Angriffspunkt marodierender Horden gewesen waren, gewählt haben. Lässt das Rückschlüsse auf ein etwaiges taktisches Vorgehen in der NSU-Mordserie zu?

Was die Opfer der Serie betrifft, ist das nicht anders. Vieles deutet darauf hin, dass es in dieser Sache noch ganz andere Zusammenhänge gibt, die in der Öffentlichkeit inzwischen unterdrückt werden, damit die Bevölkerung an nur eine, quasi staatlich verordnete Variante glaubt.

Exemplarisch sei hier der Hintergrund der Ermittlungen im Fall Turgut vom 25. Februar 2004 genannt. Ein internes Papier des Innenministeriums von Mecklenburg-Vorpommern legt offen, was die Öffentlichkeit zwar ahnt, aber eigentlich nicht wissen soll.[77] So fesselt das Papier den Leser bereits zu Beginn, wenn es heißt: *„Die bisherigen Ermittlungen des GBA lassen den Verdacht zu, dass durch die tatverdächtigen MUNDLOS, BÖHNHARDT, ZSCHÄPE unter anderem in Mecklenburg-Vorpommern am 25.2.2004 in Rostock ein Tötungsdelikt an dem 25-jährigen Mehmet TURGUT in einem Imbiss sowie am 7.11.2006 und 18.1.2007 in Stralsund zwei Banküberfälle auf dieselbe Sparkassenfiliale begangen wurden."* Bis dahin bleibt die Zusammenfassung noch treu bei der Linie, wonach das Trio die Taten begangen habe. Immerhin ist dem Satz einiges an Distanz zu entnehmen, denn es wird richtigerweise davon gesprochen, dass die Ermittlungen den Verdacht zuließen und nicht, dass sie die Täterschaft des NSU bewiesen hätten. Nach ersten Zeugenbefragungen am Tatort mussten die Polizisten wenig befriedigt wieder abziehen. Niemand der Anwohner hatte beobachtet, wie die Täter zum Imbiss kamen bzw. von dort flüchteten. Eine Beschreibung war demnach unmöglich. Aber es kam noch interessanter!

Turgut, der nach Angaben der Behörden erst seit wenigen Wochen in dem Imbiss eines weitläufigen Verwandten arbeitete, war kein unbeschriebenes Blatt, was sich schon zu Beginn des Todesermittlungsverfahrens zeigte. Sein Ausweis war auf den Vornamen seines Bruders Yunus ausgestellt. Mehmet selber befand sich in einem deutschen Asylverfahren. Aber auch sein Bruder hielt sich zur Tatzeit in Deutschland auf, was die Ermittler verwirrte. Zusammen hatte sich das Brüderpaar auch eine Zeit lang in Hamburg aufgehalten, wo sich der dritte Mord aus der Serie ereignete. Immerhin hatten die Gebrüder in der Hansestadt eine Reihe von Bezugspersonen, die sich alle im türkisch-kurdischen Kaufmannsmilieu bewegten. Am 19. Mai 2004 wurde der Bruder des Ermordeten am Amtsgericht Hagenow wegen illegalen Aufenthaltes festgenommen und plauderte gegenüber den Beamten fleißig über Mehmet aus Rostock. So habe Yunus wenige Tage nach dem Tod von Mehmet eine SMS eines Unbekannten erhalten, der sich im Fall Rostock als Täter bezeichnete und drohte, Yunus sei das nächste Opfer.

Anfang September 2004 fand bei der Polizei in Rostock eine Besprechung zu der Mordserie, insbesondere zum Tötungsdelikt an Turgut, statt. Zu den Teilnehmern zählten auch Vertreter des BKA und des Verfassungsschutzes. Dort wurde mitgeteilt, Finanzermittlungen zur Familie des Imbissbetreibers (der nicht Turgut selber war; Anm. d. A.) hätten eine stattliche Summe von 450.000 D-Mark (ca. 225.000 Euro) ergeben, die in der Zeit zwischen 1997 und 2004 von einer Berliner Bank aus in die Türkei transferiert worden sei. Der Vertreter des Verfassungsschutzes brachte in die Sitzung den Hinweis ein, Opfer Turgut habe verschiedenen Aussagen zufolge in Rostock Drogen für unbekannte Hintermänner verkauft, das dabei erzielte Geld allerdings nicht an jene Hintermänner, sondern an die eigene Familie in der Türkei überwiesen. Darin sahen die Ermittlungsgruppen ein mögliches Motiv für den Mord. Ein weiterer Bruder von Mehmet Turgut soll nach Erkenntnissen der Zollfahndung Hamburg ebenfalls mit Drogen gehandelt haben. Am 21. Juni 2006 erfolgte die Festnahme eines türkischen Drogenkuriers in Ludwigslust, der mit seiner Ware gerade aus Hamburg gekommen war. Er hatte 115 Gramm Kokain dabei, eingewickelt in einen Artikel der türkischen Tageszeitung „Hürriyet", der sich mit dem Mord an Ismail Yasar am 9. Juni 2005 in Nürnberg beschäftigte. Kurz vor der Tat von Rostock, so berichteten Zeugen den Behörden, habe es zwischen dem Imbiss-Besitzer und unbekannten Ausländern heftige Streitigkeiten gegeben. In einem weiteren Gespräch, das ein Bekannter des späteren Opfers mithörte, ging es zwischen Mehmet und mehreren Besuchern um die Beschaffung einer Pistole und um den Mord an einer Person.

Nach Bekanntwerden des NSU überprüften die mit dem Rostocker Fall befassten Ermittler noch einmal ihre Spuren und Hinweise. Nichts ergab einen vermutlichen Zusammenhang mit der Terrorgruppe.

Betrachten wir mit diesen Erkenntnissen einmal weitere mögliche Hintergründe der Mordserie etwas genauer:

6. Steckt eine türkische Parallelwelt hinter den Attentaten?

„Viele Fahnder der Sonderkommission sind, anders als die Nürnberger Ermittler, davon überzeugt, dass die Spur der Morde in Wirklichkeit in eine düstere Parallelwelt führt, in der eine mächtige Allianz zwischen rechtsnationalen Türken, dem türkischen Geheimdienst und Gangstern den Ton angeben soll. Und sie glauben, dass sie bei ihren Ermittlungen diesem Täterkreis immerhin so nahe gekommen sind, dass die Mordserie nach der Erschießung des Internetcafé-Betreibers Halit Y., 21, in Kassel am 6. April 2006 gestoppt wurde.“[78]

Was wie eine erfundene Geschichte aus „Tausendundeinenacht" klingt, ist in Wirklichkeit Bestandteil eines Artikels im SPIEGEL vom 21. Februar 2011 (Ausgabe 8/2011). Neun Monate vor dem Tod Böhnhardts und Mundlos' war es noch erlaubt, auch andere Spuren und Theorien hinter der Mordserie zu vermuten und danach zu recherchieren. Dabei handelt es sich nicht um Hirngespinste, sondern um zusammengetragene Erkenntnisse der Polizei, die seit dem 4. November 2011 nicht mehr opportun sind. Der SPIEGEL legte in dem Artikel sogar noch nach und schrieb:

„Doch auch ihnen fehlen die Beweise. Alle Ermittlungen endeten irgendwann an einer Mauer des Schweigens. Es herrsche, berichten die Beamten, Angst — Angst vor dem ‚tiefen Staat', einem Netzwerk aus Ultranationalisten, Militärs, Politikern und Justiz. ‚Ergenekon', eine angebliche Verschwörungsorganisation, soll genauso wie die rechtsextremen Angehörigen der Grauen Wölfe in dieses Netzwerk verstrickt sein.“[79]

Das lässt aufhorchen! Immerhin bestätigen auch Originalunterlagen von Polizei und Landesverfassungsschutz Baden-Württemberg: Es gab bereits Mitte bis Ende der 1970-er Jahre in Deutschland feste rechtsradikale Strukturen unter den hier lebenden Türken. An der Spitze standen dabei die Grauen Wölfe, eine islamistisch-rechtsradikale Organisation, die über ihre Partei MHP auch im türkischen Parlament vertreten war und ist. Der Grund für das Wirken zahlreicher Grauer Wölfe in der Bundesrepublik waren linksorientierte, oppositionelle, türkische Organisationen unter den in Deutschland lebenden Arbeitnehmern vom Bosporus. Um diese Gruppen zu infiltrieren, schickte der türkische Geheimdienst MIT Graue Wölfe als Mittelsmänner in die deutschen Großbetriebe, wo sich die Agenten in die Betriebsräte wählen ließen und somit Einfluss auf ihre Landsleute nehmen konnten.[80] Schon früh warnte der Deutsche Gewerkschaftsbund (DGB) vor der von den Grauen Wölfen ausgehenden Gefahr. In einer Pressemitteilung vom 27. Mai 1981 beklagten die Gewerkschafter die Untätigkeit deutscher Behörden gegenüber der türkischen Organisation.[81] Warum sich der deutsche Sicherheitsapparat nach Angaben des DGB nicht hinreichend mit der Gefahr befasste, mag in der politischen Stimmung jener Jahre gelegen haben, die eine geradezu krankhafte Angst vor der Roten Armee Fraktion (RAF) erzeugt hatte. Die Linksterroristen waren zu diesem Zeitpunkt das, was heute der NSU ist. Deswegen hatten deutsche Geheimdienste brennendes Interesse daran, ob linke Türkenorganisationen mit der RAF oder anderen Terrorgruppen in Deutschland kooperieren würden, doch gab es zunächst unüberwindbare Schwierigkeiten. Aus sprachlichen und kulturellen Gründen war es den Deutschen nicht möglich, V-Leute in den Reihen der Türken anzuwerben. Da kamen die Landsleute der Osmanen gerade richtig – und man ließ sie ergebnisorientiert nach Lust und Laune agieren.

Am 7. Juli 1981 stellte die SPD-Gemeindefraktion im Stadtrat über einen Landtagsabgeordneten der Partei eine interessante Anfrage an das Innenministerium von Baden-Württemberg. Demnach berichtete die Zeitschrift „Metall" der Industriegewerkschaft Metall in einer ihrer Ausgaben über die Grauen Wölfe. Hochbrisant wird die Geschichte, als die Sprache auf heimliche Verbindungen kommt. Die Antragsteller formulierten damals: *„Ein Aussteiger, der in dem Artikel zu Wort kommt, gibt außerdem an, dass zwischen der Vereinigung* (Graue Wölfe; Anm. d. A.) *und der Polizei eine enge Verbindung vorhanden sei. So gebe es in*

Stuttgart gute Beziehungen zur Polizei. Die Beziehung sei natürlich nicht offiziell. Man sage den Polizisten, dass man gegen Linke und Kommunisten sei und erhalte dann Unterstützung. "[82] Aufgrund dieser Aussage, die vom Innenministerium in Stuttgart damals – natürlich, möchte man schon sagen – dementiert wurde, ergeben sich starke Indizien in Richtung einer geheimen Zusammenarbeit staatlicher Stellen mit dem türkischen Geheimdienst in Form der Grauen Wölfe. Die offenbar bereits traditionelle Rechtslastigkeit der Polizei in Baden-Württemberg erfuhr im Zuge der NSU-Ermittlungen ganz aktuell Jahrzehnte später erneut Aufmerksamkeit. Mitglieder einer Polizeieinheit aus Göppingen, zu der auch die ermordete Beamtin Michele Kiesewetter gehörte, waren Mitglieder des rassistischen und rechtsradikalen Ku-Klux-Klans.[83]

Getarnt als Folkloreorganisation, sickerten die Grauen Wölfe langsam in die Bundesrepublik ein und unterwanderten ihre hier arbeitenden Landsleute. Bei der Gründungsversammlung des „Türkischen Arbeitervereins" im März 1979 in Radolfzell am Bodensee wurde ein nicht gerade unbeschriebenes Blatt zum Vorsitzenden gewählt. Es handelte sich um Himmet Sukasi aus Konstanz, der im Jahr 1975 durch das Landgericht Frankfurt/Main wegen Vergehens gegen das Kriegswaffengesetz zu sieben Monaten Haft verurteilt worden war.[84] Doch es kam noch schlimmer, denn selbst vor Mord und Totschlag und anderen Gewaltverbrechen wurde unter den in Deutschland lebenden rechts- und linksorientierten Türken schon damals nicht zurückgeschreckt. So am 26. November 1977, als es in Stuttgart zu einer Auseinandersetzung zwischen rechten und linken Türken kam, was zehn Schwerverletzte zur Folge hatte.[85] Ähnliche Angriffe gab es am 28. April 1979 in Heilbronn. Am 3. Mai 1980 ermordete ein bis heute unbekannter Täter in Reutlingen den rechtsgerichteten Türken Halil Tireli. Aber auch Deutsche wurden angegriffen, unter anderem der Buchautor und TV-Filmer Jürgen Roth, der am 4. September 1980 in Köln Graue Wölfe filmen wollte und von diesen angegriffen wurde.[86] Der 31. Oktober 1980: Ein Sympathisant der Grauen Wölfe überlebt einen Angriff in Mannheim. In seinem Auto finden Polizisten unter anderem ein Würgeholz.[87]

Knapp vier Monate später stellte ein seltsamer Mord die Ermittler vor ein Rätsel. Yusuf Kazmil Ismailoglu, damals stellvertretender Vorsitzender der Partei MHP in Deutschland, wurde von unbekannten Tätern während der Fahrt in Heddesheim bei Mannheim in einem Taxi erschossen.[88]

Und zwei Monate später traf es einen Türken in Freiberg/Neckar. Der Graue Wolf überlebte den versuchten Totschlag nur knapp. Unterstrichen werden Bedeutung und Aktivitäten politischer Gruppierungen unter den türkischen Gastarbeitern in der Bundesrepublik auch vor amtlichen Warnmeldungen. In einem Fernschreiben an alle Landeskriminalämter warnte das BKA am 5. Februar 1979, aufgrund eines Hinweises sei mit schweren Auseinandersetzungen zwischen linken und rechten Türken in der Republik zu rechnen. Auch ein Anschlag auf die türkische Botschaft in Bonn sei geplant gewesen.[89] Schon im Jahr 1971 beschäftigten rechtsradikale Türken die deutschen Sicherheitsbehörden nicht unerheblich. In amtlichen Publikationen ist von Vereinigungen die Rede, die besonders in Berlin-West ihr Unwesen treiben würden und eine Zeitschrift herausgeben würden, die klar antisemitisch orientiert sei. Bei dem Heft handele es sich um „Yeniden Milli Mucadele" (Neuer Nationaler Kampf).[90]

Auch ein „nationalsozialistischer türkischer Arbeiter- und Kulturverein" wurde in den 1970-er Jahren in Deutschland gegründet, über den der Deutsche Gewerkschaftsbund (DGB) öffentlich klagte. Zu den Tätigkeiten des Vereins zählte unter anderem das Verteilen von Flugblättern, auf denen offen für die NSDAP (*„Es leben die Nationalsozialisten!"*) geworben wurde. Nach damaligen Angaben des Landesamtes für Verfassungsschutz in Baden-Württemberg unterhielt die Vereinigung enge Beziehungen zur rechtsradikalen und islamistischen Moslembruderschaft.[91] In einer Pressemitteilung vom 12. März 1972 forderte der DGB ein hartes Einschreiten gegen „türkische Nazis" und bezichtigte die in dem Verein tätigen Türken der Aufstachelung zum Rassenhass. Maßnahmen der deutschen Behörden sind nicht bekannt.

Nehmen wir weiter zur Kenntnis, was der SPIEGEL im oben zitierten Artikel über die aktuellen Ereignisse und Hintergründe zur Mordserie berichtete:

„Die Erkenntnisse der Ermittler decken sich weitgehend mit den Aussagen mehrerer Informanten, die gegenüber dem SPIEGEL glaubwürdig schilderten, wie sie selbst Teil dieses kriminellen Netzwerks wurden. Danach sollen Mitglieder ihre Geschäfte auch in Deutschland mit Hilfe von Killern und Drogenhändlern betreiben und für die Morde an den neun Männern verantwortlich sein. "[92]

Was hier dargestellt wird, ist ganz offenbar Teil einer dunklen, innerhalb der deutschen Staatsgrenzen existierenden Welt, von der kein Normalverbraucher auch nur etwas ahnt. Und die Sache geht noch tiefer, nimmt geradezu erschreckendste Züge an, wenn der SPIEGEL schreibt:

„Die Geschichte beginnt am 3. November 1996, einem Datum, das in der politischen Geschichte der Türkei eine besondere Bedeutung hat.

An jenem Sonntag rast ein schwarzer Mercedes SEL 600 über die Landstraße 565 von Izmir nach Bursa. Nahe der Stadt Susurluk rollt plötzlich ein unbeleuchteter Lastwagen von einer Tankstelle auf die Fahrbahn. Die schwere Limousine prallt in den Laster, der Kabeltrommeln geladen hat und wie ein Betonklotz auf der Straße steht. Im Wagen sterben zwei Männer und eine Frau, ein weiterer Mann überlebt verletzt.

Das Ergebnis der Unfallaufnahme löst in der Türkei ein politisches Beben aus. Denn in dem Mercedes saßen der Mafia-Pate Abdullah Çatli, der von Interpol gesucht wurde, ein ehemaliger Polizeioffizier, ein Parlamentsabgeordneter der Partei des Rechten Wegs, die mit Tansu Çiller zu dieser Zeit die Außenministerin stellt, und schließlich die Schönheitskönigin Gonca Us, eine ehemalige Geliebte eines Agenten des Geheimdienstes MIT.

Im Kofferraum des Wagens findet die Polizei zwei Maschinenpistolen, fünf Pistolen mit Schalldämpfern, Wanzen, einen gefälschten Zufahrtsausweis für das türkische Parlamentsgelände. Çatli hatte sechs Perso-

nalausweise bei sich, mit jeweils unterschiedlichen Namen, und einen
Diplomatenpass, der ihn als Finanzinspektor auswies. Çatlis Waffen-
schein soll die Unterschrift des damaligen Innenministers getragen ha-
ben, in dessen Gesellschaft sich das Quartett zuvor im Badeort Kuşada-
si vergnügt haben soll.
Für die türkische Öffentlichkeit tut sich ein Abgrund auf. Denn Çatli
begann seine kriminelle Karriere bei den türkischen Ultranationalisten,
den Grauen Wölfen, die für zahlreiche Massaker an Kurden und türki-
schen Linken verantwortlich gemacht werden. Der international ge-
suchte Heroinhändler war ein mutmaßlicher Bekannter des Papst-
Attentäters Mehmet Ali Agca.“

Was der SPIEGEL hier an Brisantem mitteilt, fand bereits Jahrzehnte zuvor Niederschlag in amtlichen Dokumenten, die heute im Haupt-
staatsarchiv Stuttgart lagern und von mir eingesehen wurden. Zum ersten Mal überhaupt erfahren die Leser an dieser Stelle, dass der türkische
Attentäter Ali Agca, der am 13. Mai 1981 auf dem Petersplatz in Rom
mehrere Pistolenschüsse auf Papst Johannes Paul II. abfeuerte und diesen lebensgefährlich verletzte, in Deutschland gelebt haben soll. In einem „Vermerk für den Herrn Minister“ vom 15. Mai 1981, also zwei
Tage nach dem Attentat, teilte das Landesamt für Verfassungsschutz in
Baden-Württemberg mit, dass Agca sich Zeitungsmeldungen zufolge in
der Bundesrepublik aufgehalten haben soll.[93] Weiter wird aus einem
Brief zitiert, den der damalige Bundestagsabgeordnete Klaus Thüsing
am 26. November 1980 an das Bundesministerium des Innern gesandt
hatte und in dem er bekannt gab, die türkische Zeitung „G: Unaydin“
habe berichtet, der auch als Mörder des Chefredakteurs einer Istanbuler
Zeitung in Frage kommende Mehmet Ali Agca lebe nach Recherchen
von Behörden in der Nähe von Frankfurt/Main. Um seine Auslieferung
zu verhindern, habe er eine deutsche Frau geheiratet.[94] Wohlgemerkt:
Deutsche Geheimdienste waren über den Aufenthalt Agcas in der Republik informiert, sonst hätten sie keinen Vermerk an den Innenminister von Baden-Württemberg schicken können! Liegt hier der Schlüssel
dafür, dass in den Ermittlungen zur Mordserie an Migranten immer

wieder Nebelkerzen geworfen, Akten vernichtet und Leute ihres Postens enthoben werden? Sollte es sich bei den für die Serie offiziell Verantwortlichen um vorgeschobene Bauernopfer auf einem Schachbrett der Realität handeln? Waren Mundlos und Böhnhardt lediglich eine Art „Fall Guy", ein Sündenbock?[95] Nicht nur Ali Agca soll in Deutschland gelebt haben, auch der fünffache türkische Mörder Isa Armagan wohnte in aller Seelenruhe in der Nähe von Stuttgart.[96]

Rechtsradikal organisierte Türken in der Bundesrepublik, zu denen auch Agca gehört haben soll, sind inzwischen hierzulande Tradition. Während Deutschland noch in BRD und DDR geteilt war, gelangte das Ministerium für Staatssicherheit (MfS) der DDR an die Rede des damaligen Bundesinnenministers Wolfgang Schäuble zur Vorstellung des Verfassungsschutzberichtes 1988.[97] In der Rede, die am 4. Juli 1989 im Saal der Bundespressekonferenz in Bonn gehalten wurde, betont Schäuble:

„Der politische islamische Extremismus, der zunehmend unverhüllt fanatische Züge angenommen hat, artikuliert sich in der Bundesrepublik Deutschland vor allem unter den hier lebenden Türken. Ein beherrschendes Agitationsthema islamischer Fundamentalisten waren die Auseinandersetzungen um Salman Rushdies ‚Satanische Verse' und der unglaubliche Mordaufruf, den die Staatsführung des Iran proklamiert hat."[98]

Betrachten wir in diesem Zusammenhang weiterhin den oben zitierten SPIEGEL-Artikel, gelangen wir schnell in den Bereich politischer Albträume, von deren Existenz man in Deutschland größtenteils nichts geahnt hat.

„Das ganze Ausmaß der Verschwörung kam erst ans Licht, als im Sommer 2007 in Istanbul und in der Stadt Eskişehir zwei Waffenlager ausgehoben wurden. Derzeit stehen mehr als hundert Polizeioffiziere, Generäle, Journalisten und Gangster vor Gericht, manche von ihnen waren lange in Deutschland aktiv.

Vieles spricht dafür, dass der ‚tiefe Staat' auch in Deutschland agiert, denn hier leben immerhin etwa zweieinhalb Millionen türkische Zuwanderer. Doch die deutschen Sicherheitsbehörden haben über die Verbindungen von Ultranationalisten, Mafiosi und womöglich gar Teilen des Geheimdienstes kaum Erkenntnisse. "(99)

Das ist starker Tobak, denn der SPIEGEL berichtet über nichts Geringeres als die Existenz geheimer türkischer Banden in der Bundesrepublik, die zudem auch noch rechtsradikal sind. Wie klein muss da der mögliche Schritt sein, deutsche Rechtsradikale als Killerkommandos vor den politischen Wagen zu spannen! Waren Böhnhardt, Mundlos und Zschäpe ein solches Kommando?

Weiter schreibt der SPIEGEL:
„'Die türkischen Rechtsextremisten leben überwiegend verfassungskonform und fallen deshalb kaum auf', sagt ein Staatsschutzbeamter. Zwar gebe es hin und wieder Gerüchte, aber keine Beweise. Immerhin hat das Landesamt für Verfassungsschutz in Düsseldorf beobachtet, wie sich Jugendliche türkischer Herkunft für die ‚extrem nationalistische und hasserfüllte Ideologie' der Grauen Wölfe begeistern.
Auch mit Einschüchterung, Mord und Drogenhandel wollen die Grauen Wölfe ein neues Türkenreich (‚Turan') erschaffen. Steht die unheimliche Mordserie in Deutschland mit neun Toten womöglich im Zusammenhang mit diesem Komplott?"(100)

Ein gewisser Serif aus der Türkei will für diese Organisation in Deutschland als Vollstrecker gearbeitet haben. Zuvor gehörte er einem türkischen Geheimdienst an.(101) Seine Spezialität: Geschäfte im Bereich der Geldwäsche. In diesem Zusammenhang soll es auch zu der hier angesprochenen Mordserie gekommen sein, zu der unerklärlicherweise nicht der Mord an dem Hannoveraner Geschäftsmann Ertugrul Yilmaz zählt, der als legales Geschäft einen Gemüsegroßhandel betrieb, aber auch für die Grauen Wölfe im Heroinhandel tätig gewesen sein soll. Er starb im Jahr 2003 durch mehrere Schüsse. Die Täter wurden bis heute nicht ermittelt. Genannt wird in diesem Zusammenhang auch ein Sedat

Pekert, der ebenfalls in Deutschland aktiv sein soll und dem eine Ideologie nachgesagt wird, die jener der „Herrenrasse" ähnlich sein soll.[102] Der in Deutschland aufgewachsene Mann, inzwischen in der Türkei inhaftiert, gilt in gewissen Kreisen als führendes Mitglied der türkischen Mafia und wird nach Angaben der Deutsch-Türkischen Nachrichten für ein Massaker an Aleviten verantwortlich gemacht, bei dem 1995 in Istanbul 20 Menschen ums Leben kamen.[103] Zu diesem Zeitpunkt war Pekert gerade einmal 24 Jahre alt.

Er steht in direkter Verbindung zu einer in Deutschland kaum bekannten Struktur, die allerdings in der Türkei und anderswo bereits zu politischen Erdbeben geführt hat. Gemeint ist „Ergenekon", eine grauenhafte Untergrundorganisation. Dabei handelt es sich um einen GLADIO-Ableger, einen Teil einer Geheimarmee der NATO, die in allen NATO-Ländern, ohne Wissen der jeweiligen Nationalparlamente, aktiv war. Aufgabe der von Geheimdiensten koordinierten Gruppen war es, im Kriegsfall hinter den feindlichen Linien als Terrororganisation zu agieren, um den Gegner in seinem eigenen Land zu destabilisieren. Rekrutiert wurden die Mitglieder der Organisation in allen Fällen aus dem Reservoir rechter Kräfte oder jener, die dazu gemacht wurden.[104] In der Türkei soll die PKK, die Partei der Kurden, durch Ergenekon unterwandert worden sein. In einem Dorf sollen Mitglieder der Truppe Waffen, Drogen und allerlei andere Dinge versteckt haben, um anschließend die Bewohner zu einer Terrororganisation mutieren zu lassen. Mit solchen und anderen Methoden wird in der Türkei gegen Oppositionelle vorgegangen. Es ist bei diesen Voraussetzungen nicht undenkbar, dass GLADIO zumindest in Resten noch immer bestehen könnte (die Leute müssten allerdings schon recht alt sein) und weiter aktiv ist. Haben im Fall des NSU die türkischen und deutschen Kameraden in gemeinsamer Anstrengung gehandelt und unbequeme Landsleute der Osmanen getötet?

Undenkbar ist ein solches Vorgehen nicht. Wie mir bereits vor Jahren in einem vertraulichen Gespräch mit einem ehemaligen Fallschirmjäger der Bundeswehr mitgeteilt wurde, sollen deutsche GLADIO-Angehörige Anfang bis Mitte der 1990-er Jahre sogar fertige Putschpläne gegen die damalige Bundesregierung in der Schublade gehabt haben. Man war demzufolge bereit, zu einem bestimmten Zeitpunkt loszuschlagen. Listen, auf denen festzusetzende Personen standen, lagen bereit; Kasernen zur Unterbringung von Gefangenen waren bereits ausgesucht. Federführend sollen dabei Einheiten aus der Eisberg-Kaserne in Nagold im Nordschwarzwald gewesen sein. Die Einheiten sollen bei Bekanntwerden der Pläne durchs Bundesverteidigungsministerium aufgelöst, die Soldaten versetzt worden sein. Leute eines solchen Schlages gehörten/gehören auch zu GLADIO und den entsprechenden Ablegern in anderen NATO-Staaten. Geraten Verfassungsschutz, BKA und Landeskriminalämter zusammen mit dem MAD deswegen regelmäßig in Hektik, weil die Gefahr der Enttarnung einer solchen Organisation in Deutschland vor der Tür steht?

Mein Informant ist übrigens inzwischen nicht mehr erreichbar. Auf seinem Handy meldet sich nur noch die Mailbox, an seiner Wohnadresse quillt der Briefkasten über, und Nachbarn wollen ihn schon seit Monaten nicht mehr gesehen haben — so der Stand vom Herbst 2012.

Zu dieser Thematik habe ich mich mit einem, im Moment noch aktiven deutschen Geheimdienstmitarbeiter unterhalten, der sich einst für eine Tätigkeit bei GLADIO interessierte. Dieser meinte, dass die GLADIO-Einheit in Deutschland keine Terrororganisation gewesen sei – was er für andere europäische Länder allerdings nicht ausschließen könne. Schwerpunkt sei die Aufklärung der gegnerischen Truppen und deren Absichten gewesen. Zu terroristischen Aktivitäten waren diese Gruppen zu schwach. Durch solche Aktivitäten hätte man die Existenz solcher Gruppen gefährdet, deren Wert in erster Linie in der Lieferung von Informationen bestand.

Ich befragte ihn dann bei dieser Gelegenheit, welche Rolle die in der deutschen Öffentlichkeit so gut wie gar nicht bekannten „Heimatschutzbataillone" (HSchBtl) spielen würden. Was vom Begriff her an längst vergangen geglaubte Zeiten erinnert, war eine aus Reservisten bestehende Truppe mit besonderen Aufgaben. Die Heimatschutzbataillone waren als Teil des Territorialheeres in die Struktur der aufgelösten Verteidigungsbezirkskommandos (VBK) eingegliedert und waren somit offiziell nicht der NATO unterstellt.[105]

Ich wollte wissen, ob es eine direkte Verbindung zu GLADIO und deren Aktivitäten gab. Der Geheimdienstmann erklärte mir, dass die Heimatschutzbataillone zum Territorialheer gehörten, die auf Antrag auch für die Durchführung einzelner Operationen der NATO unterstellt werden konnten. Die nationalen Befehlshaber versuchten dies aber stets zu verhindern.

Immerhin gab es diese Einrichtung der Bundeswehr bis zum Jahr 2007, dem Jahr des Polizistenmordes von Heilbronn – und selbstverständlich in all den Jahren der Mordserie.

Einen etwas tieferen Einblick in Strukturen und Zusammenhänge von GLADIO liefert ein Gerichtsprozess, der seit Februar 2013 in Luxemburg für Furore sorgt. Es geht in dem Aufsehen erregenden Verfahren um Vorgänge von vor mehr als zwanzig Jahren. Und die haben es in sich: Verhandelt wird eine Serie von Bombenanschlägen, die sich Mitte der 1980-er Jahre, also noch vor dem Fall der Berliner Mauer, in dem kleinen Herzogtum ereigneten. Die Täter sollen eine Spezialeinheit der dortigen Gendarmerie gewesen sein, Bestandteil von „Stay behind" und unter Anleitung des deutschen „Bundesnachrichtendienstes" (BND). (Beim BND wurde „Stay behind" Ende der 1980-er Jahre offiziell aufgelöst.) Aktuell stehen zwei Gendarmen von damals vor Gericht. Koordiniert wurden diese Einsätze anscheinend vom deutschen Auslandsgeheimdienst, der auch die Führung solcher Operationen in der Schweiz, den Niederlanden und Belgien innegehabt haben soll.[106] Auch hier spielten merkwürdige Zufälle immer wieder eine entscheidende Rolle. Schuldzuweisungen, die bei näherer Überprüfung in sich zusammensanken, gehörten ebenfalls dazu. War der NSU eine ähnliche Schreckensgeburt wie die terroristischen GLADIO-Einheiten im nahegelegenen Luxemburg?

Und noch eine weitere Merkwürdigkeit gibt Analytikern und anderen Experten hinter den verschlossenen Sicherheitstüren dieser Republik zu denken: das plötzliche Ende der „Roten Armee Fraktion" (RAF), die 1998 in einem Schreiben an Nachrichtenagenturen bekannt gab, sich selber aufgelöst zu haben. Als „Echtheitszertifikat" gilt den Sicherheitsbehörden seit Erscheinen des Pamphlets der RAF-Stern, den gleichwohl jeder – auch ohne Berührungspunkte zur RAF – auf einem Briefbogen anbringen kann. Unterdessen ist bis heute nicht klar, wer den Brief geschrieben und versandt hat und aus welcher Motivation heraus sich die RAF selber aufgelöst haben soll. Die bloße Behauptung ist nun einmal nicht der Hauch eines Beweises. Sie kommt nicht einmal in die Nähe eines Indizes. Allerhöchst interessant hingegen ist der Zeitpunkt der Erklärung. Während am 26. Januar 1998 in Jena die Garagen des NSU von der Polizei durchsucht und dabei unter anderem Sprengstoff gefunden wurde, tauchte das Trio sozusagen unter den Augen der Ermittler in den Untergrund ab und ward seitdem angeblich nicht mehr gesehen und gehört. Fast drei Monate später traf der Brief mit der Selbstauflösungserklärung der RAF in den Kölner Redaktionsräumen der Nachrichtenagentur Reuters ein. Ein perfekt getimtes Vorgehen oder Zufall?

Es ist sicherlich eine gewagte These zu behaupten, hier sei die eine staatlicherseits geschaffene Terrorgruppe durch eine andere, aus demselben Kreissaal kommende, ersetzt worden, dennoch muss sich der Betrachter vor Augen halten, dass es sich bei der späten RAF um die fälschlicherweise als „dritte Generation" bezeichnete Gruppe gehandelt hat, der ein Phantom-Dasein bescheinigt wurde und noch immer wird. Nicht zuletzt werden jener „Generation" auch gute Kontakte zum Verfassungsschutz nachgesagt. Es ist nicht bewiesen, aber auch nicht falsifiziert, dass es sich in beiden Fällen – NSU und RAF – nicht um GLADIO-Strukturen handelt. Schon früh – und das ist der deutschen Öffentlichkeit bis dato unbekannt geblieben – gab es auch rege Kontakte zwischen Links- und Rechtsterroristen in Deutschland. Unter den beobachtenden Blicken des Staates, so offenbaren Stasi-Unterlagen, kam es auch zwischen Verena Becker und inhaftierten Rechten zu Annäherungen. Becker spielte auf Seiten der RAF übrigens eine ähnliche Rolle wie Beate Zschäpe für den NSU. Aufschluss über die Rechts-Links-Kontakte in bundesdeutschen Gefängnissen geben Stasi-Unterlagen vom 4. März 1983, die hier vollständig zitiert werden:

„Information über Versuche der Kontaktherstellung von Neonazis zu Anhängern der Rote Armee Fraktion (RAF). Nach vorliegenden Hinweisen bestehen erste Kontakte zwischen Neonazis und RAF-Angehörigen in der BRD. So freundete sich das Mitglied der ‚Volkssozialistischen Bewegung Deutschland' (VSBD), XY, geb. in Westergellersen, wohnhaft in Celle,

- *im Zusammenhang mit einem Banküberfall und der Bildung einer terroristischen Vereinigung 1981 festgenommen*

- *im Januar 1982 von der belgischen Justiz den BRD-Behörden überstellt, seit diesem Zeitpunkt in der JVA Köln inhaftiert*

in der Justizvollzugsanstalt Köln mit der zu einer lebenslangen Freiheitsstrafe verurteilten RAF-Angehörigen Becker, Verena, geb. 31.7.1952 in Berlin, an."[107]

Eine gewisse „Hepp-Kexel-Gruppe", Anfang der 1980-er Jahre die gefährlichste rechte Terrorgruppe Deutschlands, hatte leise Tuchfühlung zur RAF aufgenommen. An ihrer Spitze befand sich Odfried Hepp aus Achern in Baden-Württemberg, der später zum Stasi-Spitzel wurde, erstaunlich kurz in bundesdeutscher Haft saß und die Annäherung an die RAF propagierte. Hepp und seine Leute durchliefen wie die RAF Trainingscamps der Palästinenser. Eingesetzt wurde der Deutsche schließlich in Südfrankreich, wo er eine Terrorgruppe aufbauen sollte. Er wird auch im Zusammenhang mit der Entführung des Kreuzfahrtschiffs „Achille Lauro", das am 7. Oktober 1985 von Angehörigen der „Palästinensischen Befreiungsfront" (PLF) im Mittelmeer gekapert worden war, genannt. Hepp saß zu dieser Zeit in Haft und sollte freigepresst werden. Allerdings will er sich eigenen Angaben zufolge von der Aktion distanziert haben.[108]

Das alles trägt deutliche Spuren von GLADIO-Operationen, bei denen „rechts" und/oder „links" keine wirklich wichtige Rolle spielen. Je nachdem, zu welchem scheinbaren Weltbild der jeweilige Terrorakt besser passt, werden offiziell linke oder rechte Gruppen dafür verantwortlich gemacht.

Kommen wir in diesem Kontext noch einmal auf die Türkei zurück und sehen uns an, was Andreas von Bülow, ehemaliger Bundesminister für Wissenschaft und Forschung, Parlamentarischer Staatssekretär im Bundesverteidigungsministerium und Mitglied der Parlamentarischen Kontrollkommission zur Kontrolle der deutschen Geheimdienste, in seinem Klassiker „Im Namen des Staates" zum Thema berichtet. Von Bülow führt aus:

„In der Türkei ging die CIA ähnlich wie in Italien oder Belgien vor. Wie schon aus den Betrachtungen zum Mordversuch an Papst Johannes Paul II. durch den Grauen Wolf Agca abgehandelt, wurden Kräfte zur Bekämpfung von Unruhe und Aufruhr auch in der Türkei gebildet, die in etwa mit den Gladio-Einheiten der anderen NATO-Staaten zu vergleichen sind. Der Antiguerillatruppe des türkischen Militärs gehörten Offiziere an, die samt und sonders in den USA ausgebildet und später in der Türkei von CIA-Agenten sowie Militärberatern weiter trainiert wurden. Eine der hierfür grundlegenden Ausbildungsschriften hatte der CIA-Mitarbeiter David Galula ausgearbeitet. Sie wurde 1965 vom türkischen Generalstab übersetzt, in einer Auflage von 1.750 Exemplaren gedruckt und an die verschiedenen Einrichtungen innerhalb der Streitkräfte verteilt. In dem Handbuch zur Unterdrückung von Volksaufständen in Theorie und Praxis heißt es, die neben offenen Angriffen weitaus gefährlichere Bedrohung gehe von Erneuerungs- und Reformansätzen aus, die auf Veränderungen innerhalb eines Landes abzielten. (...) Die türkische Antiguerillatruppe wurde in der Beherrschung von Sprengmitteln, der Herstellung von Bomben, dem Einsatz von Agents Provocateurs und Guerillas, der Befragung und Unterwanderung von Guerillaorganisationen ausgebildet." [109]

Und auch zur Tätigkeit von GLADIO in der Bundesrepublik, und zwar bereits in den frühen Jahren dieses Staates, kennt von Bülow Details, die er in seinem Buch nennt:

„Auch diese Organisation soll erst 1990 letztlich nach dem Ende des Ost-West-Konfliktes und aus Anlass der Diskussionen in Italien, Belgien und Frankreich aufgelöst worden sein. Daneben betrieb und unterstützte die CIA in den fünfziger Jahren auch in der Bundesrepublik Organisationen, die der nazistischen und rechtsradikalen Szene zuzuordnen waren. (...) Die Strafverfolgung der deutschen Teilnehmer der Terrororganisation hatte die Bundesanwaltschaft in Karlsruhe an sich gezogen, wo sie am mangelnden Diensteifer scheiterte. Letztlich vor allem deshalb, weil die rechtsterroristische Vereinigung nicht nur die Unterstützung der CIA, sondern auch amtlicher Stellen in Bonn, im Kanzleramt, im Gesamtdeutschen Ministerium, im Innenministerium und beim stellvertretenden Leiter des Bundesamtes für Verfassungsschutz, einem Vertrauten des BND-Chefs Gehlen, gefunden hatte. (...) Die amerikanischen Gelder liefen über Firmen wie Coca-Cola, Jan Reemtsma, Bosch und Sarotti." [110]

Damit gibt von Bülow einen kleinen Einblick in die Funktionszusammenhänge und Strukturen dieses Netzwerkes, das verblüffend ähnlich wie der NSU arbeitete. Das ging bis hin zu Listen mit auszuschaltenden Persönlichkeiten, die bei der Vereinigung von Mundlos, Zschäpe und Böhnhardt gefunden worden sein sollen. [111] Dazu berichtet der ehemalige Bundesminister:

„Schwarze Listen über zu beseitigendes Führungspersonal finden sich in nahezu allen Ländern wieder, in denen der amerikanische Geheimdienst in enger Kooperation mit den Sicherheitsdiensten des jeweiligen Landes steht. (...) Auf den Mordlisten des Bundes Deutscher Jugend aus den fünfziger Jahren standen hingegen keine aktiven Kommunisten, sondern nichtkommunistische Fach- und Führungskräfte, deren sich eine potentielle sowjetische Besatzungsmacht zur Verwaltung des frisch eroberten Landes (...) möglicherweise hätten bedienen können." [112]

(Der zuvor erwähnte Geheimdienstkontakt erklärte mir, dass die Armee der DDR, die „Nationale Volksarmee" (NVA), ebenfalls solch eine Truppe unterhielt. Die Angehörigen dieser Truppe kannten ihre Einsatzorte in der BRD durch Reisen z. B. als LKW-Fahrer ganz genau. Der Auftrag bestand in aller Regel in der Liquidierung von Personen, die für die Verteidigungsfähigkeit unseres Landes von Bedeutung waren.)

In der Zeitschrift „Geheim", Ausgabe 4/99, gibt der türkische Journalist Ali Solmaz einen Überblick über die Aktivitäten von Grauen Wölfen und MIT in Deutschland. Demnach steht Deutschland (hier leben rund 800.000 Kurden) schon lange wegen der Kurdenfrage im Fokus der Türkei. Deswegen gelte die Bundesrepublik als eines der bedeutendsten Operationsgebiete des MIT, der hier ein breites Netz von Zuträgern installiert habe. Diese arbeiten nach Angaben von „Geheim" unter anderem bei Reiseagenturen und in den türkischen Konsulaten. Hauptamtlich seien in Europa etwa 800 MIT-Mitarbeiter tätig, die Zahl der Zuträger liege weitaus höher. Auch der BND profitiere von den Erkenntnissen des MIT in Deutschland und so lasse man die Türken in der Bundesrepublik agieren, wie es ihnen gerade passe. Das sei schon zu Zeiten des Kalten Krieges so gewesen, heißt es in dem Artikel. Und weiter:

„So ist der türkischen Öffentlichkeit bekannt, dass der MIT bei Massendemonstrationen und Protestaktionen wie dem 1. Mai in Istanbul und vielen weiteren Aktionen der Arbeiter- und Gewerkschaftsbewegung in der Türkei massakerähnliche Anschläge und Provokationen verübt hat. Hunderte von Menschen starben. "[113]

Nach dem Militärputsch in der Türkei im Jahre 1980 flüchteten zahlreiche Türken nach Deutschland. Sofort setzte der MIT nach und installierte seine Leute in Konsulaten und Botschaften. Doch Mitte der 1980-er Jahre wurde nach Angaben von „Geheim" eine neue Struktur aufgebaut, indem zusammmen mit den Grauen Wölfen nationale Türkenvereine in Deutschland gegründet wurden. Ein türkischer Anwalt gründete in Frankfurt/M eine Partei, nationalistische Dachverbände fanden ihre Ableger plötzlich in Deutschland – so geschehen beim islamistischen „Rat türkischer Staatsbürger" und der „Türkischen Gemeinde Deutschland". Auch Lehrer und Imame seien von der Türkei aus durch den MIT nach Deutschland geschickt worden. Bezahlt haben die türkischen Migranten „Geheim" zufolge mit gewissen Gebühren in den Konsulaten und Botschaften ihres Landes. So habe eine Briefmarke in den 1990-er Jahren zehn D-Mark, ein neuer Pass hundert gekostet. Offenbar wurden diese Abgaben über Fitre, eine Art Kirchensteuer für Moslems, und Zekat Sadaqa, die Armensteuer im Islam, die jeder zu zahlen hat, gesteuert. Als Rekrutierungsstation für MIT-Zuträger und Graue Wölfe soll auch eine Kaserne in der Nähe von Antalya gedient haben und noch immer dienen. In ihr leisteten junge Türken aus dem Ausland, also auch aus Deutschland, ihren Wehrdienst ab. Anschließend kehrten sie in ihre Wahlheimat zurück, um dort als MIT-Zuträger zu arbeiten. Besonders deutlich wird der „Geheim"-Artikel an dieser Stelle:

> *„Eine wichtige Quelle für die Agentenrekrutierung bilden hierbei die Grauen Wölfe, die aufgrund ihrer Regierungsbeteiligung über enge Verbindungen zum MIT verfügen. Graue Wölfe leugnen sogar nicht, dass wichtige Kader der Grauen Wölfe für den MIT tätig sind. In der Bundesrepublik arbeitet der MIT mit einem System von Stützpunkten in türkischen Konsulaten und illegalen Residenturen, wie in der Berliner Ziraat Bankasi (türkisches Bankunternehmen). Als Zentrale des MIT in Deutschland und Europa ist jedoch die DITIB Moschee in der Kölner Venloerstraße bekannt. Doch auch die türkische Militärbank OYAK mit ihren Zweigstellen in Frankfurt und Köln gilt als Stützpunkt für türkische Geheimdienstaktivitäten."*[114]

Gerade im Bereich der türkischen Vorbeter in muslimischen Gemeinden geht der MIT gezielt vor und rekrutiert hier Agenten, da diese enormen Einfluss auf ihre Landsleute haben. Wer nicht pariert, lernt die andere Seite kennen. Solmaz führt in seinem Artikel ein Beispiel aus Gelsenkirchen an, wo ein Imam sich nicht dem staatlichen Diktat, sich zum Agenten machen zu lassen, unterwerfen wollte. Dem Mann wurde kurzerhand die Lehrerlaubnis entzogen, anschließend schob man ihn mit Hilfe deutscher Behörden in die Türkei ab. Doch nicht nur in den Gebetsräumen hat der türkische Geheimdienst seine Leute.

„Weiterhin sind auch Übersetzungsbüros, Reisebüros, Banken, Vereine, türkische Institutionen, Gemeinden, türkische Geschäfte u.a. wichtige Stützpunkte sowie Informationsquellen für den türkischen Geheimdienst."[115]

Wohlgemerkt, sollte der Inhalt des Artikels der Wahrheit entsprechen, gehören auch türkische Geschäfte zu den Stützpunkten und Informationsquellen des Geheimdienstes in Deutschland. Und:

„1990 wollten Mitarbeiter der türkischen Konsulate in Hamburg und Stuttgart in türkischen Oppositionskreisen Spitzel rekrutieren. Die vermeintlichen Diplomaten, die auch später vom Verfassungsschutz als MIT-Agenten enttarnt wurden, bedrohten und erpressten ihre Zielpersonen — dies belegten abgehörte Telefonate und Fotos."

Das ausgerechnet 1990 und ausgerechnet in Hamburg und Stuttgart, wo auch Mundlos, Böhnhardt und Zschäpe mit unlauteren Absichten unterwegs gewesen sein sollen. Reiner Zufall oder mehr?

Weitgehende Unterstützung in und aus Deutschland erhielten ehrenwerte Herren wie zum Beispiel Loman Kundakei, der als Bindeglied zwischen Grauen Wölfen und MIT galt, oder Kemal Kacan, der von Köln aus agiert und ein führendes Mitglied der Wölfe darstellt.[116] Eine äußerst interessante Persönlichkeit ist in diesem Zusammenhang auch Musa Serdar Celebi, in den 1970-er Jahren ein radikaler Wolf, der im Zusammenhang mit dem Papst-Attentat (s. w. o.) genannt wird. Celebi agierte auch in Deutschland (Köln) und scheint hier auch wieder zu leben — nach mehreren Jahren in italienischer Haft. In die war er geraten, weil er zusammen mit einem Komplizen dem Attentäter Ali Agca die Tatwaffe und drei Millionen Mark nach Mailand gebracht haben soll, vier Tage vor dem Anschlag.[117] Was der Mann nach seiner Haftstrafe genau gemacht hat, lässt sich nur schwer nachvollziehen, allerdings gibt es unter demselben Namen eine Lebensmittel Einzel- und Großhandels GmbH in Stuttgart. Das Merkwürdige: Unter demselben Namen und derselben Adresse firmiert auch eine „MSC Corporate Finance GmbH", nur befindet sich die Straße in diesem Fall im hessischen Ort Kriftel. Nicht weniger delikat ist der seit 1991 mit deutscher Staatsbürgerschaft versehene türkische Mediziner Professor Yasar Bilgin, der an der Uni Gießen lehrt und einer der führenden Herzspezialisten Europas ist. Der CDU-nahe Wissenschaftler ist auch Mitglied im Forum gegen Rassismus des Bundesinnenministeriums und Vorsitzender des Rates türkischer Staatsbürger in Deutschland, den wir weiter oben bereits als Tarnorganisation der Grauen Wölfe erkannt haben.

Diese Personen zählen zu einer in Deutschland existierenden Parallelwelt, die sich nicht aus gesellschaftlich gestrandeten Nachkommen türkischer Einwanderer, nicht aus typischen Migrantenvierteln in unseren Großstädten und nicht aus türkischen Hochzeiten mit anschließendem Krawall zusammensetzt. Diese Parallelwelt besteht aus einflussreichen und eloquenten Persönlichkeiten in den Bereichen Politik, Wirtschaft, Wissenschaft und Diplomatie, findet also auf allerhöchster Ebene statt. Eine Welt, die für GLADIO geradezu wie geschaffen erscheint.

Dieser Meinung muss selbst der türkische Ministerpräsident Erdogan gewesen sein, und zwar zu einem Zeitpunkt, zu dem der NSU bereits bekannt war. Nach Angaben der linksliberalen und gar nicht staatskritischen Zeitung DIE ZEIT warnte der Politiker vor Abgeordneten seiner Partei davor *„die Taten nicht allein als das Werk von Rechtsextremen zu betrachten. Vielmehr sollte auch die Rolle staatlicher Stellen untersucht werden".*[118] Auch wenn DIE ZEIT in ihrem Artikel den Hinweis auf kriminelle Hintergründe durch türkische Behörden an die deutschen Kollegen in vorauseilendem Gehorsam „Fehleinschätzung" nennt (wofür allerdings keinerlei Belege geliefert werden), sollte man einmal etwas länger darüber nachdenken, was Erdogan gemeint hat. Er meinte den in der Türkei bekannten „Tiefen Staat", eine Verflechtung von Teilen der Sicherheitsorgane mit der Organisierten Kriminalität und Killerkommandos. Die Hinweise aus der Türkei waren eindeutig: Drei der Opfer der Mordserie hatten tatsächlich nachweislich Verbindungen zum Organisierten Verbrechen.[119] Ein Beispiel ist dabei der in Hamburg umgekommene Händler Tasköprü, in dessen Laden Zeugen einige Tage vor der Tat lautstarke Auseinandersetzungen zwischen dem Kaufmann und unbekannten Südländern beobachteten. Der damals 31-jährige Türke war kein unbeschriebenes Blatt. Wegen Urkundenfälschung, Betrugs und Kontakten ins Hamburger Rotlichtmilieu war er aufgefallen, hatte sogar eine Haftstrafe antreten müssen.[120]

Eine im Verborgenen agierende Parallelwelt steckt auch hinter anderen Mordanschlägen, die sich im Zeitrahmen der NSU-Mordserie in Deutschland und Frankreich nach dem gleichen Modus Operandi abspielten, aber aus unerfindlichen Gründen der Reihe nicht zugeschlagen werden. Vielleicht deswegen, weil diese Morde nicht in dem ominösen und wenig aussagekräftigen „Bekennervideo" vorkommen? Oder liegt es eher daran, dass als Täter eindeutig Südländer beschrieben wurden und Fahrräder oder Wohnmobile keine Rolle spielten? Ein gewisser Hüsnü Keser wurde am 23. September 2004 im türkischen Kulturverein zu Wuppertal-Barmen von zwei Männern überfallen. Zuerst traktierten sie ihn mit einem Holzknüppel, dann schossen sie ihm in den Kopf. Die unmaskierten Täter flüchteten und wurden später als ein 27-jähriger Türke aus Hagen und als der aus der Türkei stammende und in Duisburg lebende Ayhan Yalcin (damals 37) identifiziert. Er befand sich lange Zeit auf der Flucht. In diesem Fall gingen die Ermittler von einer Bestrafungsaktion der TKP/ML, einer kommunistischen türkischen Vereinigung, aus.[121]

Als ähnlich mysteriös muss der Tod eines Blumenhändlers aus Laichingen in der Nähe von Ulm bezeichnet werden. Mühettin L. (44) wurde Anfang Oktober 2011 am helllichten Tag beim Abladen seines Lieferwagens vor seinem Blumengeschäft erschossen. Zwar handelte es sich bei der Waffe nicht um eine Ceska, aber Mundlos und Böhnhardt sollen ja beim Mord von Heilbronn schließlich auch eine Tokarev und eine Radom verwendet haben. Demnach kann das Nichtverwenden der Ceska kein Ausschlusskriterium für die Täterschaft des NSU sein. Im Zuge der Ermittlungen stieß die eilends gebildete Sonderkommission der Kripo auf geradezu unheimliche Todesfälle im Umfeld des Händlers. So soll die in Deutschland erscheinende türkische Tageszeitung „Hürriyet" berichtet haben, der Blumenhändler habe sich seit längerer Zeit bedroht gefühlt. Angehörige sprachen davon, der Kaufmann sei von einem Auftragsmörder verfolgt worden.[122] Der Vorgänger des Händlers in dem Geschäft bei Ulm und dessen Schwiegersohn verschwanden im Jahr 1999 plötzlich spurlos, wurden ermordet und irgendwann in einem Massengrab gefunden. Bei den Männern handelte es sich um Kurden.[123] Auch der Ex-Ehemann der Partnerin von Mühettin L. kam unsanft zu Tode. Er soll sich im Jahr 2000 aus unklaren Gründen erhängt haben. Auch hier vermuteten die Ermittler die wahren Motive in geschäftlichen Beziehungen. In diesem Zusammenhang fällt auf, dass ein Blumenhändler aus der Nähe von Ulm, was örtlich zu Laichingen passte, das Geschäft des in Nürnberg ermordeten Simsek übernehmen wollte.[124] Im August 2013 meldete die Presse, die Akte zum Fall in Laichingen bleibe geschlossen, ein Zusammenhang mit dem NSU sei nicht zu erkennen. Man habe keinerlei Hinweise oder Spuren auf einen fremdenfeindlichen Hintergrund gefunden.[125]

Das ist wie in den Fällen der NSU-Serie, die ja erst seit dem Tode Böhnhardts und Mundlos' offiziell als rechtsradikal motiviert gelten. Ein weiteres Mysterium im Kreise von Blumenhändlern: Nach der Aussage des mutmaßlichen NSU-Unterstützers Carsten S. vor dem Oberlandesgericht in München hatte er in seinem Handyverzeichnis eine Nummer gespeichert, die auf Timo B. (Verfassungsschutz-V-Mann aus der rechten Szene) lautete. Doch als Ermittler diese Nummer anriefen, meldete sich ein Blumenhändler, der als unbescholtener Deutscher bezeichnet wird.[126] War hier eine Art „Rosen-Mafia" am Werk? Dazu passt die Aussage des Ersten Kriminalhauptkommissars Albert V. vom 5. August 2013 vor dem OLG in München. V. hatte die Nürnberger Morde in verantwortlicher Position bearbeitet und bei den Todesermittlungsverfahren erstaunliche Verbindungen zwischen den Opfern und dubiosen Gestalten bzw. Umständen festgestellt. So lief der Blumengroßhandel nach Aussage des Kripobeamten nicht auf Simsek selber, sondern auf den Namen seiner Frau Adeline, die in einer Finanzgerichtssache 65.000 Euro plus 3.000 Euro Strafe an den Staat hätte zahlen müssen. Über eine Briefkastenfirma in Köln seien Einfuhren aus Holland verschleiert worden, so der Hauptkommissar, deswegen sei es schließlich zu dem Finanzstrafverfahren gekommen.[127] Der Türke, dessen Hauptsitz in Schlüchtern/Hessen war, wollte nach Angaben von Zeugen seinen Blumengroßhandel verkaufen und in Hessen eine Koranschule eröffnen. In der islamischen Gemeinde sei er sehr beliebt gewesen, hieß es.

Nach Angaben von V. hatte eine Zeugin am Tattag rund einen Kilometer vom Blumenstand des Händlers entfernt einen heftigen Streit zwischen Simsek und einem Unbekannten mitbekommen. Der Unbekannte sei dann in ein Auto mit rumänischem Kennzeichen gestiegen und davongefahren. Das mit dem Kennzeichen wisse sie deshalb so genau, weil sie aus Rumänien stamme, soll die Frau damals gegenüber der Polizei angegeben haben. Grobe Auffälligkeiten, die einen Zusammenhang mit Böhnhardt, Mundlos und Zschäpe ziemlich unwahrscheinlich erscheinen lassen.

Überhaupt fällt nicht nur hier, sondern auch in der angeblichen NSU-Serie immer wieder auf, dass es sich bei vielen der Opfer um Kurden, nicht um Türken handelt. Das wurde am Rande einer Pressemitteilung der Kurdischen Gemeinde Deutschlands bekannt, die sich darin beschwerte, dass im Münchener Gerichtssaal nicht auch noch für kurdische Medien Sitzplätze garantiert worden waren. Mindestens drei der Opfer der Mordserie sollen nach Angaben der Gemeinde Kurden gewesen sein.[128] Das sieht eher nach einem Konflikt aus, der sich in einer Welt abspielt, die den Blicken des Gastgeberlandes Deutschland weitestgehend entzogen bleibt – eine Schattenwelt. Dazu zählt offenbar auch ein furchteinflößender Doppelmord aus Frankreich, dem zwei Männer (Vater und Sohn) im November 2010 in der südfranzösischen

Stadt Perpignan in der Nähe der spanischen Grenze zum Opfer fielen. Die Toten, zwischen 35 und 60 Jahre alt, waren mit einer Pistole vom Kaliber 7,65 mm erschossen worden. Dieses Kaliber weist auch die Ceska aus der Mordserie auf. Auffallend an den Leichen war, dass ihre komplette Bekleidung aus Deutschland stammte, was darauf schließen lässt, dass die Männer höchstwahrscheinlich in Deutschland gelebt haben.[129] Auch dieser Fall wird Böhnhardt und Mundlos nicht zugewiesen, weil er nicht ins Bild passt.

Die andere Seite der Parallelwelt wird von Aktivisten der verbotenen kurdischen PKK dargestellt. Diese Organisation, die ihren Widersachern auf staatlich-mafiöser Seite in nichts nachsteht, betreibt bereits seit Jahrzehnten einen eigenen Geheimdienst, der auch in Deutschland aktiv ist und Killerkommandos unterhalten soll.[130] Diese sollen bereits in den 1980-er Jahren ausgeschwärmt sein, um unliebsame Personen zu liquidieren. Dazu zählten nicht nur erklärte Gegner der PKK, sondern auch Abweichler oder Geschäftsleute, die ihre monatlichen „Spenden" nicht leisten wollten.[131]

Die türkische Zeitschrift „Aksiyon" berichtete im Juli 2005 über eine Todesliste der Kurden, die 250 Namen umfasse. Eine ähnliche Liste soll bei Mundlos und Böhnhardt gefunden worden sein. Auf der kurdischen waren bereits 50 Leute gestrichen, weil sie ermordet worden waren. Und dabei gingen die Killer nicht zimperlich vor. Einer von ihnen hat nach Angaben der Zeitschrift ausgepackt und davon gesprochen, dass es in Europa und der Türkei ca. 50 Mörder gebe, die im Auftrag der PKK handeln würden.[132] Dabei würden deren Opfer nicht nur erschossen, viele von ihnen kämen bei einem Autounfall oder ähnlichen als Unglücke getarnten Attentaten ums Leben. Zu diesen plötzlich Verschiedenen zählte auch die junge PKK-Aktivistin Leyla Turan aus Berlin, die in ihrem zarten Alter von 16 Jahren schon zeitweise als V-Frau für den deutschen Staatsschutz arbeitete, was der PKK nicht verborgen blieb. Und obwohl die junge Frau in ein Zeugenschutzprogramm aufgenommen worden war, fand man sie im September 1997 tot in einem Müllsack in der Nähe von Berlin.[133] Leyla wurde in der Hauptstadt unter anderem von dem türkischstämmigen Beamten Mehmet Ö. bewacht, in den sie sich getreu dem von der Stasi erfundenen „Romeo-Prinzip"[134] verliebte. Die Beziehung endete mit Drogen und dem gewaltsamen Tod des Mädchens.[135]

Auch Abdullah Hosgören überstand den Zwist mit der PKK nicht und wurde 1990 tot im Wald bei Wipperfürth gefunden. Ähnlich erging es Cemil Isik, der vier Jahre später in Wuppertal mitten auf der Straße erschossen wurde.[136] Zülfü Gök erwischte es bereits 1984 auf einem Platz in Rüsselsheim. In Hannover wurde Ramazan Adigüzel auf offener Straße erschossen und in Hamburg Kürsat Timuroglu.[137] Die Aufzählung ließe sich beliebig fortsetzen und zeigt, dass sich hinter scheinbar unaufklärbaren Morden handfeste politische Motive verbergen, die mit Ausländerhass nun überhaupt nichts zu tun haben. Dann und wann weichen die Killer aus Deutschland auch ins benachbarte Ausland aus, um dort ihrem blutigen Werk nachzugehen. Möglicherweise deswegen, weil durch die Diskussion um den NSU in der Bundesrepublik das Terrain für solche Taten eng geworden ist und bei einer Fortsetzung der Hinrichtungen selbst die deutschen Behörden auf die Idee kommen könnten, im Kontext der NSU-Mordserie auch in andere Richtungen als in die rechte zu ermitteln. In Paris zum Beispiel wütete in der Nacht zum 10. Januar 2013 ein als türkischer Nationalist bezeichneter Killer und ermordete drei Kurdinnen. Wie es heißt, habe der Täter längere Zeit in Bayern gelebt.[138]

Zurück nach Deutschland: Recep Aksu (46) wurde am 17. Dezember 2011, wenige Wochen nach dem „Auffliegen" des NSU, am hellichten Tag auf der Großbeerenstraße in Berlin-Kreuzberg erschossen. Auch er war Geschäftsmann. Der Täter soll auffällig klein gewesen sein und ein Kapuzenshirt getragen haben. Eine Zeit lang fahndete die Kripo in diesem Zusammenhang auch nach einer Frau, die französisch gesprochen haben soll – freilich ohne Erfolg. Andere Zeugen behaupten, der Täter habe russisch gesprochen. Noch kurz vor seinem Tod hatte Aksu einen benachbarten Döner-Imbiss besucht, um dort zu essen. Mit dem Ladenbesitzer hatte er sich angeregt unterhalten.[139]

Im südhessischen Babenhausen erlag im September 2006 ein türkischer Kaufmann in seiner Wohnung einem Kopfschuss. Der Eigentümer einer Transportfirma war zu diesem Zeitpunkt 50 Jahre alt und geschäftlich sehr erfolgreich. Im Zuge der Ermittlungen einer Sonderkommission stellte sich heraus, dass die Ehefrau des Opfers in den Mord verwickelt war. Sollte hier das Vorgehen aus der Mordserie kopiert worden sein, um die Ermittler auf eine falsche Spur zu setzen?[140]

Am 15. Februar 2010 traf es den türkischen Inhaber eines Supermarktes in Frankfurt/M-Sossenheim, als er sich frühmorgens auf dem Hof seines Geschäftes aufhielt. Ein bislang unbekannter Täter streckte den 37-jährigen mit mehreren Schüssen nieder und flüchtete. Das Opfer starb noch am Tatort. Zwar konnte die Polizei kurz darauf einen Verdächtigen in einer Tiefgarage festnehmen, doch ob es sich dabei um den Täter, einen Komplizen oder einen Unbescholtenen handelte, ist unklar.[141]

Und auch nach der Entdeckung der rechten Terrorgruppe „Nationalsozialistischer Untergrund" kam es zu zahlreichen Straftaten im türkischen Milieu, die von Körperverletzung bis Mord reichen. Ohne rechter Gesinnung zu sein, muss jeder halbwegs neutrale Betrachter in diesem Zusammenhang einen gewissen Hang eines Teils der in Deutschland lebenden Türken zu extremer Gewalt erkennen. Diese Gewalt zeigt sich in den meisten Fällen durch den Gebrauch von Messern und Schusswaffen, um Konflikte zu „lösen". Die folgenden Darstellungen entstammen samt und sonders offiziellen Pressemitteilungen deutscher Polizeibehörden und sind selbstverständlich nachprüfbar:

- In der Nacht vom 27. auf den 28. Juli 2013 wurde im bayerischen Freilassing ein rumänischer Reisebus durch Bundespolizisten angehalten und überprüft. Unter die Passagiere hatte sich ein Türke geschmuggelt, der mit falschen Papieren reiste und per Haftbefehl gesucht wurde. Der Mann war Mitglied einer Terrororganisation und in seiner Heimat zu mehr als fünf Jahren Freiheitsentzug verurteilt worden. Zuvor lebte er als Asylbewerber in Österreich. Bei der Organisation handelte es sich aller Wahrscheinlichkeit nach um die PKK.[142]

- Wegen einer nicht gezahlten Geldstrafe, die ihm wegen zweifacher Körperverletzung auferlegt worden war, wurde ein Türke (36) bei der Einreise aus Ankara am Flughafen Hannover verhaftet.[143]

- Am 9. April 2013 verfolgten Polizisten in Hamburg einen türkischen Staatsangehörigen, der vor den Beamten zu Fuß geflüchtet war. Unterwegs warf der Mann eine Tasche weg. Der Inhalt: fünf Gramm Heroin und 550 Euro Dealgeld – Festnahme.[144]

- In der Silvesternacht zum 1. Januar 2013 brach ein Türke (32) in Hamburg tot auf der Straße zusammen. Wie sich hinterher herausstellte, war er von einem Geschoss aus einer Pistole (9 mm Luger) getroffen worden. Im Zuge der Ermittlungen wurde klar, dass der Schütze Waffe und Munition ganz in der Nähe des Tatortes unter einem Balkon vergraben hatte. Angeblich hatte sich in der Nacht ein Schuss gelöst und den Verwandten des Pistolenbesitzers tödlich getroffen.

- Am frühen Morgen des 24. Juni 2012 ereignete sich sozusagen der Gegenbeweis dessen, was seit der Mordserie und ihrer angeblichen Hintergründe immer wieder subtil durch Mainstreammedien und Politik in aller Öffentlichkeit behauptet wird: Die Türken in Deutschland seien durch und durch friedlich, nicht kriminell und integrationswillig. Sie wollen hier in Ruhe leben, tun keinem etwas zuleide und sind lediglich daran interessiert, ihr Dasein durch ehrliche Arbeit zu finanzieren. Nebenbei pflegen sie ein reges Gemeindeleben und besuchen regelmäßig die Moschee. Und wer das nicht glaubt, ist ein Ausländerfeind. An jenem Morgen jedenfalls sorgte ein Unbekannter für eine andere Auffassung, zumindest bei den Anwohnern der Holstenstraße in Hamburg, ganz in der Nähe der weltberühmten und nicht minder berüchtigten Reeperbahn von Sankt Pauli. Der unbekannte Täter nämlich erschoss auf offener Straße einen jungen Türken (22). Ali Ö. hatte keine Chance und galt zunächst als unschuldiges Opfer.[145] Doch im Verlaufe der Ermittlungen stellte sich heraus, dass der Kiezjunge gar nicht so harmlos war. Seine Spur führte nach Berlin, wo er in kriminelle Machenschaften verwickelt war, die in den Bereich des Organisierten Verbrechens ragten. Ali Ö. war das, was man einen Auftragsschläger nennt, also jemand, der die Drecksarbeit für das Organisierte Verbrechen erledigt.[146]

Hierbei handelt es sich – zumindest bei den Tötungsdelikten – sämtlich um Fälle, die nach offizieller Lesart durchaus auch dem NSU zugeschrieben werden könnten, was allerdings nie geschah – weshalb?

In manche Szenarien wollen Mundlos, Zschäpe und Böhnhardt halt so gar nicht passen, obwohl es auf den ersten Blick so sein müsste. Deswegen sieht es bisweilen so aus, als würden sie von bestimmten Kreisen aus Politik und Sicherheitsbehörden plus Medien in bestimmten Fällen, nämlich den zehn in Rede stehenden Tötungsdelikten, passend gemacht. Man „backt" sich sozusagen seine Täter. Um bei der Meinungsbildung innerhalb der Bevölkerung zu manifestieren, die drei Rechtsterroristen seien bereits seit fast zwei Jahrzehnten gefährliche und brutale Verbrecher, werden grauenhafte Vorfälle aus der Vergangenheit ans Tageslicht geholt. Ob sich diese überhaupt tatsächlich zugetragen haben, scheint dabei keine Rolle zu spielen. Der einzige Zweck: Sie sollen möglichst weit von den oben genannten möglichen Motiv-Varianten in der Mordserie ablenken.

Dazu zählt auch eine Begebenheit, die in der letzten Aprilwoche des Jahres 2013 urplötzlich in der Öffentlichkeit bekannt wurde. Im Jahr 1996, so die Berichte in unterschiedlichen Medien, sei auf dem Bahnhof von Erfurt etwas Schreckliches geschehen. Am Silvestertag hatten sich zwei Brüder und deren Reisebekanntschaft auf dem Weg von Hamburg nach Ilmenau befunden, um an einer Feier bei Freunden teilzunehmen.

In Erfurt musste man umsteigen, hatte noch Zeit und begab sich in die Bahnhofsgaststätte, wo sich bereits zwei junge Männer und eine etwa gleichaltrige Frau an einem Tisch aufhielten. Die Brüder, so ihre heutigen Angaben, waren als Punks zu erkennen und schätzten die drei anderen Gäste ihrem äußeren Erscheinen nach als Rechtsradikale ein. Um Ärger zu vermeiden, habe man sich an einen weiter entfernten Tisch gesetzt und sich ruhig verhalten. Dennoch, so die Schilderung, sei einer der Männer an den Tisch getreten, habe einen der Brüder angetippt und gefragt, was das Anarchie-Zeichen auf dessen Jacke zu bedeuten habe. Schließlich sei es zu einem kurzen Wortwechsel gekommen und man habe eilig das Gasthaus verlassen – von den drei Rechtsradikalen verfolgt. Auf dem Bahnsteig habe einer der Verfolger geschossen, wilde Parolen gebrüllt und die Brüder plus Reisebekanntschaft bis zum Zug verfolgt. Schließlich seien die so Bedrängten in einen der Waggons gehechtet und hätten die Schaffnerin um Verriegelung der Türen angefleht, was diese auch tat. Heute, rund sechszehneinhalb Jahre danach, behaupten die aus Dortmund stammenden Brüder, bei den Angreifern habe es sich um Böhnhardt, Mundlos und Zschäpe gehandelt.[147]

Soweit die offizielle Darstellung, die eine Reihe von Fragen aufwirft. Diese Reihe beginnt mit der Frage danach, warum die Brüder Benjamin und Dominik R. keine Anzeige erstattet haben. Ihre wenig überzeugende Antwort: Sie hätten Angst vor Repressalien aus der rechten Szene gehabt.[148] Auch die Reisebekanntschaft, die im Übrigen männlich gewesen sein soll, ist weder bekannt noch hat sie Anzeige erstattet. Das ist äußerst verwunderlich, immerhin steht hier der Vorwurf eines versuchten Tötungsdelikts im Raum! Kurz nach dieser Veröffentlichung soll sich ein Zeuge beim Mitteldeutschen Rundfunk (MDR) gemeldet haben. Er habe die Szene auf dem Bahnhof beobachtet, so seine Angaben gegenüber dem Sender, da er zufällig in dem selben Zug gesessen habe, in den sich die Verfolgten geflüchtet haben wollen. Auch an Schüsse könne er sich erinnern, aber ob die Angreifer Mundlos, Böhnhardt und Zschäpe waren, konnte der Mann nicht sagen. Darüber hinaus habe er ein farbiges Paar auf dem Bahnhof stehen sehen, das allerdings von den vermutlichen Skinheads entgegen deren Gepflogenheiten in keiner Weise belästigt worden sei.[149] Auch dieses Paar müsste aller Wahrscheinlichkeit nach die Szene mit den Schüssen wahrgenommen haben, hat sich allerdings ebenfalls nicht bei der Polizei gemeldet. Warum nicht? Laut Erfurter Staatsanwaltschaft wollen zwei Bahnpolizisten Schüsse gehört haben.[150] Allerdings sollen sie sich nicht an das Datum erinnern können.

Das allerdings überschreitet das Maß des Nachvollziehbaren erheblich. Zwei Polizisten wollen auf dem Gelände eines Hauptbahnhofs Schüsse gehört haben, können sich aber an das Datum nicht erinnern. Geradezu so, als würde dort mehrfach im Monat geschossen und als würden solche Ereignisse als alltägliche Erscheinungen ohne weitere Bedeutung gelten. Wer, bitteschön, soll das glauben? Und wer soll glauben, die Polizisten seien nicht zum Ort des Geschehens geeilt oder hätten keinen Eintrag ins Wachbuch vorgenommen? Offensichtlich war es aber so, denn weitere Äußerungen der Beamten sind weit und breit nicht zu finden. Bezeichnend ist auch die Antwort der Pressestelle der Deutschen Bahn AG auf eine Anfrage des Autors nach Pressemitteilungen des Unternehmens zu dem Erfurter Vorfall:

> *„Guten Tag Herr Schulze,*
> *zu dem genannten Vorfall sind bei der Konzernkommunikation der Deutschen Bahn AG keine entsprechenden Unterlagen verfügbar. Bitte wenden Sie sich an die Bundespolizei (falls nicht schon geschehen).*
> *Vielen Dank! Gruß aus Berlin*
> *Heinrich Schierbaum*
> *Sprecher Konzern Zentrale Pressebereitschaft"*[151]

Auf eine E-Mail des Autors an die Bundespolizei wurde gar nicht erst geantwortet.

Das Ganze mutet unwirklich an, geradezu gestellt oder bestellt. Auf drei Menschen wird geschossen, niemand von ihnen erstattet Anzeige. Zwei Polizisten wollen Schüsse auf dem Bahnhof gehört haben, unternehmen aber nichts und können sich angeblich nicht einmal mehr an das Datum des Ereignisses erinnern. Eine Frau mit Kindern sitzt in dem

Zug, in den sich die Brüder und deren Reisebekanntschaft retten, doch auch die Frau bleibt unbekannt. Die Schaffnerin des Zuges verriegelt auf die Bitte der Brüder hin die Türen, ruft aber nicht die Polizei. Ein einziger Zeuge aus dem Zug meldet sich nach 16 Jahren und gibt an, die vermutlichen Täter nicht als NSU-Trio identifizieren zu können. Obendrein gibt die Deutsche Bahn AG zu dem Vorfall keine Pressemitteilung heraus. Hierbei handelt es sich offensichtlich nicht um ein geheimes Kommandounternehmen, sondern eher ganz profan um den Versuch, Mundlos, Böhnhardt und Zschäpe im Nachhinein als gefährliche und schießwütige Irre darzustellen.

In einem Video des Nachrichtensenders N24 schildert der betroffene Dominik R. den Silvesterabend 1996 aus seiner Sicht. Es sei ein sehr kalter Abend gewesen, beginnt seine 6,4 Minuten lange Darlegung, deswegen seien sein Bruder, die Reisebekanntschaft und er ins Bahnhofsrestaurant gegangen, das *„sehr leer"* gewesen sei. An einem Tisch in der Mitte hätten Zschäpe, Mundlos und Böhnhardt gesessen.[152] Dann sei Mundlos auf die neuen Gäste zugekommen. Er habe ernst, jedoch nicht böse gewirkt und Dominik R. auf die Schulter getippt, um nach dem Anarchiesymbol auf dessen Jacke zu fragen. Mit dem kurzen Gespräch, so Dominik R., habe Mundlos herausfinden wollen, ob der Gast aus Hamburg *„lebenswert oder lebensunwert"* gewesen sei.[153] Dann sei der Rechtsterrorist wieder an seinen Tisch gegangen, um sich mit seinen Kumpanen zu beratschlagen. Laut R. sei es offenbar darum gegangen, was mit ihnen geschehen sollte. Ihm sei aufgefallen, dass Zschäpe das Sagen gehabt habe. Daraufhin erhoben sich die Brüder mit ihrer Reisebekanntschaft und verließen das Lokal, gefolgt von Mundlos und Böhnhardt, wobei der Bruder von Dominik R. etwas gerufen habe wie *„der hat 'ne Knarre"*. Dann habe Böhnhardt eine Waffe gezogen und auf die Flüchtenden gezielt, die sich auf den Bahnsteig retteten, wo mehrere Schüsse fielen. Schließlich seien sie in den wartenden Zug gesprungen, in dessen Abteil eine Frau mit zwei Kindern sich vor Angst auf den Boden geworfen habe. Dann berichtet Dominik R., Zschäpe sei leicht wiederzuerkennen, was man auch im Prozess erleben werde. Ohne ihr

„Ja" hätten Mundlos und Böhnhardt nicht versucht, die Reisenden zu töten.

Ein klarer Vorwurf, der damit im Raume steht. Betrachten wir die Schilderung von Dominik R. jedoch etwas genauer, tauchen eine Menge Ungereimtheiten auf. Diese wären:

- Das Gasthaus soll „sehr leer" gewesen sein, aber Böhnhardt, Mundlos und Zschäpe hätten zusammen an einem Tisch gesessen. Was denn nun, war das Lokal leer, sogar „sehr" leer (was immer das sein mag), oder saßen dort drei Gäste?!

- Dominik R. will nicht gehört haben, was am anderen Tisch gesprochen wurde, erzählt aber, Zschäpe habe ihr Einverständnis zur Liquidierung der Punks gegeben. Wie passt das zusammen?

- Die Art wie Dominik R. berichtet, erinnert an Gespräche zwischen Jugendlichen auf einem Schulhof. Es ist von einer „Knarre" statt einer Waffe die Rede.

- Erschreckend die Aussage des heutigen Regisseurs, Mundlos habe abschätzen wollen, ob die drei später Angegriffenen „lebenswert oder lebensunwert" gewesen seien. Damit unterstellt er dem vermeintlichen Mundlos nicht nur a priori Mordabsichten (was hier offenbar beim Zuhörer die Feststellung hervorrufen soll, es habe sich bei dem Mann um eine Bestie gehandelt), sondern bedient sich darüber hinaus auch noch der abscheulichen Sprache der Nazis!

- Dominik R. berichtet eindringlich, Beate Zschäpe sei leicht zu identifizieren, um Zeugen auf den Prozess vorzubereiten. Dann beschreibt er, woran sie zu erkennen sei. Handelt es sich hierbei um die versuchte Einflussnahme auf mögliche Zeugen? Nachdenklich stimmt auch, dass Dominik R. und sein Zwillingsbruder im Jahr 2000 den Spielfilm „Oi!Warning" produziert haben, der sich mit dem Abrutschen eines Jugendlichen in die Skinhead-Szene beschäftigt, also bei den Brüdern eine gewisse Nähe zur Thematik besteht.

Damit nicht genug, bestehen in diesem Zusammenhang auch Fragen außerhalb der Schilderung von Dominik R., dazu zählen folgende:

- Was wollten Mundlos, Böhnhardt und Zschäpe, wenn sie es denn tatsächlich waren, eigentlich in der Bahnhofskneipe an einem Silvesterabend? Nach einer Feier sah es dort – glaubt man der Einlassung von Dominik R. – nicht unbedingt aus.

- Das Trio konnte nicht wissen, dass die Reisenden die Kneipe betreten würden, also kann es auf sie auch nicht gewartet haben, aber auf andere wohl. Wenn ja, auf wen?

- Wie kann es sein, dass Polizisten auf dem Bahnhof Schüsse hören, aber nicht eingreifen?

- Gesetzt den Fall, bei den Tätern der Mordserie hat es sich wirklich um das NSU-Trio gehandelt: Wie kann es sein, dass ein eiskalter und präziser Serienmörder auf dem Bahnhof von Erfurt genau das Gegenteil darstellt, wie ein Amokläufer reagiert, schreit und wild um sich schießt?

- Warum gibt es keine Anzeigen oder Fahndungsaufrufe, keine Pressemitteilungen? Weil die Sache so wie geschildert überhaupt nicht stattgefunden hat?

Jeder Laie erkennt hier ein – von wem auch immer – initialisiertes Manöver zur Diskreditierung von Beate Zschäpe kurz vor Beginn ihres Prozesses. Geradezu groteske Blüten des Wahnsinns treibt die Berichterstattung der „Kölnischen Rundschau" zum Thema Erfurter Bahnhof. Allen Ernstes soll nach diesem Artikel[154] nicht Böhnhardt oder Mundlos, sondern Beate Zschäpe persönlich auf die Brüder und deren Reisebekanntschaft gefeuert haben.[155]

Noch unqualifizierter zeigt sich ein Artikel bzw. dessen Verfasser auf der Internetseite www.nordbayern.de. Hier ist gar die Rede davon, Zschäpe sei in einen Mordfall verwickelt worden, weil sie am Erfurter Bahnhof bei den Schüssen anwesend gewesen sein soll.[156] Ohne auch nur eine Spur juristischen Wissens wird hier der angebliche Angriff gegen die beiden Brüder als Mord dargestellt: *„Dabei geht es um versuchte Mittäterschaft an einem Mord.*"[157] Leben und Tod scheinen bei so manchem Vertreter der deutschen Presse im Fall der Erfurter Ereignisse ihre Rollen vertauscht zu haben. Zusammengefasst handelte es sich demnach bei den ominösen Schüssen an Silvester 1996 um einen Fall, in dem zwei Tote unter Anleitung einer Frau zwei Brüder ermordeten, die noch heute quicklebendig sind.

Tatsächlich geht es hier aber allenfalls um Mittäterschaft an einem versuchten Mord und nicht um „versuchte Mittäterschaft an einem Mord"! Das ist ein Indiz dafür, dass der eigentliche Erfurter Fall nichts Sensationelles hergibt, ergo muss die Phantasie, gepaart mit blanker Dummheit, herangezogen werden. Hauptsache, man kann das Bild blutrünstiger Irrer zeichnen, auch dann, wenn man sich damit selber zum Gespött macht. Bislang (Oktober 2013) ist die Begebenheit aus Erfurt nichts anderes als ein Possenspiel — eventuell, um die Situation vor dem Zschäpe-Prozess in der Öffentlichkeit unnötig anzuheizen. So kann auch nur mit äußerst strapaziertem Wohlwollen als Zufall angesehen werden, dass sich wenige Tage nach der Bahnhofsgeschichte aus Erfurt eine Kölnerin iranischer Abstammung beim BKA meldete und angab, Beate Zschäpe sei im Jahr 2001 (!) in ihrem Laden in der Keupstraße gewesen und habe diesen ausspioniert, indem sie vorgab, dringend die Toilette aufsuchen zu müssen. In dem Geschäft explodierte Tage später eine Bombe, durch die die Tochter des Hauses schwer verletzt worden war. Jetzt, zwölf Jahre danach und im Zuge der Erfurter Sache, erinnerte sich die Mutter der Geschädigten plötzlich an den Besuch einer Fremden im Geschäft.

Einziger „Hinweis" auf Beate Zschäpe: Die Frau im Laden habe eine Jeans, offenes, dunkles Haar und eine dunkle Jacke getragen. Seltsamerweise macht die Zeugin keinerlei Angaben zur Figur der Frau oder über deren Gesichtszüge. Lediglich die Körpergröße, etwa 1,65 Meter, wurde genannt. Unmittelbar nach der Bombenexplosion in ihrem Geschäft machte die iranische Zeugin diese Angaben der Polizei gegenüber nicht. Kurz vor Prozessbeginn gegen Zschäpe machte das offenbar aus einem bestimmten Blickwinkel auch viel größeren Sinn.[158]

Verräterisch liest sich in diesem Zusammenhang auch die Überschrift des im Nachrichtenmagazin FOCUS erschienenen Artikels: Hier wird behauptet, die Angeklagte habe „offenbar NSU-Anschlagsziele" ausspioniert, also nicht nur am Tatort in Köln, sondern auch an anderen agiert. Unsaubere Methoden, politisch gewollt?

Aussagen wie die der Brüder oder jene der Kölnerin sind juristisch betrachtet reine Nullrunden, die sich bekanntlich durch das gesamte Ermittlungsverfahren zum NSU wie ein roter Faden ziehen. Dazu zählt auch die Kampfrhetorik so manchen Opferanwalts, der als Nebenkläger in dem Prozess auftritt. Mehmet Daimagüler ist einer von ihnen und soll gegenüber der „New York Times" geäußert haben, der Prozess in Sachen NSU sei mit den Nürnberger Kriegsverbrecherprozessen nach dem Ende des Zweiten Weltkrieges vergleichbar.[159] Inwieweit das im Prozess von München inhaltlich weiterhelfen kann, bleibt das Geheimnis des Advokaten. Darüber hinaus geht der Mann mit seinen Äußerungen einen gefährlichen Weg. Indem er die – noch nicht bewiesenen – NSU-Taten mit den Grausamkeiten der Hitler-Diktatur gleichsetzt, verharmlost er diese nämlich sträflich!

Unter dem Label „Verharmlosung" dürfte auch ein Vorgang laufen, der selbst den gutwilligsten Betrachter der Ereignisse rund um den NSU zum misstrauischen Beobachter werden lässt. Die „Frankfurter Rundschau" berichtete in einer ihrer Ausgaben über einen Brief des italienischen Geheimdienstes *Agenzia Informazioni e Sicurezza Interna* (AISI) vom 14. Dezember 2011, also kurz nach Aufdeckung des NSU, an das Bundesamt für Verfassungsschutz in Köln. Inhalt des brisanten Schreibens: Im belgischen Waasmunster habe im November 2002 ein europaweites Treffen von Neonazis stattgefunden, was dem BfV bereits im Jahr 2003 aus Italien mitgeteilt worden sei. Aber man hatte offenbar in Deutschland nicht darauf reagiert. An diesem Treffen habe auch der in München als NSU-Helfer vor Gericht stehende und im Zeugenschutzprogramm des Staates stehende Ralf W. mitgewirkt. Zum Teil sei es bei dem Treffen um ein Netzwerk militanter, spontan gebildeter Zellen gegangen, die Anschläge ausführen sollten. Angeblich hat diese Information das BfV nie erreicht.[160] Doch könnten die Kölner Schlapphüte durch V-Leute von dem Treffen erfahren haben oder den Brief der Italiener unerwähnt gelassen haben, um aufgrund der Informationen spontan eine eigene Zelle zu bilden – nämlich den NSU. Aufgefallen wäre diese „Geburt" innerhalb der rechten Szene ihrer Herkunft wegen nicht, hatten zuvor doch Aktivisten in Belgien mit Begeisterung von der Gründung solcher Gruppen gesprochen! Mit von der Partie soll in Belgien auch der inzwischen verstorbene Rechtsanwalt Jürgen Rieger gewesen sein, dem beste Kontakte zum in Schweden angesiedelten Ableger der US-Organisation „White Aryan Resistance" (Weißer arischer Widerstand) nachgesagt wurden. Zu dieser Organisation sollen sich Mundlos und Böhnhardt ebenfalls hingezogen gefühlt haben.[161]

7. Die Spur zum Konfliktherd Zypern

Seit den 1970-er Jahren gilt die Mittelmeerinsel Zypern als Konfliktherd zwischen Griechenland und der Türkei. Bürgerkriege, ein Militärputsch und schließlich die politische Teilung der Insel in einen türkischen und einen griechischen Teil sind die Folgen dieser auch religiös motivierten Politik in der Ägäis. Im Jahr 1974 besetzten türkische Truppen den nördlichen Teil der Insel, eine Grenze wurde errichtet. Seitdem ist Zypern in einen türkischen und einen griechischen Bereich geteilt, was bis in die jüngste Vergangenheit immer wieder zu Konflikten führte.

Während der überwiegende Teil der Zyprioten, etwa 700.000 Menschen, christlich ist (griechisch-orthodox), sind die etwa 200.000 Türken Moslems. Auch aus diesen Gründen kam es auf der Mittelmeerinsel besonders in den 1960-er und 1970-er Jahren zu blutigen Zusammenstößen, Terroranschlägen und Bürgerkriegsszenarien. Während die internationale Gemeinschaft in Gestalt der Vereinten Nationen (UNO) und der Europäischen Union (EU) unaufhörlich Anstrengungen zu einer Wiedervereinigung der zwei Inselteile unternahm und noch immer unternimmt, tut sich diesbezüglich auf Zypern selbst nicht viel. Zu tief sind noch immer die Gräben, zu verfeindet die gesellschaftlichen Gruppen. Und obwohl Zypern als Gesamtstaat Mitglied der EU ist, scheint dieser Umstand nur ein Feigenblatt, eine Art Symbol zu sein.

Was das alles mit dem „Nationalsozialistischen Untergrund", der Mordserie und der Türkei zu tun hat? Die Antwort will ein gewisser Professor Oswald LeWinter gewusst haben. Der im Februar 2013 im Alter von 81 Jahren in den USA verstorbene österreichische Jude äußerte mir gegenüber einen auf den ersten Blick bizarren Verdacht. Bereits im Jahr 2005, als die Mordserie noch frisch war und niemand etwas vom NSU und seinen drei inzwischen berühmten Mitgliedern ahnte. LeWinter antwortete auf die Frage, wer oder was denn hinter der Mordserie stecke: *„Das Motiv ist ein politisches. Bei den Opfern handelt es sich um Gegner der Wiedervereinigung Zyperns."* Nun mag man das glauben oder nicht, die Aussage für die Wahrheit halten oder für einen durch nichts bewiesenen Spruch eines Profilsüchtigen. Doch so einfach ist die Sache nicht, denn eigentlich könnten beide Varianten stimmen. Um das zu verstehen, muss man wissen, um wen es sich bei Oswald LeWinter eigentlich gehandelt hat.

Seligenstadt bei Darmstadt im Sommer 2005: Ich fahre langsam in eine schmucke, recht neue Siedlung, die aus gepflegten Eigenheimen und höchstens zweistöckigen, modernen Wohnhäusern besteht. Bunte Vorgärten zieren das Bild. Hier wohnen Beamte und höhere Angestellte, Akademiker und – Professor Oswald LeWinter. Im Parterre eines Zweifamilienhauses hat der ehemalige Chef der CIA-Desinformationsabteilung in Deutschland Quartier bezogen. Doch ist es wirklich sein Domizil oder nur eine sichere Dienstwohnung? Der kleine, inzwischen gehbehinderte Mann mit dem freundlichen Gesichtsausdruck macht dazu keine konkreten Angaben. Freunde hätten ihm die Wohnung vermittelt, heißt es, Freunde, die gleich in der Nachbarschaft wohnen würden und auch die Miete bezahlten. An der Wohnungstür prangt in güldenen, großen Lettern „Prof. O. LeWinter", so als ob jeder, der durch den Hausflur geht, mit der Nase auf die Anwesenheit Oswald LeWinters gestoßen werden sollte. In der geschmackvoll eingerichteten Bleibe sitzt LeWinter die meiste Zeit des Tages am Computer oder hält eigenen Angaben zufolge Kontakt mit einer ominösen Sekretärin. Der anerkannte Literat, ausgezeichnet mit mehreren Preisen, scheint noch immer im Geheimdienstgeschäft tätig zu sein, obwohl ihm gefälschte Unterlagen, die er dem Vater des zusammen mit Lady Di 1997 in Paris getöteten Dodi al Fayet anbot, vier Jahre Gefängnis einbrachten und er auch sonst als jemand gilt, der gerne erzählt, aber dem Gesagten keine Substanz hinzufügt.

Aber genau das ist das Geschäft von Oswald LeWinter immer gewesen: Der Öffentlichkeit und der Politik Geschichten auftischen, die von den wahren Hintergründen wichtiger Ereignisse wegführen und beteiligte Ermittler und/oder Journalisten in eine tote Richtung recherchieren lassen. So kann es auch im Fall der Mordserie an den Migranten in Deutschland gewesen sein. Der Mann mit den Decknamen „Y", „Rasin", „Wamma" oder auch „Ibrahim Rasin" stand immer mit deutschen Medien in Kontakt und soll auch für das Bundeskriminalamt in Wiesbaden tätig gewesen sein. Bis zu Beginn der 1980-er Jahre arbeitete er auch für einen militärischen Geheimdienst der USA in der Bundesrepublik, nahm an getarnten Drogengeschäften teil und kannte sich bestens in der Iran-Contra-Affäre aus. Bei dem Geheimdienst soll es sich um die DIA (Defense Intelligence Agency) gehandelt haben. Genau dieser Nachrichtendienst wird uns im Verlaufe des Buches, wenn die Rede auf den Polizistenmord von Heilbronn kommt, noch näher beschäftigen. Bei diesem Hintergrund LeWinters kann auch die Äußerung des Professors zur Mordserie ein reines Ablenkungsmanöver, eine geheimdienstliche Finte, gewesen sein.

Wie gesagt: kann. Kann aber auch nicht, denn Zypern hat für die Türkei eine enorme Bedeutung, da das osmanische Reich ja dringend in die EU aufgenommen werden will. Der 1974 begangene Überfall auf Zypern macht der türkischen Politik hinsichtlich eines EU-Beitritts allerdings erhebliche Schwierigkeiten, wäre die Wiedervereinigung der Insel doch einer der wichtigsten Schlüssel zum Beitritt zur Europäischen Union. Gegner einer solchen Reunion kommen da arg ungelegen, was auch der türkische Staatspräsident Erdogan noch im Jahr 2003 deutlich machte. Er sieht in dieser Frage einen scharfen innertürkischen Konflikt und warnte den Führer der türkischen Zyprer, Rauf Denktasch, vor weiteren Behinderungen der Wiedervereinigung, was eine „problematische Zukunft" bedeuten würde.[162]

Das hat Zündstoff und politisches Gewicht genug, auch auf dunklen Kanälen und mit mörderischen Methoden bestimmte Ziele durchzusetzen. Denktasch starb übrigens im Jahr 2012.[163] Sein wahres Gesicht zeigte Erdogan der Welt übrigens im Juni 2013, als er gegen oppositionelle Türken, die in Istanbul und anderen Städten gegen die Regierung demonstrierten, im Stile eines Diktators einschreiten ließ. Es gab Tote und Hunderte von zum Teil Schwerverletzten. Die kriegsähnlichen Auseinandersetzungen waren Gegenstand zahlreicher Sondersendungen auch des deutschen TV's. Im Zuge der Kämpfe, die sich an den Bebauungsplänen einer Parkanlage in Istanbul entzündeten, leistete sich der islamistisch-konservative Staatspräsident eine Entgleisung nach der anderen. Es handelt sich übrigens dabei um jenen Erdogan, der kurz zuvor einen demokratischen NSU-Prozess gefordert hatte!

Zurück zur Zypern-These: Auch die Ermittlungsgruppe „Bosporus" soll seinerzeit davon Kenntnis erhalten haben. Inwieweit ermittelt wurde, ist allerdings nicht nachvollziehbar. Jedoch: Unbestätigten Angaben zufolge soll der in der Serie getötete Grieche von der Insel Zypern stammen.[164] Außerdem tauchten an der Haustür seiner Witwe wenige Wochen nach dem Mord zwei türkischstämmige Herren auf, die sich als Detektive ausgaben, aber offenbar keine waren. Die Griechin geht noch heute von verdeckten Ermittlern der Polizei aus, bewiesen ist das aber keinesfalls.[165] Ebenso gut konnte es sich bei den furchteinflößenden Besuchern um Abgesandte aus der Türkei selber handeln, die einen bestimmten Auftrag im Zusammenhang mit der Zypern-Frage erfüllen sollten.

Aufhorchen lässt hier der Hinweis eines Informanten an mich, wonach ein Alexander Gr. aus Baden-Württemberg sich im Jahr 2001 der Regierung von Zypern anbot, für sie im türkisch besetzten Norden der Insel zu spionieren. Gr. wird immer wieder in Verbindung mit dem NSU genannt. Seine ehemalige Frau Petra S. aus der Gegend um Schwäbisch Hall und er sollen sich zurzeit in Irland aufhalten. Petra S. gibt vor, mit dem Decknamen „Krokus" V-Frau für den Verfassungsschutz in Baden-Württemberg gewesen zu sein und die dortige rechte Szene ausspioniert zu haben. Der Führungsbeamte vom LfV soll mit Tarnnamen Rainer Ö. geheißen haben. Gr. selber soll eine kaum nachvollziehbare politische Wandlung mitgemacht haben. Erst war er angeblich über Jahre hinweg ein überzeugter Atomkraftgegner, dann fand er sich plötzlich im rechten Lager wieder – ein Werdegang, der für staatliche Spitzel allerdings nicht unüblich ist. Sie werden häufig dort eingesetzt, wo sie halt gebraucht werden. Ob nun auf der rechten oder linken Seite, scheint weitestgehend unerheblich zu sein.[166]

Gr. postete auch immer wieder in deutschen Internetforen, schrieb Kommentare und Leserbriefe. Dabei interessierten ihn die Themen iranisches Atomprogramm, Türkei und USA am meisten. In einem Forum für Mitglieder und Freunde deutscher Sondereinheiten von Polizei und Militär meldete sich der Württemberger zu Wort, um Männer für einen Einsatz in Ghana zu werben.[167] Dieser sei natürlich nicht militärischer, sondern humanitärer Natur, hieß es, und werde von der Bundesregierung bezahlt. Zehn Tage sollte der Trip dauern. Ob Gr. seine Leute fand, ist nicht überliefert. Der Mann, der eine derart schillernde Figur abgibt, als komme er direkt aus einem James-Bond-Film, stammt ursprünglich aus Langenburg in Hohenlohe, von wo auch die Grünen-Politiker Joschka Fischer und Rezzo Schlauch kommen. Mit Fischer will Gr. seit Kindheitsbeinen an befreundet sein.[168] Den ehemaligen Bundesaußenminister griff Gr. in einem Leserkommentar an, den er anlässlich eines Artikels Fischers in der „Financial Times Deutschland" vom 29. November 2011 geschrieben hatte. In dem Kommentar spricht Gr. sich für den Iran und gegen die Haltung der USA und Israels im Streit um das iranische Atomprogramm aus.

Die undurchsichtige Rolle des Gr. offenbart sich auch darin, dass er mehrere Jahre im Gefängnis verbracht haben soll, wo er wegen unerlaubtem Waffenbesitz eingesessen haben soll.[169] Dieser Besitz muss von erheblichem Umfang bzw. erheblicher Bedeutung gewesen sein, da Gr. immerhin sechs Jahre hinter Gittern verbrachte, was ihn auch in die JVA Stuttgart-Stammheim brachte, die berühmt ist als Gefängnis und Todesort der RAF-Terroristen Baader, Ensslin, Meinhof und Raspe. Dort soll Gr. in Einzelhaft gesessen haben. Darüber hinaus soll der Mann aus Langenburg intensive Kontakte zu den Hells Angels unterhalten haben, die inzwischen alles andere als Sympathien für ihn hegen.[170] Gr. wird im Internet als Geschäftsführer einer Firma in Irland bezeichnet, die sich mit erneuerbaren Energien beschäftigt. Doch laut Telefonauskunft ist eine solche Gesellschaft in ganz Irland nicht verzeichnet.[171] Das riecht deutlich nach einer durch einen Geheimdienst gelegten Legende, die bei der Suche nach Alexander Gr. ins Nichts führen soll.

Zusammenfassend kann behauptet werden, Alexander Gr. spiele in der Angelegenheit NSU eine Schlüsselrolle. Sollten die hier genannten Informationen tatsächlich in ihrer Deutlichkeit der Realität entsprechen, würde dieser Mann hinsichtlich der Kontakte zu Geheimdiensten und fremden Mächten (Irland, Türkei) keine unbedeutende Funktion einnehmen, die auch noch in Verbindungen zur deutschen bzw. internationalen Rockerszene gipfeln würde. Darüber hinaus umgibt Gr. die Aura eines Geheimdienstlers. Bündeln sich in seiner Person die möglichen Verstrickungen der Bundesrepublik in den Fall NSU? Dazu würde auch der Vermerk im Beweisbeschluss BY-14 des NSU-Untersuchungsausschusses im Deutschen Bundestag passen, wo es heißt: *„Hinweis Gr., Alexander zu geheimen Aktionen."*[172]

Eine weitere Variante zu den Hintergründen der Mordserie ist die vom Zusammenhang mit einer Wett-Mafia.

Es war im Jahr 2009, als die angeblich so heile und reine Fußballwelt in Westeuropa in einen handfesten Skandal gestürzt wurde. Kriminelle Elemente hatten den Volkssport Nummer eins für ihre Zwecke missbraucht und illegale Wetten mit manipulierten Spielen veranstaltet. Beteiligt war nicht nur die Wett-Mafia, sondern auch Spieler und Funktionäre von Vereinen aus Deutschland, Belgien, Schweiz, Österreich[173], Kroatien, Slowenien, Ungarn, Bosnien-Herzegowina und – der Türkei. Der Tätergruppe, die mindestens zweihundert Personen umfasst haben soll, kamen die Ermittler durch Telefonüberwachungen auf die Spur. Es ging um Millionenbeträge. Eines der manipulierten Spiele soll die Begegnung zwischen dem SSV Ulm und Fenerbace Istanbul vom 14. Juli 2009 gewesen sein.[174] Ein in den Skandal verwickelter Spieler, der gebürtige Italiener und zuletzt in der Schweiz spielende Mario Bigoni, wurde nur 27 Jahre alt. Er war am 8. Oktober 2011 zusammen mit Freunden in einem Restaurant, soll es in betrunkenem Zustand verlassen haben und verschwand anschließend zunächst spurlos. Tage später fand man seine Leiche im Rhein. Offiziell war Bigoni Opfer eines Unfalls geworden.[175]

Bei einem der abgehörten Telefonate zwischen Verdächtigen hörten die Beamten besonders aufmerksam zu, denn die Rede war von einem Auftragsmord. Das Gespräch fand in der Türkei statt und hatte eben diesen Auftrag zum Inhalt. Da die türkische Polizei in dem Gespräch Hinweise auf Deutschland und die Mordserie fand, informierte sie gleich ihre Kollegen vom BKA in Wiesbaden. Es ging um Wettschulden, und tatsächlich soll es sich bei den Opfern der deutschen Mordserie in den meisten Fällen um ärmliche Kleingewerbler gehandelt haben, die unter Umständen nicht bei der Bank, sondern bei zwielichtigen Landsleuten um einen Kredit nachsuchten.[176] Ein System, dass besonders unter Moslems beliebt ist, wo Gelder abseits der Kreditinstitute verliehen werden – ohne Vertrag.

Somit bewegte sich die deutsche Polizei in einem ihr völlig unbekannten Milieu, obwohl dieses sich mitten unter uns befindet, und kam deswegen keinen entscheidenden Schritt weiter. Ein Nachbar eines der Opfer soll denn auch gesagt haben: *„Eure Polizei wird den Fall nie lösen."*[177]

8. Was so ein Trio alles können muss

Was ein Trio alles können muss, um die dem NSU zugeschriebenen Taten zu begehen, überschreitet die Grenze zum Übermenschlichen weit. Offenbar macht sich die Öffentlichkeit in Deutschland kaum Gedanken darüber, wie Zschäpe, Mundlos und Böhnhardt ihre Anschlagsopfer und deren Standorte ausgewählt haben sollen. Wer sich damit beschäftigt, stößt nach kurzer Zeit auf starke Zweifel an der offiziellen Theorie der Geschehnisse. Und das aus rein logischen Überlegungen, nicht aus verquasten Gedankengängen heraus. Da wäre zunächst die Frage nach der Auswahl der Opfer. Wie, um alles in der Welt, ist es dem NSU nur gelungen, genau jene Menschen festzulegen, die später sterben mussten – und das quer durch die Republik? Wenn es sich um eine, wie immer wieder behauptet wurde, „Kleinstzelle"[178] handelte, wer übernahm dann die mannigfaltigen logistischen Vorbereitungen der Morde und Banküberfälle? Helfer soll der NSU zwar gehabt haben, allerdings spricht in diesem Kontext keine offizielle Stelle von direkten Tatvorbereitungen, lediglich die Unterstützung einer terroristischen Vereinigung steht im Raum.

Betrachten wir solche Tatvorbereitungen, die wir auch von den Attentaten der RAF kennen, einmal genauer, stellen wir fest, dass ein ganzer Trupp von Leuten nötig ist, um ein späteres Attentatsopfer abzuklären. Gewohnheiten (wann öffnet das Geschäft des Betroffenen, wann macht er Pause, zu welchem Zeitpunkt herrscht der stärkste Kundenstrom etc.) müssen ausgespäht, Fahrtrouten ausgekundschaftet und mögliche Pannen berücksichtigt werden. Allerdings ist das Risiko der Entdeckung in solchen Fällen enorm hoch, weil bei der NSU ja offiziell immer nur Mundlos und/oder Böhnhardt vor Ort gewesen sein können, die dann später auch noch die Tat ausführten. Darüber hinaus ist bei solchen Verbrechen immer auch ein Team notwendig, das dann einschreitet, wenn es zu unvorhergesehenen Störungen kommt und die Tat nicht nach dem ursprünglichen Plan abgewickelt werden kann. Im Jargon von Polizei, Geheimdiensten und Terrorgruppen heißt dieses

Vorgehen „Abdecken". Auch in den Fällen des NSU, der ja scheinbar professionell arbeitete, können diese Umstände nicht unberücksichtigt geblieben sein. Ansonsten hätten die Mordanschläge im Sinne der Täter keinen Erfolg gezeitigt. Daneben sind genaue Ortskenntnisse vonnöten, denn einer der wichtigsten Aspekte eines Überfalls oder Mordes ist die Flucht nach der Tat. Zwar verfügten Böhnhardt und Mundlos (unterstellt, nur sie seien an den direkten Taten beteiligt gewesen) in ihrem Auto wahrscheinlich über ein Navigationsgerät, doch das Ziel der Fahrt muss vom Nutzer immer noch eingegeben werden. Woher hätten die Täter in einer ihnen völlig fremden Stadt das richtige Ziel, nämlich fluchtgeeignete Straßen und Wege, wissen können? Wichtig sind auch zur Verfügung stehende weitere Fahrzeuge, um die Fahndungsmaßnahmen der Polizei zu unterlaufen und eine konspirative Wohnung, in die man sich zurückziehen kann, bis die erste Fahndungswelle abgeebbt ist. All das sollen die beiden Täter, eventuell mit Unterstützung von Beate Zschäpe, allein bewerkstelligt haben – unmöglich! Unüblich ist es ebenso, dass die Täter selber Fahrzeuge anmieten, wie in mehreren Fällen des NSU offensichtlich geschehen. Aus den Erfahrungen mit der RAF und anderen Terrororganisationen wissen wir, dass Autos von Bandenmitgliedern, die nicht zum direkten Attentatsteam zählen, entweder gestohlen oder gekauft werden. Niemals treten die eigentlichen Mordschützen als Beschaffer auf! Zur Verdeutlichung hier eine Passage aus dem Urteil des Oberlandesgerichts (OLG) Stuttgart gegen die damaligen RAF-Mitglieder Christian Klar und Brigitte Mohnhaupt wegen des Mordes an Generalbundesanwalt Siegfried Buback und seinen zwei Begleitern am 7.4.1977 in Karlsruhe.

„G. Der Anschlag auf Generalbundesanwalt Siegfried Buback sowie dessen Begleiter Wolfgang Göbel und Georg Wurster

Planung und Vorbereitung

(...) Den Plänen entsprechend, die die Mitglieder der RAF einschließlich der Angeklagten entwarfen, trachteten sie dem Generalbundesanwalt auf der Fahrt von seiner Wohnung zu seinem Dienstsitz aufzulauern. Er und seine Begleiter sollten nach dem gemeinsam gefassten Tat-

plan von einem Motorrad aus erschossen werden. Die Einbeziehung der jeweiligen Begleiter in den Mordanschlag war aus Sicht der Täter notwendig, um von vornherein jede Gegenwehr, Verfolgung sowie mögliche Wiedererkennung oder Ergreifung auszuschließen. Die unmittelbare Tatausführung übernahmen neben dem Angeklagten Klar die ihm seit langem verbundenen RAF-Mitglieder Sonnenberg und Folkerts, da diese drei in Karlsruhe gelebt hatten, Stadt und Umgebung demnach genau kannten. Bandenmitglieder spähten die tägliche Fahrtstrecke und die Fahrgewohnheiten des Generalbundesanwalts einschließlich der für ihn getroffenen Sicherheitsmaßnahmen eingehend aus. Sie erkundeten auch mögliche Fluchtwege. Am 2. April kaufte ein nicht identifiziertes RAF-Mitglied den später zur Tatvorbereitung und zur Flucht benutzten silbergrauen Alfa Romeo GER-AM 25. Mit diesem Fahrzeug wurden an den Tagen vor der Tat – auch zur Erkundung des Tatortes und des Fluchtweges – Fahrten im Raum Karlsruhe/Sachsenheim durchgeführt. Anlässlich dieser Fahrten waren in wechselnder Besetzung bis zu drei Personen (...) im Fahrzeug."[179]

An diesem Beispiel zeigt sich, dass bei Attentaten dieser Größenordnung (und die des NSU waren nicht kleiner) stets mehrere Personen beteiligt sind, die arbeitsteilig handeln. Demnach gibt es Beschaffer für Fluchtfahrzeuge, Späher, Leute, die Fluchtrouten ausarbeiten und schließlich die Attentäter selbst. Dass die eigentlichen Täter dies alles in Personalunion bewältigten, ist eine völlig lebensfremde Annahme, die auch beim NSU – und das bei angeblich zehn Mordfällen und zahlreichen Bankrauben – nicht funktioniert haben kann. Bei der ermordeten Polizistin von Heilbronn äußerten sich die Behörden übrigens ab einem bestimmten Zeitpunkt ganz anders, was wir im gesonderten Kapitel noch sehen werden.

In dem ganzen Wust von Ungereimtheiten und Auffälligkeiten stellt sich konsequenterweise irgendwann die Frage danach, ob Mundlos, Böhnhardt und eventuell auch Zschäpe überhaupt an den Orten der zehn Morde gewesen sind oder ob sie unter Umständen nur Teil eines

Teams waren – nämlich jener Teil, der ausspäht oder Fluchtrouten plant bzw. Fahrzeuge beschafft. Nichts spricht bislang dagegen, aber einiges gegen ihre Anwesenheit bei den Tatausführungen.

Gehen wir ins Detail: Bei dem letzten dem Duo Böhnhardt/Mundlos zugeschriebenen Banküberfall am 4. November 2011 in Eisenach gab die Polizei kurz nach dem Überfall, aber vor den Ereignissen im Wohnmobil, eine Täterbeschreibung heraus. Danach handelte es sich bei den zwei Männern, die die Bank verließen und auf Rädern flohen, um etwa 20 Jahre alte, zirka 1,80 bis 1,85 Meter große Räuber. Einer von ihnen war mit hellem Kapuzenshirt und dunkler Hose, sein Komplize mit blauem Kapuzenshirt und ebenfalls dunkler Hose bekleidet. Ein Foto der Überwachungskamera aus dem Geldinstitut zeigt einen der Täter beim Verlassen der Bank. Sein Gesicht ist absolut nicht zu erkennen.[180] Wie aufgrund dieser Beschreibung, die ja nach Aussagen von Zeugen und Fotos der Sicherheitskameras erstellt wurde, auf Uwe Mundlos und Uwe Böhnhardt geschlossen werden kann, bleibt schleierhaft. Das beginnt schon mit dem vermuteten Alter der Bankräuber: Während es mit „etwa 20 Jahre" angegeben wird, steht fest, dass Mundlos und Böhnhardt Jahrgang 1973 bzw. 1977 und somit von dem unterstellten Alter weit entfernt waren. Überdies hatten sie ihre Köpfe rasiert, was äußerlich älter macht. Allein aufgrund dieser Tatsache wäre kein Zeuge auf die Idee gekommen, die beiden Männer seien um die 20 Jahre alt gewesen.

Am 11. November 2011 veröffentlichte SPIEGEL-online zu einem Artikel über den NSU eine Fotostrecke, in der auch Phantombilder von angeblichen NSU-Tatorten zu sehen sind. Eines der aufgrund von Zeugenaussagen angefertigten Bilder zeigt einen Tatverdächtigen zum Mord an Süleyman T., der am 27. Juni 2001 in Hamburg starb. Zu sehen ist ein schlanker Südländer mit dichtem, schwarzem Haar und tiefliegenden Augen. Er erinnert stark an einen Türken oder Araber. Mit Mundlos oder Böhnhardt besteht absolut null Ähnlichkeit.[181] Ähnlich ergeht es dem Betrachter eines Phantombildes, das im Zusammenhang mit dem Polizistenmord von Heilbronn angefertigt wurde und am 10.

März 2009 in der Tageszeitung DIE WELT erschien. Es zeigt einen jungen Nordeuropäer oder Nordamerikaner mit kurzem, braunem Haar und einem schmalen Bärtchen, das von der Unterlippe zum Kinn verläuft. Wieder fehlt es an Ähnlichkeit mit den vermuteten Tätern. Zudem, darauf kommen wir später noch intensiver, wurde nach Angaben des mit Michele Kiesewetter angegriffenen Polizisten Martin A. ein Phantombild angefertigt, das allerdings nie veröffentlicht wurde – warum nicht?

Auch beim Nagelbombenanschlag von Köln, der sich in der Keupstraße im Sommer 2004 ereignete, gibt es bezüglich der Fahndungsfotos Ungereimtheiten. Verwendet wurden Bilder aus einer Überwachungskamera, die im Wesentlichen zwei Männer mit Basekaps und Fahrrädern zeigen. Auf einem Bild schiebt ein Mann zwei Räder, auf einem anderen ist ein Mann mit nur einem Rad, das ebenfalls geschoben wird, zu erkennen. Zwar weisen die zwei Verdächtigen von der Physiognomie her Übereinstimmungen mit Mundlos und Böhnhardt auf, doch ihre Gesichter sind durch die schlechte Bildqualität, die Kappen und Sonnenbrillen nicht deutlich genug erkennbar, um eindeutig auf bestimmte Personen schließen zu können.[182]

Dennoch wird in den meisten Publikationen steif behauptet, bei den zwei Verdächtigen handele es sich unzweideutig um die Männer vom NSU. Geradezu gespenstisch wird es, wenn die Rechercheergebnisse des Journalisten Thomas Moser bezüglich der Keupstraße betrachtet werden. Er hatte herausgefunden, dass sich kurz vor der Explosion ganz in der Nähe zwei Polizisten aufgehalten hatten. Diese zwei Beamten wurden dem Untersuchungsausschuss in Berlin zunächst nicht genannt, dann aber im Frühsommer 2013 doch als Zeugen geladen. Doch offenbar schickte die Kölner Polizei die falschen Kollegen in die Hauptstadt.[183] Ein Anwohner der Keupstraße hatte nach der Explosion am Tatort zwei Männer in Zivil beobachtet, die bewaffnet waren. Er hielt sie für Polizisten.

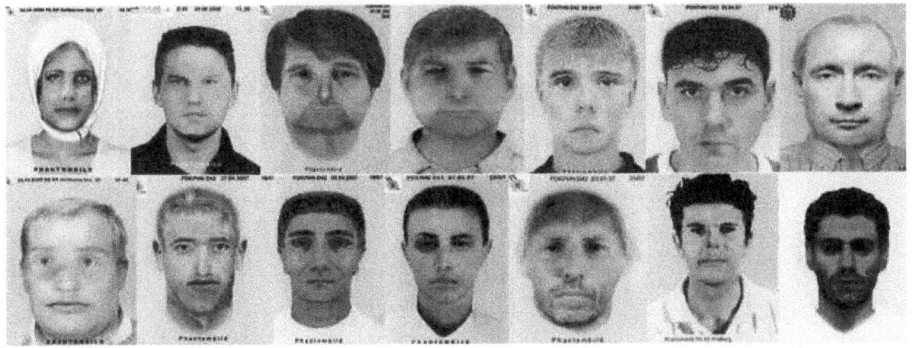

Abb. 2:
Diese Phantombilder wurden im Zusammenhang mit dem Attentat auf die Polizeistreife in Heilbronn nach Angaben zahlreicher Zeugen gefertigt. Nicht eines der Bilder ähnelt Uwe Mundlos oder Uwe Böhnhardt. Das Bild rechts unten wurde aufgrund der Angaben des schwerverletzten Kollegen von Michele Kiesewetter, Martin A., erstellt und auf Weisung der Staatsanwaltschaft bislang nicht veröffentlicht.

Doch diese Männer wurden niemals vernommen, tauchen in keinerlei polizeilicher Aktenmappe auf, sind – ähnlich wie in Heilbronn – offenbar Phantome. Moser schreibt: *„Mit B. und V. haben Innenministerium und Polizei dem Untersuchungsausschuss und der Öffentlichkeit am 25. April zwei falsche Männer präsentiert und halten gleichzeitig zwei andere verborgen."*[184] Einer der Beamten, der Polizist B., gab an, Hundeführer zu sein — sein Hund sei auf Drogen spezialisiert. Doch im internen Register der Polizei ist neben B. der Begriff „Sprengstoffexperte" vermerkt. Was haben die Behörden im Vorfeld des Anschlags von Köln gewusst?[185]

Sozusagen das genaue Gegenteil von den NSU-Mitgliedern stellt auch die Phantomzeichnung dar, die aufgrund von Zeugenangaben nach dem Mord an dem Griechen Theodoros Boulgarides am 15. Juni 2005 in München angefertigt wurde. Wieder ist es ein Südländer, der zuletzt Kontakt zu dem Ladenbesitzer gehabt haben soll.[186] Mit zirka 1,75 Meter Körpergröße ist dieser Mann zudem viel kleiner als Mundlos und Böhnhardt. Interessanterweise haben sich jene, die auf den Phantombildern zu sehen sind, nie bei den Behörden gemeldet. Das lässt zwei

Schlussfolgerungen zu: Entweder gibt es diese Personen nicht, aber warum wollen Zeugen sie dann gesehen haben, oder sie haben etwas mit dem jeweiligen Mord zu tun und bleiben deswegen im Verborgenen. Man sollte sich in diesem Zusammenhang übrigens nicht von dem Begriff „Zeuge" täuschen lassen, denn auch die auf den Phantombildern Gezeigten werden offiziell als Zeugen gesucht, obwohl sie in Wirklichkeit Verdächtige sind. Der Grund: Ein Verdächtiger ist rein juristisch erst einmal nichts anderes als ein Zeuge und muss deswegen öffentlich auch so bezeichnet werden. Erst wenn es im Verlaufe seiner Zeugenbefragung zu Anhaltspunkten kommt, die einen Verdacht erhärten oder zum Zeitpunkt der Vernehmung hervorbringen, wird aus dem Zeugen bzw. Verdächtigen ein Beschuldigter. Sollte nun der als Zeuge und mit Phantombild Gesuchte in Wirklichkeit ein Verdächtiger sein (was er natürlich weiß), wird er sich nur in den seltensten Fällen freiwillig melden. Bei der letzten Tat der Serie, dem Mord an Halit Yozgat vom 6. April 2006 in Kassel, wurde Sekunden nach dem Tötungsdelikt ein Mann mit dunklen Haaren und südländischem Aussehen beobachtet, der über die viel befahrene Holländische Straße in Richtung des Hauptfriedhofs gelaufen sein soll. Laut Zeugenangaben kam er zur Tatzeit aus dem Internetcafé des Opfers.[187]

Im Zuge der Ermittlungen zu diesem Fall soll es auch zur Festnahme zweier Männer gekommen sein, die kurz darauf aber wieder freigelassen werden mussten. Sie sollen sich nur Stunden später aus Deutschland abgesetzt haben – und zwar in die Schweiz bzw. Türkei![188]

Noch am 11. Mai 2010 behauptete die „Süddeutsche Zeitung" in einem Artikel, bei allen bis dahin stattgefundenen Morden der in Rede stehenden Serie sei es Tage zuvor zwischen den späteren Opfern und Unbekannten zu verbalen Auseinandersetzungen gekommen – wohlgemerkt: bei allen![189] Darüber hinaus sollten von den Opfern ausgehende Kontakte zum Drogenmilieu bestehen.[190] Seltsam, dass in den Tagen zuvor niemand Mundlos und Böhnhardt an den Tatorten gesehen hat, sondern immer nur Menschen, auf die eine völlig andere Beschreibung zutraf. Kann das als Hinweis darauf gewertet werden, dass

die NSU-Männer nie an den Tatorten waren, oder hatten sie Komplizen, die vorher das Terrain erkundeten? Wenn dem so war, müssen die
Komplizen (zumindest die von Zeugen beobachteten) insgesamt aus
südlichen Ländern gestammt haben, was der These vom ausländerfeind-
lichen NSU widersprechen würde. Würde eine stramm rechte Terrorgruppe die Zusammenarbeit mit Ethnien bevorzugen, deren Angehörige von den Terroristen andererseits liquidiert werden sollen? Wohl
kaum.

Eine bislang unbekannte Zeugin will auch Beate Zschäpe an einem
der Tatorte gesehen haben und berichtete, diese habe große Ähnlichkeit
mit der Schauspielerin Sara Gilbert aus der Serie „Roseanne" und sei
deswegen von der Zeugin erkannt worden.[191] Mal ganz davon abgesehen, dass Zeugen häufig die verwunderlichsten Beschreibungen abge-
ben, erscheint eine Frau, welche die Realität mit einer US-Fernsehserie
abgleicht, nicht besonders glaubwürdig. Zumal die beschworene Ähnlichkeit selbst bei eingehender Betrachtung der Fotos von Zschäpe und
ihrer „Doppelgängerin" nun wirklich nicht überzeugen kann. Wie soll
diese vorgegebene Ähnlichkeit dann in einer zufälligen Alltagsszene in
Sekundenschnelle von einer in Beobachtungen Ungeübten festgestellt
werden? Dem nicht genug, legte eine Vertreterin der Nebenklage beim
NSU-Prozess im September 2013 nach und behauptete, eine Frau habe
Beate Zschäpe kurz vor den Morden von Dortmund und Kassel in der
Westfalenmetropole gesehen. Damals habe sich Zschäpe in Begleitung
von Mundlos, Böhnhardt und eines „bulligen" Skinhead in einem Garten der Nachbarschaft befunden und am Gestell einer Schaukel gerap-
pelt. Als die Zeugin daraufhin das Fenster öffnete und Beate Zschäpe
fragte, ob sie eine neue Nachbarin sei, soll das seltsame Quartett wort-
los im Hause verschwunden sein.[192]

Gut unterrichtete Kreise wollen wissen, dass es sich bei der Zeugin
um Journalistin Vera von A., die einst Mitglied der „Deutschen Kommunistischen Partei" (DKP) war, handelt. Es mutet wirklich seltsam an,
dass ausgerechnet eine Frau aus dem extremen linken Lager den vermeintlichen Rechtsterroristen geradewegs in die Augen geblickt haben

soll. Lassen wir die Beschreibung dieser Szene, abgegeben durch die Rechtsanwältin Doris Dierbach, einmal wenige Sekunden auf uns wirken. Wir werden feststellen, dass es sich – vorausgesetzt, im Gerichtssaal werden diesbezüglich keine Märchen aufgetischt – bei dem angeblichen Auftritt von Zschäpe und Komplizen in Dortmund um eine bizarre Vorstellung gehandelt haben muss. Welcher Terrorist im Untergrund rappelt derart lautstark in aller Öffentlichkeit an einem Schaukelgestell, dass die Nachbarschaft die Fenster öffnet? Und wer ist als untergetauchter und gesuchter Top-Terrorist derart geistesarm, durch Schweigen und Flüchten in einen Hauseingang Verdacht auf sich zu lenken? Genau, niemand! Und deswegen ist die Dortmunder Geschichte ähnlich zu bewerten wie die Nürnberger mit den Kölner „Beweisfotos". Somit scheiterte die Dortmunder Vermutung auch schon bevor sie tatsächlich vor Gericht präsentiert werden konnte. Im September 2013 kam heraus, dass es sich bei den „Verdächtigen" wohl eher um harmlose Bürger handelte, die sich am Wohnhaus der Journalistin aufgehalten hatten. Ein früherer Nachbar, der zum Zeitpunkt der Beobachtung das Kopfhaar rasiert hatte und Militärhosen trug, war eigenen Angaben zufolge in dem Garten mit dem Bau eines Teiches beschäftigt. Seine Frau habe eine gewisse Ähnlichkeit mit Beate Zschäpe – und schon war der Terroristen-Treff perfekt.[193] Vor Gericht berichtete die Zeugin am 30. September 2013 schließlich, sie habe ihre Beobachtung durch ein Fernglas getätigt, was den Blick dann und wann durchaus trüben kann.

Der Nürnberger Zeugin sollen keine optischen Hilfsmittel zur Verfügung gestanden haben. Ihr wurden die Fotos von den beiden Fahrräder schiebenden Männern aus der Kölner Keupstraße vorgelegt. Darauf habe die junge Frau Böhnhardt und Mundlos erkannt, heißt es. Doch die beiden vermutlichen NSU-Mitglieder waren auf den Bildern nachweislich nicht identifizierbar, niemand war darauf identifizierbar.[194] Aufgrund öffentlicher Vorverurteilung von Mundlos und Böhnhardt in der Online-Ausgabe der Zeitung „Der Tagesspiegel" vom 24. Juni 2013 erstattete ich noch am gleichen Tage bei der Staatsanwaltschaft Berlin Anzeige wegen des Verunglimpfens des Andenkens Verstorbener. Die Zeitung hatte in ihrem Artikel behauptet:

„Uwe Mundlos und Uwe Böhnhardt töteten den Türken am 13. Juni 2001 in seiner Schneiderei in Nürnberg mit zwei Schüssen in den Kopf. "[195]

Da die Täterschaft der beiden Männer juristisch in keiner Weise bewiesen ist, erfolgte die Anzeige. In einem Schreiben vom 2. Juli 2013, was bei mir erst eine Woche später eintraf, teilte ein Staatsanwalt L. mit, das Verfahren eingestellt zu haben, *„da das Verbreiten wahrer Aussagen kein Verunglimpfen eines Verstorbenen darstellt".*[196] (siehe Anhang 2) Die rechtliche Grundlage, auf der eingestellt wurde, wird in dem Antwortschreiben entgegen aller Gepflogenheiten nicht mitgeteilt. Aber vielleicht verfügt der Staatsanwalt von Moabit aus ja über hellseherische Fähigkeiten, die es ihm erlauben, Mundlos' und Böhnhardts Schuld verifizieren zu können, obwohl die Beweisaufnahme zu den Morden erst am 9. Juli 2013 vor dem OLG in München begann. Unterschrieben ist der Brief aus Berlin übrigens lediglich von einer Justizbeschäftigten und nicht vom Staatsanwalt persönlich, was den Gesamteindruck hinterlässt, man habe sich bei der Staatsanwaltschaft in Berlin überhaupt nicht hinreichend mit der Anzeige beschäftigt. Möglich, dass ein solches Verhalten aufgrund vorauseilenden Gehorsams geschieht; möglich, dass auch unsere Justiz im Zweifel politischen Vorgaben folgt. In diesem Fall sieht es ganz danach aus, denn eine ernsthafte und sachbezogene juristische Prüfung der Anzeige hat hier allem Anschein nach nicht stattgefunden. In einer anderen Sache erntete besagter Staatsanwalt ebenfalls keine Lorbeeren, legte aber immerhin die rechtliche Grundlage, die zu einer Einstellung des Verfahrens führte, schriftlich dar, was mir verwehrt blieb.[197] Vielleicht hilft dem Staatsanwalt an dieser Stelle ja ein kleines Proseminar weiter, das wir mit folgender Feststellung beginnen wollen:

„Jeder Mensch, der einer strafbaren Handlung beschuldigt wird, ist so lange als unschuldig anzusehen, bis seine Schuld in einem öffentlichen Verfahren, in dem alle für seine Verteidigung nötigen Voraussetzungen gewährleistet waren, gemäß dem Gesetz nachgewiesen ist. "[198]

Eine Art Zeugenbeeinflussung im Voraus könnten kritische Betrachter des Falls zudem hinter dem absolut obskuren Auftauchen der Fahndungsfotos von Böhnhardt und Mundlos im TV vermuten. Die beiden Männer wurden nämlich unfreiwillig Bestandteil zweier Fernsehkrimis. In der Folge „Gegen die Zeit" (man beachte den Titel!) der TV-Serie „Küstenwache" vom 10. März 2004 wurden in einer für den Film nachgemachten Fahndungsakte die Fotos jener Männer gezeigt, die später als NSU-Mörder bekannt wurden. Beate Zschäpe hingegen war nicht zu sehen. An ihrer Stelle prangte das Bild einer Schauspielerin.[199] Die Fahndungsfotos, damals auf der Internetseite des Bundeskriminalamtes, gelangten wie von Geisterhand in die eigens für die Sendung hergestellte Akte und wurden wie zufällig innerhalb einer kurzen Szene dargestellt. Angeblich, so die TV-Produktionsgesellschaft, sei nicht mehr nachvollziehbar, wie die Fotos in die Akte kamen. Interessant in diesem Zusammenhang ist der Zeitpunkt der Ausstrahlung der Folge von „Küstenwache": Offensichtlich sollten hier weit im Vorfeld des November 2011 die zahlreichen TV-Zuschauer schon einmal schleichend und unterbewusst an den Anblick von Mundlos und Böhnhardt als Verbrecher gewöhnt werden. Doch es kam noch besser. Auch in einer Folge des Zuschauermagnets „Tatort" war ein Bild von Mundlos zu sehen, und zwar in der Episode „Bestien" (auch hier ist der Titel interessant!), die in Köln spielt und bereits am 25. Januar 2001 in der ARD ausgestrahlt wurde. In dem Streifen geht es um die Mutter eines vergewaltigten Mädchens, die den Täter schließlich tötet. Der Vater des Mädchens schaut sich in der Episode eine BKA-Akte über Sexualverbrecher an. Dabei wird das Foto von Uwe Mundlos eingeblendet.[200] Die Produktionsfirma der Folge, die Colonia Media GmbH, kann sich angeblich bis heute nicht erklären, wie das Bild in die fiktive Akte gelangen konnte. Auch beim ZDF, das die Serie „Küstenwache" ausstrahlte, steht man eigenen Angaben zufolge vor einem Rätsel. Die Mitarbeiterin der Requisite, die die Akte herstellte, arbeitet seit längerer Zeit nicht mehr bei der entsprechenden Produktionsfirma.[201] Das allerdings sollte kein Grund sein, die Dame nicht ausfindig machen zu können; schon gar nicht für eine Ermittlungsbehörde, denn immerhin gibt es in

Deutschland Meldeämter, Straßenverkehrsämter, Schufa und viele Institutionen mehr, die über die Daten einzelner Bürger verfügen. In anderen Fällen wird damit im Übrigen auffallend locker umgegangen.

Werden die Zeiträume, in denen die beiden Krimis gezeigt wurden, mit denen der Mordserie verglichen, kommt Erstaunliches dabei heraus, was aber sicherlich auch nur ein Glied in der Kette merkwürdiger „Zufälle" ist: Am 25. Februar 2004 wurde Mehmet Turgut in Rostock hinter seiner Döner-Theke ermordet. Keine zwei Wochen später läuft im TV die Folge von „Küstenwache". Besonders hervorzuheben ist nicht nur die terminliche Nähe zwischen Mord und Sendung, sondern auch die Tatsache, dass „Küstenwache" als Handlungsort die deutsche Ostseeküste – und damit auch Rostock – hat![202] Das Gros der Zuschauer dieser Krimiserie stammt aus Norddeutschland, also liegt es nahe zu glauben, hier sollten die Bewohner der Küstenregion unterschwellig mit den Gesichtern der NSU-Leute vertraut gemacht werden – ein Aspekt aus der Wahrnehmungspsychologie. Inhaltlich geht es in der Folge um ein neuartiges Virus, das innerhalb kurzer Zeit zum Tode führt, mit einem Umweltskandal in Zusammenhang steht, und um sogenannte „Trouble-Shooter", eine Person, die schwierige Aufträge ausführt.[203]

Ähnlich sieht es bei der „Tatort"-Folge „Bestien" aus. Erneut gesendet wurde sie gut drei Monate nach dem Tötungsdelikt vom 29. August 2001 an Habil Kilic in München. Die Krimiserie, die die meistgesehene ihrer Art in Deutschland ist und regelmäßig mehrere Millionen Zuschauer vor den Bildschirm lockt, hatte in der Folge vom 25. November 2001 rein zufällig Lynchjustiz zum Thema.[204] Sollte sich dahinter etwa leise ein Hinweis auf die Hintergründe der Mordserie verstecken, die zu diesem Zeitpunkt bereits vier Opfer gefordert hatte? Wiederholt wurde der Tatort übrigens auch am 28. Januar 2005 im WDR (Morde an Ismail Yasar am 9. Juni 2005 in Nürnberg und Theodoros Boulgarides am 15. Juni 2005 in München), am 27. Februar 2005 bei ORF1 und am 4. Juni 2011 wieder im WDR (Bekanntwerden des NSU am 4. November 2011, also genau 5 Monate später).[205] Nicht zu verachten ist auch die „gerechte" Verteilung der Fahndungsbilder. Die beiden großen öffentlich-rechtlichen Anstalten ZDF und ARD sind bei der Verteilung zu gleichen Teilen bedacht worden. Ob auch Privatsender an diesen „Zufälligkeiten" partizipierten, ist nicht bekannt.

Dass Filme nicht nur zur Unterhaltung, sondern auch zur Beeinflussung großer Teile der Bevölkerung eingesetzt werden, ist inzwischen eine Binsenweisheit, nicht nur in der Analyse von Propagandastreifen der Nazis. Auch wissenschaftliche Arbeiten aus jüngster Zeit beschäftigen sich damit.[206] Und die Werbeindustrie hat diese Aspekte ebenfalls für sich entdeckt.[207] Auch haben sich Forscher intensiv mit der Einflussnahme durch Politik und Militär auf die US-Gesellschaft mittels Hollywood beschäftigt.[208] Und was für die USA gilt, gilt in gleichem Maße für die ähnlich strukturierte Gesellschaft in Deutschland.

Besondere Aufmerksamkeit verdient in diesem Kontext eine Arbeit von Dorina Linette Frerking, die sich mit der Filmsynchronisation als Beeinflussungsmittel befasst. In ihrem Buch hat sie einen Exkurs der *„Propaganda durch Film in Deutschland und die Situation nach dem Zweiten Weltkrieg: Die ‚Umerziehung' des Volkes"* gewidmet.[209] Hier wird erkennbar, wie sehr geschickt platzierte Bilder, Filmsequenzen und Dialoge Denken, Fühlen und Handeln der Zuschauer lenken können – und das bereits Ende der 1940-er Jahre. Welche Möglichkeiten stehen den Manipulatoren im Gegensatz dazu heute zur Verfügung! Nicht umsonst sorgen gerade Folgen aus der Tatort-Serie regelmäßig für gesellschaftspolitische Diskussionen. Meinungsmache lässt sich allerdings auch anders bewerkstelligen, nämlich über Auslassungen und Nichtnennung von Ereignissen oder Entscheidungen. Dazu zählt jener Beschluss des Bundesgerichtshofes in Karlsruhe, den im NSU-Verfahren beschuldigten Holger G. aus der U-Haft auf freien Fuß zu setzen. Kaum ein Medium berichtete darüber, obwohl der BGH eine Pressemitteilung herausgegeben hatte. Die erschien lediglich auf den Internetseiten einiger Anwälte und unbedeutender Blogs, obwohl sie von entscheidender Bedeutung ist. Der BGH schrieb am 25. Mai 2012:

„Nr. 73/2012
Bundesgerichtshof hebt Haftbefehl im ‚NSU'-Verfahren auf

Der für Staatsschutzsachen zuständige 3. Strafsenat des Bundesgerichtshofs hat heute den vom Ermittlungsrichter des Bundesgerichtshofs gegen den Beschuldigten Holger G. wegen des Verdachts der Unterstützung der rechtsextremen terroristischen Vereinigung ‚Nationalsozialistischer Untergrund (NSU)' am 14. November 2011 erlassenen und am 24. Februar 2012 erweiterten Haftbefehl aufgehoben.
In dem Haftbefehl wurde dem Beschuldigten vorgeworfen, er habe den am 4. November 2011 verstorbenen Mitgliedern des ‚NSU' Uwe Böhnhardt und Uwe Mundlos im Jahre 2001 oder 2002 im Auftrag des anderweitig verfolgten Ralf Wohlleben eine Pistole überbracht und damit Beihilfe zu den von dieser Gruppierung in der Folge begangenen Morden und Banküberfällen geleistet. Weiter habe er Böhnhardt, Mundlos und die ebenfalls der Mitgliedschaft im ‚NSU' verdächtige Beate Zschäpe dadurch unterstützt, dass er ihnen 2004 seinen Führerschein, 2006 eine fremde Krankenversichertenkarte und schließlich im Mai 2011 einen von ihm eigens für diesen Zweck beantragten Reisepass zur Benutzung überlassen habe.
Was den Vorwurf der Beihilfe zum Mord betrifft, sieht der im Zuge eines Haftprüfungsverfahrens mit der Sache befasste 3. Strafsenat schon keine tragfähigen Anhaltspunkte dafür, dass die Übergabe der Pistole die nachfolgenden, erst ab Anfang 2004 begangenen Taten des ‚NSU' – wie erforderlich – objektiv in irgendeiner Weise erleichtert oder gefördert hat. Insbesondere habe die Pistole nicht als eine der Tatwaffen identifiziert werden können.
Soweit dem Beschuldigten daneben Unterstützung einer terroristischen Vereinigung vorgeworfen wird, geht der Senat jedenfalls nicht von einem für die Anordnung von Untersuchungshaft notwendigen dringenden Tatverdacht aus. Die Gruppierung habe sich bei der Planung und bei der Durchführung ihrer Anschläge streng abgeschottet und, für eine terroristische Vereinigung ungewöhnlich, auch über mehr als zehn Jahre davon abgesehen, sich zu ihren Taten zu bekennen. Vor diesem Hintergrund lasse sich die Einlassung des Beschuldigten, er habe mit Mordan-

schlägen des ‚Trios' nicht gerechnet und ihnen solche auch nicht zuge-
traut, derzeit nicht hinreichend sicher widerlegen.

Beschluss vom 25. Mai 2012 – AK 14/12
Karlsruhe, den 25. Mai 2012
Pressestelle des Bundesgerichtshofs
76125 Karlsruhe"[210]

Doch nicht nur zehn Morde und 14 Überfälle werden dem Trio aus
dem Nichts vorgeworfen, nebenher soll es im Sommer 2000 in Düsseldorf zugeschlagen haben. Obwohl dieser Vorwurf so schnell aus der
Öffentlichkeit verschwunden war, wie er dorthin gelangte, bleibt er
nach wie vor bestehen. Gemeint ist der Anschlag an der S-Bahn-Station
„Am Wehrhahn" unweit des Düsseldorfer Hauptbahnhofes. Am 27. Juli des Jahres 2000, einem völlig verregneten Sommertag, explodierte am
Zugang zum S-Bahnhof von der Ackerstraße her am Nachmittag ein
Sprengsatz, der zehn Menschen schwer verletzte. Unter anderem verlor
eine schwangere Frau ihr ungeborenes Kind. Weil es sich bei den Opfern zum Teil um russische Juden handelte, die in der Nähe einen
Deutschkurs besucht hatten, wurden die Täter sofort im rechtsextremen Milieu vermutet. Noch am selben Tag nahm die Polizei einen Düsseldorfer Militaria-Händler fest, musste ihn aber in der Nacht wieder
gehen lassen. Die Spur ins rechtsextreme Lager war im Sande verlau-
fen.[211] Bis heute ist der Fall ungeklärt. Mal soll der Sprengsatz eine
Handgranate, dann eine Rohrbombe gewesen sein; dann vermutete man
die Russenmafia hinter dem Attentat, um wenig später im Sommer
2003 Islamisten verantwortlich zu machen.[212] Schließlich wurde zunächst niemand mehr verantwortlich gemacht, und der Fall blieb im
Status quo. Bemerkenswert ist die Tatsache, dass zum fünften Jahrestag
des Ereignisses seitens der Behörden ein TV-Bericht in der MDR-
Fahndungssendung „Kripo live" verhindert wurde. Nachdem zunächst
Bereitschaft bestand, wurde durch die Staatsanwaltschaft kurz vor dem
Drehtermin der Produktionsgesellschaft telefonisch mitgeteilt, der Beitrag könne „aus politischen Gründen" nicht erstellt werden. Mehr könne man dazu nicht sagen. Welche „politischen Gründe" einem Bericht

über den Stand der Fahndung plus Aufruf an potenzielle Zeugen, sich zu melden, plötzlich im Wege standen, ist bis dato unklar.[213] Über zig Jahre hinweg herrschte dann Stillstand in der Sache, bis der NSU auf der Bildfläche erschien.

Auf einmal hatte man das Trio als Täter im Visier, weil der Sprengsatz angeblich eine selbstgefertigte Rohrbombe war und die Opfer zum größten Teil jüdischen Glaubens. Darüber hinaus hätten die Leute vom NSU im Bekennervideo den Anschlag am Rande erwähnt. Allerdings soll die Äußerung auf einen Polizisten abgezielt haben, der sich im Kontext von Düsseldorf zur rechten Szene geäußert habe. Beweise für die Täterschaft von Mundlos und Böhnhardt: null.[214] Es scheint als diene der NSU als Trichter, in dem die Behörden sämtliche großen und ungelösten Fälle der vergangenen dreizehn Jahre kippen, um sie verschwinden zu lassen. Auch so kann man sich Fahndungserfolge basteln und die Welt schönreden. Das erinnert an den fiktiven Fahrraddieb in einer Wohnsiedlung, der beim Diebstahl eines einzigen Rades erwischt wird. Da allerdings in den Wochen zuvor in der Gegend weitere Räder verschwanden, werden ihm diese Taten von der Polizei ebenfalls angehängt – ohne hinreichende Indizien oder sogar Beweise vorzulegen!

Als das Attentat von Düsseldorf den zehnten Jahrestag erreicht hatte, wurden die Ermittlungen von der Staatsanwaltschaft eingestellt! Es bestehe keine Aussicht darauf, den oder die Täter zu fassen, hieß es. Überraschenderweise war die angebliche Rohrbombe damals noch eine in einer Plastiktüte versteckte Granate.[215] Wie Sprengsätze sich doch ändern können... Presseberichten zufolge soll es zwei Fahndungsfotos zu dem Attentat geben[216], allerdings sind diese im Internet nicht mehr auffindbar. Warum? Weil sie vielleicht völlig andere Gesichter zeigen als die von Mundlos und Böhnhardt, so wie in den anderen Fällen?

Gänzlich unverständlich bleibt, wieso denn der Fall um den niedergestochenen Polizeiführer Alois Mannichl aus Bayern nicht dem NSU zugeordnet wird, obwohl er haargenau zur offiziell dargestellten Vorgehensweise und Motivlage der Terrororganisation passt. Immerhin soll der Beamte ja am 13. Dezember 2008 von einem rechtsradikalen Täter vor seinem Wohnhaus niedergestochen worden sein.[217] Und auch hier geriet die Polizei aufgrund von zahlreichen Pannen in die Kritik. Der Täter wurde übrigens – wie in der NSU-Mordserie – nie gefasst.[218] Das ist Stoff genug, um nach dem Diktum der Behörden Mundlos, Böhnhardt und Zschäpe hinter dem Messerangriff zu vermuten, zumal Bayern ja nur einen Katzensprung von Thüringen entfernt liegt und der Polizist sich vehement gegen Rechts eingesetzt haben soll. Irgendwann wurde die Sonderkommission drastisch verkleinert, ein Täter nie gefunden, geriet die Sache in Vergessenheit. Warum kann es der NSU denn in diesem Fall nicht gewesen sein, wenn er doch ein allgegenwärtiges, immerfort mordbereites und äußerst professionell vorgehendes Phänomen darstellt? Immerhin wurde per Phantombild nach einem Münchener „Neonazi-Paar" (wie definiert sich dieses?) gesucht. Man fand es auch, musste es aber kurz darauf wieder entlassen.[219] Auch ein stark Tätowierter, dargestellt im Phantombild, brachte keinen Fahndungserfolg.[220] Plötzlich ergaben sich Zweifel über Zweifel. Das Messer, mit dem der Polizeichef von Passau verletzt wurde, sollte aus seinem eigenen Haushalt stammen, keine DNA-Spuren eines Angreifers aufweisen und bereits vor dem Haus gelegen haben. Für den offiziell geschilderten Tathergang gibt es nur einen Zeugen: das Opfer selbst.[221]

Und auch in diesem Fall jagte ein Ermittlungsfehler den anderen, wurden keine DNA-Spuren unter den Fingernägeln Mannichls gesichert, was ein übliches Verfahren ist[222], die Suche nach den Tätern wurde nicht auf das nahegelegene Österreich ausgeweitet. Doch sofort hatten die Ermittler rechtsextreme Motive hinter dem Angriff auf Mannichl vermutet und nahezu ausschließlich in diese Richtung gearbeitet. Schließlich tauchten Ungereimtheiten in den Aussagen des Polizeichefs selber auf, die an eine Beziehungstat erinnerten. So sollen die eigenen Kollegen des Polizeidirektors drängende Fragen in Bezug auf den wirklichen Ablauf der Messerattacke gehabt haben.[223] Demnach soll dieses Messer vor der Tür des Hauses von Mannichl gelegen haben, was der angebliche Angreifer nicht gewusst haben konnte. Das Messer aus dem Haushalt des Opfers lag den Aussagen nach dort, weil es zum Schneiden von Lebkuchen bei einem Nachbarschaftsfest gebraucht worden sei. Doch Spuren des Gebäcks wies die Tatwaffe nicht auf.[224]

Schließlich wurde der Vorgang erst einmal abgeschlossen, und die Akte ins Archiv gebracht. Doch im November 2011 musste der NSU nun doch daran glauben. Seine Entdeckung wenige Tage zuvor bot sich einfach an, um auch den Fall Mannichl eventuell schnell und geräuschlos im Trichter der dem Trio zugeschriebenen Straftaten verschwinden zu lassen und damit offiziell geklärt zu haben. Daran konnte man schlicht nicht tatenlos vorbeigehen. Allerdings passten die gefundenen DNA-Spuren nicht zu denen des Zwickauer Trios[225], und der Vorwurf musste zähneknirschend fallengelassen werden. Noch im Jahr 2013 griffen die Ermittler eine vermeintlich neue Spur auf, die sich wieder in die rechte Ecke bewegte. Nun soll eine österreichische Rockergruppe mit rechter Gesinnung für das Attentat auf Mannichl verantwortlich sein.[226] Aber auch hier gab es nur Vermutungen, keine Beweise.

Der Fall Mannichl ist ein plakatives Beispiel dafür, wie seitens der Strafverfolgungsbehörden inzwischen reflexartig auf den Begriff „rechtsradikal" reagiert wird. Dadurch werden andere Ermittlungsrichtungen und Spuren völlig außer Acht gelassen. In der Folge kommt es zwangsläufig zu zum Teil verheerenden Fehlern, die eine potenzielle Aufklärung der jeweiligen Tat verhindern. Noch vor zwanzig bis fünfundzwanzig Jahren hätten dieselben Behörden in Richtung Linksextremismus ermittelt, weil damals die politische Lage und Stimmung in der Republik von der blinden Verfolgung aller als RAF-Sympathisanten diffamierten Menschen lebte. Heute haben die Linksterroristen ausgedient und werden durch ihre rechten „Kollegen" ersetzt.

In diesem Zusammenhang sei die Frage erlaubt, warum Mundlos, Böhnhardt und Zschäpe im Laufe der Fahndung nach ihnen nicht vorsichtiger wurden. Obwohl der Fahndungsdruck durch XY-Sendungen, Aufrufe auf den Polizeiseiten im Internet und Zeitungsartikel immer größer geworden war, soll das Trio seinem blutigen Geschäft nicht nur weiter nachgegangen sein, sondern dieses auch noch intensiviert haben. Eigentlich ist ein solches Verhalten nicht möglich, es sei denn, eine schützende Hand war erneut tätig.

9. Waffe, Waffe, du musst wandern...

...von dem einen Ort zum andern. Wie das Volkslied den Kreislauf des Geldes besingt, so stellt sich mancher bei der Bundesanwaltschaft auch den Weg der inzwischen berühmten „Ceska", der Waffe aus der NSU-Mordserie, vor. Doch ist Vorsicht geboten: So einfach ist die Sache nicht, denn es handelt sich hierbei nicht um einen geradlinigen Weg, sondern um einen mit zahlreichen Irrungen und Wirrungen gespickten Verlauf, der genauso verworren erscheint wie der gesamte NSU-Komplex selber.

Die Hauptdarsteller in diesem überaus spannenden Krimi sind: Holger Gerlach, Ralf W., die Schweiz und eine Waffencharge, von der niemand so recht weiß, wer sie wo und warum hergestellt und vertrieben hat. Doch der Reihe nach: Die inzwischen in ganz Europa berühmte Ceska 83, 7,65 Millimeter mit Schalldämpfer stammt aus tschechischer Produktion und nahm den offiziellen Darstellungen nach ihren Weg von dort in die Schweiz zu einem Waffenhändler in Derendingen, Kanton Solothurn. Dieser wiederum lieferte sie 1996 an einen Waffenhändler in Bern, von wo aus die Pistole in den Besitz eines Peter G. geriet, der die Waffe eigenen Aussagen nach im Auftrag eines Landsmannes besorgte, der eine Zeit lang in Thüringen lebte, sich dann aber wieder in der Schweiz niederließ.[227] Dieser Herr M. betrieb laut SPIEGEL in Thüringen eine Autofirma, in der auch ein Enrico T. arbeitete. T. soll mit Böhnhardt und dem wegen der Beschaffung der Waffe angeklagten Holger W. zusammen die Schule besucht haben.[228]

Soweit die offizielle Darstellung, die erst einmal lückenlos zu sein scheint. Doch an dieser Stelle beginnt die Sache, kritisch zu werden. Auf nebulösem Wege soll die Ceska plötzlich bei einem Mitarbeiter eines „Neonaziladens", was immer das auch sein mag, gelandet und von dort aus schließlich in die Hände von W. gefallen sein. Dieser habe sie dann durch den Mittelsmann Gerlach, der inzwischen aus der U-Haft entlassen wurde, dem Nazi-Trio zukommen lassen.[229] Bewiesen ist bei dieser Konstellation erst einmal gar nichts, nur viel erzählt. Die Waffe, die in der Zwickauer Brandwohnung schwer beschädigt gefunden worden sein soll, ließ sich immerhin noch beim BKA beschießen. So konnte man anhand der Projektile aus den Körpern der Mordopfer und der im Amt verschossenen Patronen Übereinstimmung feststellen. Nur sagt das nichts über die verworrenen Wege aus, die die Pistole mit der Seriennummer 034678 genommen haben muss. Das beginnt bereits bei der Berichterstattung über die Waffe. Mal ist es eine Pistole vom Kaliber 9,5 mm[230], mal vom Kaliber 7,65 mm[231]. Schon hier beginnt die Reihe der Unstimmigkeiten überdeutlich. Die Waffe soll allen Berichten zufolge aus einer Serie stammen, die nur eine kleine Stückzahl aufwies und von daher nicht weit verbreitet sein kann. Aus diesem Grund ist es hochinteressant zu erfahren, dass auch eine ganz andere gewaltbereite Gruppe als der NSU über eine baugleiche Pistole verfügte, nämlich eine als terroristisch einzustufende Zelle von Salafisten. Die radikalen Islamisten hatten Anfang 2013 vor, den Chef der Splitterpartei Pro NRW zu ermorden, wurden allerdings vorher verhaftet. Zum Erstaunen der Ermittler wurde in der Bonner Wohnung des Konvertiten Marco G. eine durchgeladene Waffe gefunden – eine Ceska 83, 7,65 mm![232]

Marco Rene G., zur Zeit seiner Festnahme 25 Jahre alt, verheiratet und Vater eines zweijährigen Sohnes, wuchs in Oldenburg auf. Inzwischen lebte der Mann von Hartz-IV und hatte sich den radikalen Salafisten angeschlossen, die auch schon durch gewalttätige Demonstrationen auffielen. Wie die islamistische Terrorgruppe an die Waffe selbiger Bauart jener des NSU kam, bleibt der Öffentlichkeit bislang verborgen. Vielleicht aus gewichtigem Grund, denn fest steht: Es muss in Europa einen illegalen Markt geben, auf dem genau dieser Waffentyp feilgeboten wird. Oder sollten etwa jene in ihrer Annahme bestätigt werden, die Ceskas stammten aus dem Arsenal von Geheimdiensten? Kategorisch auszuschließen ist das nicht. Denken wir in diesem Zusammenhang nur an das berühmte „Celler Loch", das am 25. Juli 1978 in die Außenmauer der Justizvollzugsanstalt Celle gesprengt wurde, um den dort einsitzenden und unter dem Verdacht des Linksterrorismus stehenden Sigurd Debus (der übrigens nie Mitglied der RAF war) einen Ausbruchversuch unterzuschieben. Diese Sprengung war – wie sich später herausstellte – von Geheimagenten und Elitepolizisten verübt worden. Der Verfassungsschutz hatte sogar Ausbruchwerkzeug in die Zelle von Debus schmuggeln lassen.[233] Auf politischer Ebene war auch der damalige Justizminister von Niedersachsen, Hans-Dieter Schwind, beteiligt. Schwind, später Professor für Kriminologie an der Ruhr-Universität Bochum, stand auch im Verdacht, zu Beginn der 1960-er Jahre für den BND gearbeitet zu haben. Das jedenfalls behauptet der 2005 verstorbene Ex-Doppelagent Dieter Haase in seinem Buch „Mein Name ist Haase, ich weiß zu viel". Solcherlei Aktionen wie die von Celle tragen nicht gerade dazu bei, bestimmten staatlichen Institutionen voller Vertrauen zu begegnen. Allein deswegen sind Überlegungen, Geheimdienste könnten auch die Bandbreite vom NSU bis hin zu den Salafisten in den Reihen der Täter abdecken, keine Verschwörungstheorien, sondern aufgrund von Erfahrungen angebrachtes, gesundes Misstrauen. Ein anderes berühmtes Beispiel ist Peter Urbach, auch „S-Bahn-Peter" genannt, der zu Beginn der Studentenrevolte in Berlin dafür sorgte, dass sich Baader, Meinhof und andere bewaffnen konnten. Urbach war nachweislich Mitarbeiter des Verfassungsschutzes. Er wurde irgendwann vom Verfassungsschutz aus Deutschland ausgeschleust und starb einen Tag nach seinem 70. Geburtstag, am 3. Mai 2011, in Santa Barbara/Kalifornien.[234]

Die geheimnisvolle Ceska in geringer Stückzahl scheint sich allerdings in den Kreisen besonders fieser Dunkelmänner größter Beliebtheit zu erfreuen, denn nicht nur Salafisten und vermutlich NSU-Mitglieder hantierten damit, sondern viele Jahre zuvor ganz andere Verbrecher. Der Beweis: Im Jahr 1999 beschäftigte sich der Bundesgerichtshof (BGH) in Karlsruhe mit einem Urteil des Landgerichts Krefeld. Damals ging es um Drogengeschäfte und einen verdeckten Ermittler, eine durchaus spannende Geschichte, die dadurch noch interessanter wird, dass ein türkischer Drogenschmuggler und eine Ceska 83, 7,65 mm mit von der Partie waren. Bekanntlich begann die Mordserie an den türkisch/kurdischen Geschäftsleuten im Jahr 2000, also wenige Monate später. Als aufschlussreich gilt der Wortlaut des BGH-Beschlusses:

„BGH: Mitführen von Schusswaffen beim unerlaubten Handeltreiben mit Betäubungsmitteln als ‚tatbezogenes Merkmal'

BGH 3 StR 50/00
Beschluss v. 8. März 2000 (LG Krefeld)

Beihilfe zum Handeltreiben mit Betäubungsmitteln in nicht geringer Menge; Mitführen von Schusswaffen beim unerlaubten Handeltreiben mit Betäubungsmitteln als ‚tatbezogenes Merkmal'

§ 29a Abs. 1 Nr. 2 BtMG, 27 StGB; § 30a Abs. 2 Nr. 2 BtMG; § 28 StGB

Entscheidungstenor

1. Auf die Revision des Angeklagten Iso B. wird das Urteil des Landgerichts Krefeld vom 21. Oktober 1999, soweit es diesen Angeklagten betrifft,

> *a) im Schuldspruch dahin geändert, dass er der Beihilfe zum unerlaubten Handeltreiben mit Betäubungsmitteln in nicht geringer Menge in Tateinheit mit unerlaubtem Führen einer halbautomatischen Selbstlade-Kurzwaffe schuldig ist,*

> *b) und im Strafausspruch aufgehoben.*

> *Im Umfang der Aufhebung wird die Sache zu neuer Verhandlung und Entscheidung, auch über die Kosten dieses Rechtsmittels, an eine andere Strafkammer des Landgerichts zurückverwiesen.*

2. Die Revision des Angeklagten Camil B. sowie die weitergehende Revision des Angeklagten Iso B. werden verworfen.

Der Beschwerdeführer Camil B. hat die Kosten seines Rechtsmittels zu tragen.

Gründe

Das Landgericht hat den Angeklagten Camil B. wegen unerlaubter Einfuhr von Betäubungsmitteln in nicht geringer Menge in Tateinheit mit unerlaubtem Handeltreiben mit Betäubungsmitteln in nicht geringer Menge und wegen unerlaubten Handeltreibens mit Betäubungsmitteln in nicht geringer Menge in einem weiteren Fall zu einer Gesamtfreiheitsstrafe von vier Jahren sechs Monaten und den Angeklagten Iso B. wegen Beihilfe zum unerlaubten Handeltreiben mit Betäubungsmitteln in nicht geringer Menge unter Mitführen einer Schusswaffe in Tateinheit mit unerlaubtem Führen einer halbautomatischen Selbstlade-Kurzwaffe zu einer Freiheitsstrafe von drei Jahren sechs Monaten verurteilt. Mit ihren Revisionen rügen die Angeklagten die Verletzung formellen und materiellen Rechts. Der Angeklagte Iso B. hat mit der Sachrüge in dem aus der Entscheidungsformel ersichtlichen Umfang Erfolg. Die Revision des Angeklagten Camil B. sowie die weitergehende Revision des Angeklagten Iso B. sind unbegründet im Sinne des § 349 Abs. 2 StPO.

1. Hinsichtlich der Revision des Angeklagten Camil B. nimmt der Senat Bezug auf die zutreffenden Ausführungen des Generalbundesanwalts in dessen Antragsschrift vom 8. Februar 2000 und bemerkt ergänzend: Die Tatprovokation durch den verdeckten Ermittler ‚C.‘ und die Vertrauensperson der Polizei ‚Der Bo.‘ hat die Strafkammer im Rahmen der Strafzumessung ausreichend berücksichtigt. Den Urteilsgründen lässt sich kein Hinweis entnehmen, dass die Vertrauensperson und der verdeckte Ermittler den Angeklagten zu den Straftaten nach dem Betäubungsmittelgesetz in relevanter Weise provoziert haben. Dies wäre nur dann der Fall gewesen, wenn diese über das bloße ‚Mitmachen‘ hinaus zur Weckung der Tatbereitschaft oder zur Intensivierung der Tatplanung mit einiger Erheblichkeit stimulierend auf den Angeklagten eingewirkt hätten (BGH, Urt. vom 18. November 1999 – 1 StR 221/99 –, zur Veröffentlichung in BGHSt bestimmt). Nach den Feststellungen entschloss sich der Angeklagte, für einen Drogendealer-Ring in größerem Umfang Kokain in der Bundesrepublik zu verkaufen.

Er hat sich dahin eingelassen, dem Albaner ‚T.' von sich aus Kokain im Kilogrammbereich zum Kauf oder zum Zwecke der Weitervermittlung angeboten zu haben. In der Folgezeit war er sowohl gegenüber der Vertrauensperson als auch gegenüber dem verdeckten Ermittler sofort tatbereit und bot ihnen größere Mengen Kokain an. Dabei erklärte er, normalerweise verkaufe er nichts unter einem halben Kilogramm. Der Angeklagte verfügte bereits über eine Bezugsquelle in den Niederlanden.

2. Die Rüge der Verletzung sachlichen Rechts durch den Angeklagten Iso B. führt zur Abänderung des Schuldspruchs und zur Aufhebung des Strafausspruchs.

a) Nach den rechtsfehlerfrei getroffenen Feststellungen bat der Angeklagte Camil B. am 1. März 1999 den Angeklagten Iso B., mit ihm nach K. zu fahren und ihn bei der Übergabe des Kokains, das er am selben Tag aus den Niederlanden in die Bundesrepublik Deutschland eingeführt hatte, zur Sicherheit zu begleiten. Der Angeklagte Iso B. steckte seine Selbstladepistole Marke Ceska, Kal. 7,65 mm, nebst eingeführtem Magazin, in dem sich fünf Patronen befanden, verdeckt in seinen Hosenbund. Nicht erwiesen ist, dass der Angeklagte Camil B. dies bemerkte oder von dem Angeklagten Iso B. über das Mitführen der Waffe informiert wurde. Am Abend des 1. März 1999 gegen 18.20 Uhr trafen sich die Angeklagten mit ‚C.' – dem verdeckten Ermittler – sowie der Vertrauensperson der Polizei in einem Hotel in K., um knapp 600 Gramm Kokain für 55.000 DM an ‚C.' zu verkaufen. An den Verkaufsverhandlungen beteiligte sich auch der Angeklagte Iso B., der die geladene Pistole bei sich trug. Bei der Übergabe von 584,6 Gramm Kokain (Wirkstoffanteil: 481,71 Gramm KHC) an ‚C.' außerhalb des Hotels wurden der Angeklagte Camil B. und anschließend auch der im Hotel zurückgebliebene Angeklagte Iso B. festgenommen.

b) Aufgrund dieser Feststellungen hat sich der Angeklagte Iso B. nur wegen Beihilfe zum unerlaubten Handeltreiben mit Betäubungsmitteln in nicht geringer Menge in Tateinheit mit unerlaubtem Führen *einer halbautomatischen Selbstlade-Kurzwaffe (§ 29 a Abs. 1 Nr. 2 BtMG, § 53 Abs. 1 Nr. 3 a Buchst. b WaffG) strafbar gemacht. Beihilfe zum bewaffneten Handeltreiben mit Betäubungsmitteln gemäß § 30 a Abs. 2 Nr. 2 BtMG liegt nicht vor, weil der Angeklagte Camil B. wegen dieser Tat als Täter des unerlaubten Handeltreibens mit Betäubungsmitteln in nicht geringer Menge — mangels Kenntnis von der Bewaffnung des Angeklagten Iso B. — nicht wegen bewaffneten Handeltreibens gemäß § 30 a Abs. 2 Nr. 2 BtMG, sondern nur wegen unerlaubter Einfuhr von Betäubungsmitteln in nicht geringer Menge in Tateinheit mit unerlaubtem Handeltreiben mit Betäubungsmitteln in nicht geringer Menge gemäß §§ 29 a Abs. 1 Nr. 2, 30 Abs. 1 Nr. 4 BtMG verurteilt worden ist.*

Beim Mitführen einer Schusswaffe im Sinne des § 30 a Abs. 2 Nr. 2 BtMG handelt es sich um ein tatbezogenes (vgl. BGHSt 42, 368, 370), qualifizierendes Unrechtsmerkmal, da es die besondere Gefährlichkeit der Tat selbst näher umschreibt (vgl. BGHR BtMG § 30 a II Mitsichführen 1). § 28 Abs. 2 StGB, der nur für täterbezogene Merkmale gilt (vgl. BGHSt 23, 103, 105), ist auf den tatbezogenen Umstand des bewaffneten Handeltreibens nicht anwendbar. Es verbleibt somit beim Prinzip der strengen Akzessorität der Teilnahme von der Haupttat.

§ 265 StPO steht der Abänderung des Schuldspruchs nicht entgegen.

c) Der Senat kann nicht ausschließen, dass die Höhe der verhängten Freiheitsstrafe auf dem dargestellten Rechtsfehler beruht (§ 337 StPO), weil das Landgericht bei der Strafzumessung von einem Strafrahmen von zwei Jahren bis 11 Jahre drei Monate ausgegangen ist, während der nach §§ 27 Abs. 2, 49 Abs. 1 StGB gemilderte Strafrahmen des § 29 a Abs. 1 BtMG lediglich von drei Monaten bis 11 Jahre drei Monate Freiheitsstrafe reicht. Die Feststellungen zum Strafausspruch werden durch den Rechtsfehler nicht berührt und können deshalb aufrechterhalten bleiben. Ergänzende Feststellungen sind zulässig."

Man beachte: In diesem Fall ging es um Drogen aus den Niederlanden, eine Ceska 7,65 Millimeter, einen verdeckten Ermittler und eine Vertrauensperson der Polizei. Das alles kommt einem doch im Fall der Mordserie sehr bekannt vor.[235] Im Originalurteil des Landgerichts Krefeld erfährt der Leser Näheres über die Drogensache, bei der es um erhebliche Mengen Kokain ging, die von Holland über Deutschland auch in die Schweiz geliefert wurden, um dort zwischenzulagern. Wie in einem Krimi trafen sich Käufer, Verkäufer und verdeckter Ermittler in einem Hotel am Niederrhein, um den Deal über damals 55.000 D-Mark (ca. 27.000 Euro) perfekt zu machen. Bei der Gelegenheit griff die Polizei zu und verhaftete die albanischen Dealer. Im Hosenbund des einen wurde schließlich die Ceska gefunden.[236]

Aus dem Urteilstext geht auch der Lebenslauf der Täter hervor, wobei bei einem von beiden interessant ist, dass der Mann in Deutschland (NRW) auf einem Blumenmarkt tätig war. Wir erinnern uns in diesem Zusammenhang an den Nürnberger Blumenhändler, der Opfer der Mordserie wurde. Zudem ist der mehrfach vorbestrafte Mann aus Krefeld auch wegen des Gestattens des Gebrauchs unversicherter Kraftfahrzeuge, so der holprige juristische Text, aufgefallen. Kraftfahrzeuge kommen auch weiter unten in Verbindung mit einer Ceska 7,65 mm ins Spiel. In den 1990-er Jahren schlossen sich die Angeklagten einem Dealer-Ring an, der Drogen von Holland nach Deutschland schmuggelte und verkaufte. Dabei trafen die Albaner an einem Asylantenheim irgendwann auf einen Interessenten, der zugleich auch V-Mann der Polizei war. In Verhandlung, so das Urteil, stand der Verkauf von einem Kilo Kokain. Der Drogenverkauf sollte mit seinen enormen Gewinnen auch der „albanischen Sache" dienen – man befand sich zu der Zeit mitten im Jugoslawienkrieg, der auch im Kosovo und in Albanien tobte. Auch Schutzgelder, eingetrieben bei Geschäftsleuten, sollten der „edlen Sache" dienen, und wer nicht zahlen wollte, dem wurde der Sinn dieser „albanischen Sache" in einer besonderen Unterrichtsstunde klargemacht. So gab einer der Angeklagten vor Gericht an, *„ihm nicht bekannte Albaner hätten ihn unter Druck gesetzt (...), 24 Monate lang für die albanische Sache zu bezahlen oder für denselben Zweck mit Kokain zu dea-*

len, sonst würde er zum Kriegsdienst verschleppt".[237] Die Ceska, so stellte das Gericht fest, trug der eine der Angeklagten auch deswegen stets bei sich, weil es Probleme mit Darlehensgeschäften gegeben habe, also illegaler Geldverleih mit von der Partie war.[238] Die Waffe wurde schließlich 1999 vom Staat eingezogen und tauchte nie wieder auf. Wirklich nicht? In der Zusammenfassung dessen, was im Urteil steht, ergibt sich eine erstaunliche Vertrautheit mit Begriffen und Begebenheiten, die auch aus der dem NSU angelasteten Mordserie bekannt sind, als da wären:

- Schutzgelder, Organisierte Drogenkriminalität und natürlich die Ceska,

- Südosteuropäer, gemeinhin auch Südländer genannt. Zahlreiche Phantombilder von den Tatorten der Mordserie zeigen solche Menschen.

- Verbindungen zu muslimischen Strukturen (die albanische Bevölkerung ist zu weit über 50 Prozent muslimisch).

- Die Schweiz als Lagerstätte illegaler Drogen (im Fall NSU soll die Tatwaffe von dort stammen);

- Herkunft und endgültiger Verbleib der Ceska sind in Sachen Krefeld genauso ungeklärt wie im Komplex NSU.

- Die im Urteil erwähnten Drogen kamen über die Niederlande nach Deutschland. Zu einem dortigen Rauschgiftring hatte auch ein Opfer aus der Mordserie Kontakte.

Albaner gelten nach Erkenntnissen des BKA zu jener Ethnie im Organisierten Verbrechen, die sich besonders auf dem Sektor der Drogenschieberei hervortut – offensichtlich mit tatkräftiger deutscher Unterstützung. So sollen in Albanien deutsche Manager und Botschaftsangehörige mit der dortigen Mafia kooperieren – mit Wissen von BKA und BND.[239] Bei diesen Geschäften kamen in Albanien immer wieder einmal auch Deutsche ums Leben, so auch der BND-Repräsentant an der deutschen Botschaft, der unter den Namen Willy Weitzel, Michael

Brandon und Willi Liesmann (sein Tarnname beim BND) unterwegs war. Er soll auch 1994 am Plutoniumschmuggel von Moskau nach München beteiligt gewesen sein.[240] Willy Weitzel war der Dolmetscher in der ganzen Sache. In diese Angelegenheit war auch der damalige Staatsminister im Bundeskanzleramt, Bernd Schmidbauer, verwickelt. Er wusste über die Angelegenheit Bescheid. Willy Weitzel erhielt deshalb einen Strafbefehl des Landgerichts München über mehrere Tausend DM, den der BND bezahlte. Der Tod ereilte den wackeren Geheimagenten als Selbstmord getarnt.[241] Sein Metier in Albanien sollen illegale Visageschäfte, Veruntreuung von Geldern und Drogenschmuggel gewesen sein. Schlapphut Weitzel wollte diese Geschäfte irgendwann auffliegen lassen und setzte sich damit den Häschern des Organisierten Verbrechens aus. Liiert mit einer Frau vom albanischen Geheimdienst, hatte der Deutsche auch Einblick in die von Albanien aus gesteuerten Verbrechen auf den Sektoren Kinderhandel und illegale Prostitution. In diesem Gemenge tummelte sich auch der Albaner „Ronni", der wegen Drogengeschäften in der Türkei in Haft saß und dort wie auch in Deutschland über mächtige Freunde verfügte. Nach nur einem Jahr Haft am Bosporus war der Mann plötzlich wieder in Freiheit und konnte seinen Geschäften weiter nachgehen. Zu den deutschen Freunden von Ronni in Albanien zählte auch Brigitte N., Geschäftsführerin einer großen deutschen Firma, die regelmäßig mehrere Lastwagen mit legalen Gütern in die Bundesrepublik schickte. Doch unter der harmlosen Fracht sollen ohne Wissen der Dame Drogen versteckt gewesen sein, die im Auftrage Ronnis geliefert wurden.[242] Nachdem Brigitte N. ihren albanischen Freund Ronni erbost auf die Lieferungen angesprochen hatte, starb sie im Januar 2004 den plötzlichen Herztod. Anwesend war dabei unter anderen ein Visabeamter der deutschen Botschaft in Albanien. Ähnlich erging es dem Deutschen Peter Bartmann, Manager des Hotels International in Tirana. Er lag eines Morgens tot im Badezimmer, neben sich eine Spritze. Was die Öffentlichkeit nicht weiß: Weitzel wurde in Frauenkleidern tot aufgefunden, was auf die albanische Mafia hindeutet, die dadurch symbolisch darauf hinweist, wieso Weitzel sterben musste.

Mehr Glück hatte da schon der kurdische Türke Abdülselan Turgut. Er saß aufgrund eines durch Interpol Wiesbaden (BKA) ausgestellten Haftbefehls in albanischer Haft, wurde aber schnellstens wieder freigelassen, weil er sich der Unterstützung guter Freunde sicher war. Turgut wurde zum Schein von den Behörden verfolgt, weil er eine Tonne Drogen nach Deutschland eingeführt haben soll. Turgut hieß auch das Rostocker Opfer der Mordserie (s. Kapitel „Was so ein Trio alles können muss"). Der Mann wurde am 25. Juni 2004 in seinem Imbiss erschossen aufgefunden.

Albaner, Türken und das Kosovo – eine unheilige Allianz, die ihre geschäftlichen und verbrecherischen Fühler auch tief nach Deutschland hinein streckt. So arbeiten Albaner und Türken beim Zigarettenschmuggel sehr eng zusammen. Das Schmuggelgut wird über die Türkei entlang der Hauptrouten, einschließlich Montenegro, nach Westeuropa, u. a. Deutschland, transportiert. Auf diesen Wegen finden auch illegale Waffen in die sogenannten Hochsteuerländer, zu denen die Bundesrepublik zählt.[243] Im Dienste der „Befreiungsarmee" des Kosovo, der UCK, die lange Jahre in der Bundesrepublik als terroristische Vereinigung galt, stand ein gewisser Haliti, der nach Erkenntnissen des BND während des Kosovo-Konflikts Zugänge zur Waffenbeschaffung unter anderem nach Deutschland unterhielt. Derselbe Haliti gehörte einer islamistischen Gruppe an und stand in Hamburg mit Mohamed Kelmendi in Verbindung, der tief in den Waffen- und Drogenhandel verwickelt war. Und nicht nur das: Exzellente Verbindungen zum kosovarischen Geheimdienst gehörten dazu. Dieser Dienst unterhielt (und unterhält noch) nach Angaben des BND auch Zweigstellen in Deutschland, vorwiegend in Baden-Württemberg und in München. Da wundert es keinen, wenn es zwischen beteiligten Albanern, Türken und anderen auch hier zu handfesten Konflikten kommt, die mit Waffengewalt ausgetragen werden. Bisher hat im Falle der Mordserie noch niemand diese Möglichkeit ernsthaft ausschließen können.

An diesem kleinen Exkurs wird deutlich, wie sehr Geheimdienste, Organisiertes Verbrechen und die „Eliten" der Gesellschaft miteinander verwoben sein können – auch in Deutschland!

Zurück zu den Waffen: Es gibt eine Menge Auffälligkeiten, die zu denken geben und eine mögliche Direktverbindung untereinander darstellen könnten. Untersuchenswert sind diese Erkenntnisse in jedem Fall, denn es wurde im Bereich NSU bereits zu viel beseitigt, wissentlich übersehen oder gar plump vernichtet, um auch die kleinste potenzielle Spur nun noch außer Acht zu lassen.

Doch damit nicht genug, spielte eine Pistole aus der bekannten Produktionsserie aller Wahrscheinlichkeit nach auch in der Schweiz eine definierte Rolle, die über die eines Exportartikels hinausgeht – und zwar bei einem Tötungsdelikt![244] Ein Lothar M. soll die Behörden auf diesen Mord aufmerksam gemacht haben, der angeblich mit der NSU-Ceska ausgeführt worden sein soll. Dabei handelt es sich Beobachtern zufolge um das Tötungsdelikt an dem Rabbiner Abraham Grünbaum 2001 in Zürich. Der orthodoxe Jude, Leiter einer Talmudhochschule in Israel, wurde auf offener Straße durch Schüsse niedergestreckt und verstarb kurz darauf.[245] Der mutmaßliche Täter: Ein Schweizer türkischer Abstammung, den man vorsichtshalber gleich als möglicherweise psychisch gestört darstellte, um ein politisches Motiv zu negieren.[246]

Als Mordwaffe spielte die tschechische Pistole auch in Hof an der Saale, direkt an der Grenze zwischen Bayern und Thüringen, eine Rolle. Hier wurde am 25. März 2006 eine rumänische Prostituierte durch mehrere Schüsse aus einer Ceska umgebracht. Anamaria Negoita starb durch Projektile aus einer 9-mm-Waffe, deswegen wurde das Tötungsdelikt auch nicht mit in die Mordserie aufgenommen. Ein Fehler? Immerhin wissen wir, dass in den Waffenbeschreibungen aus der Serie auch immer wieder beide Kaliber erwähnt werden.[247] Das Motiv des 45-jährigen Tatverdächtigen, in dessen Wohnung ein ganzes Arsenal an Schusswaffen gefunden worden war, wurde indes nach seiner Festnahme zunächst nicht deutlich. Ebensowenig, warum sich die Fahndung über mehrere europäische Länder bis in die USA erstreckte.[248]

„Ceska auf Abwegen", unter diesem Titel könnte auch ein tödlicher Vorfall subsumiert werden, der sich im Januar 1995 im thüringischen Bad Salzungen zutrug. Opfer der Angelegenheit wurde damals der deutsche Kleinunternehmer Walter R. (48), der durch zwei gezielte Kopfschüsse sein Leben ließ. Die Projektile stammten aus einer Ceska wie sie auch dem NSU-Trio zugeschrieben wird.[249] Bereits im Jahr 2005 ermittelte die Polizei in dieser Sache nach einem Zusammenhang mit dem NSU, fand aber keinen. Ein Polizeisprecher bezeichnete damals die Möglichkeit, Mordserie und Tötungsdelikt von Salzungen stünden in irgendeinem Zusammenhang, als nicht gegeben. Walter R. war Inhaber eines kleinen Raumausstatter-Unternehmens, galt als unbescholtener und unauffälliger Bürger, der in einem ganz normalen Wohnviertel lebte. Der Fall ist bis heute offiziell ungeklärt.[250] Inoffiziell wurde allerdings bekannt, dass der Sohn des Opfers gegenüber seiner Freundin zugegeben haben soll, den Mord am Vater beauftragt zu haben. Die Freundin machte vor Gericht dazu allerdings keinerlei Angaben. Von besonderem Interesse ist der mutmaßliche Mörder, der später an Krebs gestorben sein soll. Er war Besitzer eines Fitnessstudios, Kickboxer und stammte aus der Rhön. Der Sohn des Opfers soll in Autoschieberkreisen verkehrt haben, womit wir eine Verbindung nach Osteuropa haben, von wo die Ceska stammt.[251] In rechtsradikalen Kreisen soll keiner der Beteiligten aktiv gewesen sein. Eine Nähe zum NSU wird ausgeschlossen.

Das hätte den agierenden Behörden im Komplex NSU nach Lage der Dinge auch gar nicht ins Konzept gepasst. Gezwungenermaßen hätte man von der aktuell gepredigten These, Mundlos und Böhnhardt seien irre Türkenhasser, die zu Serienkillern mutierten, abrücken müssen. Die Nationalität des Opfers von Salzungen würde enorm stören, denn die Neo-Nazis hätten ja gegen ihre eigene Ideologie gehandelt, und die politische Ausrichtung der bundesdeutschen Behörden gegenüber dem NSU wäre damit perdu gewesen. Das alles schließt eine bestimmte Vermutung in keiner Weise aus, ganz im Gegenteil: Autoschieberei nach Osteuropa, Kickboxer und Fitnessstudio sind Schlagwörter, die millimetergenau ins Milieu des Organisierten Verbrechens passen. Auch die Art der Abrechnung mit dem Vater, deren Motiv übrigens noch immer unklar ist, spricht für Auseinandersetzungen im Mafia-Bereich.

Oberlandesgericht München, 4. Juni 2013: An diesem Tag drehte sich wieder alles um die inzwischen berühmte Ceska des Zwickauer Trios. Im Gerichtssaal hatte der Mitangeklagte Carsten S., angeblich Mittelsmann zur Beschaffung der Waffe, eine Aussage angekündigt. Mit Spannung erwarteten Presse und Prozessteilnehmer eine Runduminformation, die alle Fragen zu der Pistole beantworten würde. Doch der junge Mann im Saal enttäuschte in mehrfacher Hinsicht. Statt direkt auszusagen, woher er die Waffe hatte und wie er sie weiter beförderte, erzählte der Angeklagte lang und breit davon, wie er vor Jahren in die rechte Szene abglitt. Homosexuell sei er und dadurch nicht anerkannt gewesen. Durch Bekannte aus der rechten Ecke sei er schließlich in seiner Bedeutung aufgewertet worden und habe bei ihnen mitgemacht. Zur Ceska selber konnte oder wollte der 1980 geborene Carsten S. zunächst nichts sagen. Aufklärende Sachverhalte in seiner Aussage – Fehlanzeige.[252] Schließlich rang er sich gegen 16 Uhr dieses Tages durch, doch noch zu der Pistole Stellung zu nehmen, was allerdings nebulös blieb, denn auch hier blieben klare Antworten außen vor. Mundlos und Böhnhardt, so der Mann, hätten bei ihm eine Waffe deutschen Fabrikats bestellt, doch sei es aus unerfindlichen Gründen zu einer Waffe osteuropäischen Fabrikats gekommen. Gedanken darüber, wozu die Pistole benötigt worden wäre, habe er sich nicht gemacht, Fragen keine gestellt. Durchsetzt waren seine Worte immer wieder durch erstaunlich häufige Erinnerungslücken, die sich auf entscheidende Fragen bezogen. So konnte oder wollte Carsten S. nichts dazu wissen, ob

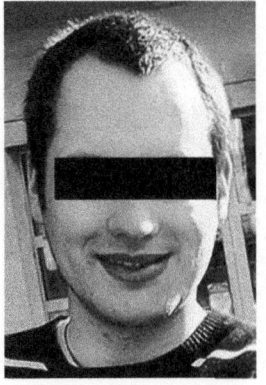

Abb. 3:
Carsten S. steht im NSU-Prozess vor dem OLG München. Der einst Rechtsradikale soll eine Pistole für das Trio besorgt haben, verwickelte sich bei seinen Vernehmungen allerdings in Widersprüche. Er arbeitete nach seiner Zeit in der rechten Szene bei der Aids-Hilfe in Düsseldorf.

Böhnhardt und Mundlos eine Waffe mit oder ohne Schalldämpfer bestellt hatten. Hätten sie mit Schalldämpfer bestellt, wäre ihre Tötungsabsicht klar geworden, so die Anklage. Gehen wir davon aus, dass es sich bei Böhnhardt (Waffennarr) und Mundlos um Profikiller aus dem rechten Milieu handelte – so lautet immerhin die offiziell verbreitete Version –, hätten die Männer mit Sicherheit keine Ceska mit Schalldämpfer bestellt. Denn es ist davon auszugehen, dass sich solche Leute im Voraus über die in Frage kommenden Schusswaffen informieren. Dabei hätten sie festgestellt, dass Experten von der Verwendung des Schalldämpfers nach mehreren Testläufen abrieten, da sich der Dämpfer als wenig zweckdienlich erwies. Er war schlicht zu laut. Einfache Basteleien an der Pistole selbst hätten diese leiser gemacht.[253] Und auch am zweiten Tag der Aussage gab Carsten S. nichts von dem bekannt, worauf alle gewartet hatten, sondern erzählte aus seinem verpfuschten Leben, das zu einem großen Teil darin bestand, die Scheiben von Dönerbuden einzuschlagen und Leute zu verprügeln. Zum eigentlichen Gegenstand – der Ceska – verlor er keine Silbe.[254] Carsten S., der sich geläutert gibt und bei der AIDS-Hilfe Düsseldorf tätig war, macht als Zeuge einen unbrauchbaren Eindruck und bringt die Ermittlungen in der Frage der Waffe nicht voran. Die Schweiz scheint da in der Beurteilung der Beweislage eindeutig weiter zu sein als das OLG München. Die Ermittlungen gegen zwei verdächtige Männer, die in den Waffendeal verwickelt gewesen sein sollten, wurden eingestellt – mangels Beweisen. Zu einer Gerichtsverhandlung kommt es somit nicht.[255]

Besonders peinlich für die Anklage wurde der 4. Juli 2013, an dem Carsten S., der übrigens bei seinen Aussagen nie den Begriff „Ceska" gebrauchte, erneut zu der von ihm angeblich an das NSU-Trio übergebenen Waffe Stellung nehmen sollte. An diesem Tag ging es um die Identifizierung der Pistole, die Carsten S. beim BKA vorgenommen hatte. Doch vor Gericht legte das Bundeskriminalamt völlig andere Waffen-Fotos vor als jene, die S. damals zu sehen bekommen hatte. Beschwichtigend war davon die Rede, das BKA habe Fehler gemacht.[256] Andere sprechen klar von Manipulation und Zeugenbeeinflussung im Sinne der Anklage und davon, dass damit das gesamte Konstrukt, Mundlos und Böhnhardt hätten sämtliche Morde aus der Serie begangen, in sich zusammengebrochen sei.

Bei Carsten S. handelt es sich allerdings keineswegs um einen harmlosen Spinner oder bedeutungslosen Einzeltäter. Der Mann ist viel mehr, zumindest für den Verfassungsschutz, dem er in Brandenburg als „Piato" über Jahre hinweg diente – und das, obwohl er wegen Mordversuchs zu acht Jahren Haft verurteilt worden war.[257] Der aus dem ehemaligen West-Berlin stammende Mann hatte Mitte bis Ende der 1990-er Jahre starkes Interesse am Ku-Klux-Klan und gründete einen Ableger der Gruppe in Ostdeutschland. In diesem Zusammenhang soll sich der private TV-Sender RTL zum Steigbügelhalter des KKK und Carsten S. gemacht haben. Im September 1991 organisierte S. nämlich eine „Feuerkreuz-Zeremonie" des Klans in der Nähe von Königs-Wusterhausen bei Berlin – exklusiv für das TV-Magazin „Explosiv".[258] Damit dürfte zu prüfen sein, ob der Sender damit nicht den Straftatbestand des Paragraphen 129a StGB (Unterstützung einer terroristischen Vereinigung) erfüllt hat. Carsten S. hingegen zeigte bei späteren Vernehmungen durch das BKA „tätige Reue", der Ku-Klux-Klan in Deutschland schlief ein, und die Behörden hatten dank Carsten S. Informationen über Hintergründe der Bande in den USA und Deutschland ergattert.

War das eventuell ein „Honigtopf", der da von den Behörden aufgestellt und durch „Piato" betrieben wurde? Wollte man mit der Gründung des deutschen Klan-Ablegers lediglich Rechtsradikale anlocken wie ein Honigtopf Bienen und Wespen anzieht? Später sollen in der Berliner Wohnung des Mannes auch noch vier Rohrbomben gefunden worden sein, doch weder für die Klan-Sache noch für die Bomben wurde er je rechtlich belangt.[259]

Doch abgesehen von der Qualität der Aussagen des Carsten S. bestehen nicht nur hinsichtlich der Ceska enorme Schwierigkeiten, Herkunft, Verwendung und Besitzwechsel des gesamten Waffenarsenals des NSU aufzuklären. Weder wissen die Ermittler, wie viele Waffen tatsächlich zu der Gruppe gehörten noch ob damit auch Straftaten begangen wurden. Im Grunde wissen sie bis auf den heutigen Tag überhaupt nichts, was von Essenz wäre. Die „Süddeutsche Zeitung" hat sich die Mühe gemacht, die „wichtigsten Waffen" des NSU aufzuzählen, wobei nicht mitgeteilt wird, ob es auch unwichtige Waffen gibt und wodurch sich diese von den wichtigen unterscheiden.[260] Dargestellt werden folgende Feuerwaffen:

- Pumpgun Mossberg Maverick 88: Kam angeblich aus der Schweiz zur Terrorzelle, nur der Weg dorthin ist unklar;

- Pumpgun Winchester 1300 Defender: den Angaben der Behörden zufolge aus Österreich, kam zu einem Berliner und von dort auf unklarem Wege an das Trio;

- Maschinenpistole Pleter 91,9 mm Luger: Herkunft und Weg zum Trio liegen völlig im Dunkeln;

- die Ceska, von der auch nicht klar ist, welche Wege sie nahm;

- Pistole Bruni Modell 315 Auto: soll beim ersten und dritten Mord eingesetzt worden sein, weiteres unklar;

- Pistole TPZ TT3, 7,62 mm Tokarev: angeblich bei dem Kiesewetter-Mord eingesetzt, alles Weitere ist unklar;

- Pistole Radom VIS, Modell 35: Aus ihr sollen Kiesewetters Kollege Martin A. die Schüsse getroffen haben. Es handelt sich um eine Waffe aus dem Zweiten Weltkrieg. Auch hier keine weiteren Erkenntnisse;

- Revolver Alfa-Proj, Modell 3831, Kaliber 38: Mit der Waffe soll 2006 in Zwickau auf einen Bankangestellten gefeuert worden sein. Ob Mundlos und Böhnhardt die Täter waren, wird zwar behauptet, ist aber nicht bewiesen;

- Pistolen Heckler & Koch, Modell 2000: Diese werden beim BND verwendet.

Das ist ein auf den ersten Blick furchterregendes Sammelsurium an Mordinstrumenten, mit denen ein Kleinkrieg ausgefochten werden kann. Doch warum gibt es zu den Waffen so wenig Informationen und Ermittlungsansätze, wieso wurden sie zum Teil nicht einmal von den Tätern eingesetzt, und warum transportierten Mundlos und Böhnhardt das Arsenal durch Deutschland? Fragen, auf die es bisher keinerlei befriedigende Antworten gibt. Vielleicht wird es sie auch nie geben, weil vieles dafür spricht, dass die mehrfach vorverurteilten Männer diese Waffen wirklich nur transportiert haben.

Noch einmal: Es gibt keinen Beweis dagegen, dass sie nicht irgendein Glied in einer Kette waren, über deren Anfang und Ende sich die deutsche Öffentlichkeit nicht einmal in Nuancen klar ist. Gesetzt den Fall, es war so, ist es sogar sehr wahrscheinlich, dass Mundlos und Böhnhardt nicht einmal in Gänze wussten, welchem Herren sie da dienten. Um zu verdeutlichen, wie der Transport bzw. die Transporteure von Waffen in terroristischen Zusammenhängen ermittlungstechnisch betrachtet werden, dient uns wieder ein Vergleich mit den Begebenheiten und Vorgehensweisen aus der Zeit des RAF-Terrors. Am Beispiel der Verhaftung von Verena Becker und Günter Sonnenberg am 3. Mai 1977 in Singen am Bodensee sehen wir, dass bei einer größeren Anzahl unterschiedlicher Waffen immer davon ausgegangen wird, diese sollten im Auftrag der wahren Täter durch Unterstützer nach einem oder mehreren Attentaten weggeschafft werden, eventuell in ein Erddepot. Davon wurde auch im Fall Verena Becker ausgegangen. Ihrem Begleiter und ihr wurde unterstellt, sie hätten die Tatwaffe des Überfalls auf Generalbundesanwalt Siegfried Buback außer Landes in die Schweiz bringen wollen. Dabei blieb die Anklage das gesamte Verfahren hindurch. Es wurde nie davon gesprochen, dass Becker in Karlsruhe selber geschossen habe. Auch nicht, nachdem der Sohn des Ermordeten einen Prozess anstrengte, der sich bis ins Jahr 2012 erstreckte und nachweisen sollte, Becker habe den Abzug des Mordgewehres betätigt. Im Kern wurde immer davon ausgegangen, Verena Becker sei unterstützend aufgetreten und habe die Tatwaffe von Karlsruhe verstecken wollen, was für das weiter oben bereits erwähnte arbeitsteilige Vorgehen von Terroristen spricht.

In der Sache um den NSU wird allerdings völlig anders, genau umgekehrt, verfahren. Hier wird unterstellt, wer die Waffe (z. B. jene aus dem Mord an Kiesewetter) in Besitz hat, müsse auch der Mörder sein. Eine Auffassung, die juristisch zunächst durch nichts haltbar ist. Die reine Vermutung, es sei so gewesen, hilft da keinen einzigen Millimeter weiter.

Genauso wie die gerichtliche Aussage von Holger G. einen Tag nach Carsten S. – auch seine Einlassungen waren ausdrücklich schlicht und fruchtlos. Er, der die Waffe an den NSU übergeben haben soll, konnte sich nicht vollständig erinnern, traute Böhnhardt, Mundlos und auch Zschäpe keinen Mord zu und empfand das Trio als Freunde. Lauter bewegende Beschreibungen aus dem Munde eines Verzweifelten, aber nichts mit Substanz. Einziges interessantes Detail, das Holger G. offensichtlich beim Ablesen seiner Erklärung nicht bemerkte: Im Jahr 2004 will er eigenen Angaben zufolge aus der rechten Szene ausgestiegen sein. Eines Tages hätten Zschäpe und deren beiden Freunde vor der Tür von G. gestanden und Einlass begehrt. Nachdem G. ihnen seinen Ausstieg mitgeteilt hatte, soll das Trio angegeben haben, ebenfalls nicht mehr Teil der Szene zu sein.[261] Ein Trick oder die Wahrheit?

Während bei der Verhandlung bis zu diesem Tag nichts Verwertbares herauskam, hat sich bereits an anderer Stelle dem Vernehmen nach Interessantes getan. So beim Untersuchungsausschuss des Thüringer Landtages in Erfurt. Dort soll ein Geheimdienstmann mit dem abgekürzten Namen F. ausgesagt haben, Böhnhardt und Mundlos im Zusammenhang mit der Durchsuchung deren Garage zuvor observiert zu haben. Zu diesem Zweck seien er und ein Kollege vor der Durchsuchung für etwa zwei Stunden in dieser Garage aufhältig gewesen. Danach wurde dort von der Polizei Sprengstoff gefunden.[262]

Doch zurück zur ominösen Ceska. Am 28. Juni 2012 erschien BKA-Chef Jörg Ziercke vor dem Untersuchungsausschuss des Deutschen Bundestages und teilte u. a. mit, man habe bezüglich der Pistole auch Spuren im Libanon und in Italien verfolgt, was allerdings nicht zum Erfolg geführt habe.[263] Zudem sei der (weiter oben bereits erwähnte) Hinweisgeber M. ein Mitarbeiter der Schweizer Waffenfirma „Schläfli und Zbinden" gewesen. Hat der Mann zu Herkunft und Verwendung der Ceska noch mehr gewusst und mitgeteilt? Ganz mysteriös wird es, wenn man sich die Sendung „Aktenzeichen XY ungelöst" vom 10. März 2010 anschaut. Dort ist die Rede davon, an allen Tatorten seien Teile der Munition zurückgeblieben, was die Aussage, irgendwann sei durch Plastiktüten geschossen worden, um die Hülsen aufzufangen, konterkariert. Dass Geschossteile in den Körpern der Toten zurückblieben, kann hier nicht gemeint sein, denn das ist rein logisch und bedarf keiner besonderen Erwähnung. Also liegt der Verdacht nahe, bei den Ermittlungen sei in besonders hohem Maße schlampig gearbeitet worden, was allerdings gegen jede Erfahrung spricht, oder es waren zwei verschiedene Täter bzw. Tätergruppen am Werk.

Geradezu bizarr und unheimlich wirken weitere Details zu den geheimnisvollen Ceskas, die überall und nirgends auftauchen und dabei jedes Mal eine Aura des Schreckens um sich verbreiten. So auch im Zusammenhang mit einer Anfrage im Deutschen Bundestag aus dem Jahr 2003. Anfragesteller war der zu diesem Zeitpunkt bereits parteilose, weil aus der FDP ausgeschlossene Abgeordnete Jürgen Möllemann, wenige Wochen vor seinem bis heute mysteriösen Tod. Sollten die im Internet kursierenden Berichte der Realität entsprechen, handelt es sich bei der Anfrage um eine Sensation. In dem Text zielt Möllemann auf die Vermutung ab, rechtsradikale Gruppen in der Bundesrepublik würden durch einen „befreundeten Dienst", den israelischen Mossad, unterstützt – und das mit Wissen der deutschen Sicherheitsbehörden. Zu den Unterstützungsleistungen gehörten auch in den 1990-er Jahren Waffenlieferungen für die Rechtsradikalen. Unter anderem soll es auch Ceskas aus Stasi-Beständen für rechte Gruppen gegeben haben.[264]

Wie gesagt: Sollte das der Wahrheit entsprechen, birgt diese Neuigkeit absoluten Sprengstoff. Im Kontext des NSU fällt hierzu auf, dass Thüringen auf dem Gebiet der ehemaligen DDR liegt und Stasi-Strukturen dort beständiger und verwurzelter sind als sie es in den alten Bundesländern nach der Wende jemals sein konnten, die quantitative

Konzentration rechter Gruppen sich im Osten Deutschlands befindet und Böhnhardt/Mundlos in den 1990-er Jahren auffällig wurden. So gesehen passt alles bestens zusammen. Zahlreiche Dokumente der Stasi-Unterlagenbehörde belegen in unzähligen anderen Fällen eine gedeihliche Kooperation zwischen Mossad und Staatssicherheit der DDR, obwohl (oder gerade weil?) diese immer auch mit den Palästinensern zusammenarbeitete.

Kommen wir hier noch einmal auf die wenig brauchbaren Aussagen von Holger G. und Carsten S. vor dem OLG in München zurück. In den ersten Vernehmungen der Männer ging es im Wesentlichen darum, ob und vor allem wann die Ceska in die Hände des NSU gelangt sein soll. In Rede standen dabei die Jahre 2001 und 2002, obschon diese (oder eine andere) Waffe der tschechischen Marke bei der Mordserie im Jahr 2000 eingesetzt wurde, was uns verwundert aufhorchen lässt. Enver Simsek aus Nürnberg starb durch Schüsse aus dieser und einer zweiten Waffe.[265] Wieder ein vollwertiger Hinweis darauf, dass Mundlos und Böhnhardt – wenn überhaupt – zumindest nicht allein zur Waffe gegriffen haben können.

Im Forum des Nachrichtenmagazins DER SPIEGEL ist unterdessen sogar zu lesen, mit einer Ceska seien zehn Menschen umgebracht worden[266], also einschließlich der Polizeibeamtin Michele Kiesewetter 2007 in Heilbronn. Die Frau und ihr Kollege wurden allerdings von Projektilen aus anderen Waffen getroffen, was der SPIEGEL selber vermeldete.[267] Demnach muss es einen Mord mehr in der Serie geben, den nur der SPIEGEL kennt.

In seiner Vernehmung vor Gericht hat sich Carsten S. offenbar folgenschwer verplappert, was das Übergabedatum der Waffe, die Art der Pistole und schließlich die Frage, ob Mundlos und Böhnhardt wirklich jene Taten begangen haben, die ihnen offen unterstellt werden, betrifft. S. gab an, im Zug nach Chemnitz unterwegs gewesen zu sein. In der Tasche habe er die Waffe (welche, sagte er nicht) aufbewahrt. Die beiden Uwes hätten ihn schließlich am Hauptbahnhof erwartet und abgeholt. Allein das gehört unter den Gesichtspunkten des konspirativen Verhaltens untergetauchter Terroristen in das Reich schlechter Phantasien. Denn wenn wir von der offiziellen Darstellung ausgehen, die NSU habe im Wesentlichen aus Mundlos und Böhnhardt bestanden, müssten die beiden Männer derart unfähig sein, dass sie im Untergrund niemals längere Zeit überlebt hätten, was sie aber offiziell getan haben. Wenn sich die einzigen untergetauchten Mitglieder einer Terrorgruppe, die auch noch auf den Fahndungsseiten des BKA mit Fotos gesucht werden, öffentlich auf einem Hauptbahnhof aufhalten, gefährden sie logischerweise die Existenz der gesamten Vereinigung. Auf diesen Unsinn kann schlicht niemand kommen, der auch nur einen Hauch Verstand besitzt! Doch dem nicht genug, sollen sich die NSU-Leute mit Carsten S. anschließend im Café des Kaufhauses „Galeria Kaufhof" in der Chemnitzer City getroffen haben, wo die Gefahr aufzufallen mindestens der im Hauptbahnhof entspricht. Das Ganze soll sich im Frühling des Jahres 2000 zugetragen haben. Nur: Zu diesem Zeitpunkt gab es das erwähnte Kaufhaus in Chemnitz noch gar nicht. Es wurde erst im Oktober 2001 eingeweiht![268]

Diese Aussage lässt berechtigte Zweifel in mehrfacher Hinsicht zu. So ergibt sich daraus die Frage, ob es sich bei der übergebenen Waffe wirklich um die ominöse Ceska gehandelt hat. Wäre das nicht der Fall, können schon allein deswegen nicht alle Morde von Mundlos und Böhnhardt verübt worden sein, weil sie nicht über den gesamten Zeitpunkt der Serie über die Ceska verfügten. Außerdem sollten wir den angeblichen Ursprungseinzelhändler der Pistole, den damals in der Schweiz lebenden und arbeitenden Tschechen Luxik, nicht aus den Augen verlieren. Er lebte bereits vor dem Fall des Ostblocks in der Schweiz, was den Verdacht, er sei ein Geheimdienstmann gewesen, nahelegt. Am 28. April 2008 wurde seine Firma im Schweizerischen Derendingen aus dem Handelsregister von Amts wegen gelöscht. Der Grund: Luxik war wieder nach Prag zurückgekehrt.[269] Somit ist der verzweigte und verworrene Weg der Ceska bereits vorgezeichnet und ihre Herkunft verschleiert. Das soll ausgerechnet Carsten S., ein im Grunde psychisch völlig kaputter Mensch, der ohne weiteres beeinflussbar ist, klären können? Aber vielleicht soll er es ja gar nicht...

10. Das Wunder-Video von Zwickau

Bisweilen treten bei großen Verbrechen und deren Strukturen Dinge zutage, mit denen niemand auch nur in den kühnsten Träumen gerechnet hätte. Dazu zählen unverwüstliche Personalausweise in den Trümmern des World Trade Centers, liegengebliebene Dokumente, die die Identifikation des Amokläufers von Winnenden zu einem Kinderspiel machten, oder das „Bekennervideo" des NSU. Stellen wir uns einmal vor: Die Wohnung in der Zwickauer Frühlingsstraße brannte über mehrere Stunden hinweg in voller Ausdehnung. Zuvor hatte dort eine Explosion stattgefunden, Flammen schlugen brüllend aus den Fensterhöhlen, und die Glutnester im Brandschutt hielten sich über Tage. Die durchschnittlichen Temperaturen eines Wohnungsbrandes betragen immerhin zwischen 550 und 800 Grad Celsius.[270] Nehmen wir an, die Temperaturen in der Wohnung des Trios hätten im unteren Bereich, also bei etwa 600 Grad Celsius, gelegen. Dennoch hätten die dort angeblich während des Brandes gelagerten DVDs das Inferno nie und nimmer unbeschadet überstanden. Diese Scheiben werden beim Beschreiben durch einen Computer mittels Laserstrahl kurzen Impulsen zwischen 500 und 700 Grad Celsius ausgesetzt. Bei dieser Temperatur kristallisiert ein bestimmter Bereich des Materials, die Informationen werden eingebrannt. Werden die Informationen nun wieder gelöscht, wird die Kunststoffscheibe längeren Impulsen ausgesetzt, die allerdings nur 200 bis 300 Grad Celsius betragen.[271] Die eingebrannten Informationen verschwinden, die dafür benutzte Oberfläche gleicht sich der übrigen wieder an. Erfolgt dann eine einheitlich hohe Temperatur, wird die DVD zu einem Kunststoffklumpen. Somit waren die DVDs aus der Wohnung, wenn es denn je welche an diesem Ort gab, nach dem Feuer absolut unbrauchbar.

Das muss auch irgendwann jenen aufgegangen sein, die die Geschichte von den Scheiben in der Wohnung verbreitet hatten. Schnell wurden daraufhin Beate Zschäpe einige der DVDs „eingepackt", die sie dann angeblich auf ihrer Flucht verschickte – ohne ihre DNA darauf zu hinterlassen. Insgesamt sollen es vierzehn Exemplare jener ominösen

DVD gewesen sein, die Beate Zschäpe verschickt haben soll. Allerdings kann sich nicht ein einziger Zeuge daran erinnern, dass die Frau beim Verlassen des brennenden Hauses in Zwickau eine Tasche bei sich getragen hatte. Worin aber sollte sie dann die Scheiben transportiert haben, eventuell mit zusätzlichen Briefumschlägen? Auch beim Verschicken selbst hat kein Mensch Beate Zschäpe beobachtet, so dass die Briefe mit dem Film zum Teil eher verteilt und auch verschickt worden sein müssten. In diesem Fall allerdings kann die Verdächtige nicht allein gehandelt haben. Kurz: Es gibt nicht einen Beweis dafür, dass Zschäpe überhaupt irgendetwas mit den DVDs zu tun hatte.

Mindestens genauso rätselhaft ist der Inhalt des „Bekennervideos", das übrigens bis auf den heutigen Tag (19. Juni 2013) der Öffentlichkeit nicht in voller Länge zugänglich gemacht worden ist. Eine inhaltliche Beschreibung mit ausgesuchten Screenshots präsentiert immerhin die Internetseite „NSU-Watch".[272] Dargestellt werden u.a. die einzelnen Textpassagen des Videos. Und die haben es in sich. Nicht so sehr, was rechte Propaganda betrifft, sondern eher, was kryptische Formulierungen angeht. Hergestellt wurde der Film angeblich von Andre E., einem Freund des Trios, aber auch das ist nicht bewiesen. Der Mann ist im Musikbusiness tätig und kennt sich mit der Produktion von Videoclips gut aus. Sei's drum.

Inhaltlich lebt der Film von der Zeichentrickfigur Paulchen Panther, der als harmloser Trottel durch Deutschland wandert und auf die Mordserie stößt, den NSU als politische Alternative empfiehlt und ansonsten ein gutbürgerliches Leben führt. Um es vorwegzunehmen: Die DVD liefert keinerlei Beweis, nicht einmal ein Indiz dafür, dass Mundlos und Böhnhardt an den Tatorten waren. Ganz im Gegenteil: Bei der Filmsequenz zur Keupstraße in Köln wird sogar ein veröffentlichtes Bild aus einer Überwachungskamera gezeigt, das einen Mann darstellt, der ein Fahrrad über den Bürgersteig schiebt. Dieses Bild wird von den Strafverfolgungsbehörden noch immer als Fahndungsfoto im Zusammenhang mit dem Nagelbombenanschlag veröffentlicht. Sollten Mundlos und Böhnhardt wirklich geistig so minderbemittelt gewesen sein, sich selbst im Bekennervideo zu zeigen, damit sie (oder einer von ihnen) auch ja erkannt und festgenommen würden? Wohl kaum! Des Weiteren zeigt Paul Panther an einer Deutschlandkarte jeden einzelnen Tatort der Mordserie auf, dazu Fotos von den Tatorten, worunter sich ein Polizeifoto befinden muss, so bei der Darstellung des Mordes an dem Blumenhändler Simsek. Hier ist eine Foto aus einem Beitrag der Fahndungssendung „Aktenzeichen XY ungelöst" zu erkennen, gekennzeichnet mit dem Begriff „Fälschung". Kurz darauf wird ein Polizeifoto von dem tot daliegenden Händler mit der Bezeichnung „Original" gezeigt.[273]

Interessant, aber in ihrer Bedeutung momentan nicht zu klären, sind auch die immer wieder in unterschiedlicher Stückzahl auftauchenden rosafarbenen Sterne in dem Film. Und ein ganz besonderer von roter Farbe, nämlich der der RAF (Rote Armee Fraktion). Er findet sich als Tattoo auf dem Bauch einer Zeichentrickfigur, deren Pullover von Paulchen Panther aufgeribbelt wird. Beobachter des Videos interpretieren das als Annäherungsversuch des NSU an die Ziele und Methoden der RAF. Das könnte durchaus stimmen und erhält eine besondere Bedeutung, wenn wir die weiter oben angeführte Überlegung, RAF und NSU seien Staatsgeburten gewesen, zugrunde legen. Die eine, NSU, wurde auffälligerweise geboren, kurz nachdem die andere, RAF, gestorben war. Eine wirkliche Selbstbezichtigung zu auch nur einem Mord lässt sich auf der DVD nun beim besten Willen nicht erkennen. Und wenn wir schon beim Interpretieren sind, tun wir es den Behörden doch einfach nach und überlegen einmal, welche Bedeutung denn das immer wieder auftauchende weiße Trickmännchen hat, das Paulchen Panther instruiert, was er denn als Nächstes zu tun habe. In der Serie „Der Rosarote Panther" verkörpert dieses Männchen einen Inspektor Clouseau von der Polizei. Sollte das auf der DVD ein versteckter Hinweis darauf sein, der Staat habe beim NSU über die Sicherheitsbehörden lenkend eingegriffen?

Warum die Macher der DVD ausgerechnet den Rosaroten Panther als Hauptdarsteller nahmen, wissen wir nicht, was uns aber nicht davon abhalten sollte, die Geschichte des wirklichen Films zu betrachten. Bezüglich der Situation rund um den NSU verspricht das mögliche Verbindungen. Eine könnte der grobe Inhalt des Films selber sein, der im Wesentlichen aus wilden Verfolgungen besteht, die letztendlich zu nichts führen. Ein Phantom wird gejagt![274]

In einer der Folgen landet der Inspektor selber im Gefängnis. Gut möglich, dass die Hersteller des NSU-Videos diese Inhalte und Hintergründe der wirklichen Filmserie kennen und damit versteckte Hinweise in bestimmte Richtungen geben wollten. Demnach könnte die Verwendung des tolpatschigen Inspektors erneut auf eine Verstrickung der Behörden im Komplex NSU hindeuten. Spuren, die wieder auf eine mögliche GLADIO-Verstrickung des NSU hindeuten, kommen im Video an einer Stelle zum Vorschein, an der der Nagelbombenanschlag von Köln thematisiert wird. Dort taucht eine Bombe im Bild auf, die verblüffend jener Machart gleicht, die zur Spezialität eines gewissen Michael Krause gehörte. Krause, eine undurchsichtige Figur aus Franken, galt in der Gegend um Bayreuth als „bunter Hund", trug stets rote, säurefeste Handschuhe, Vollbart und langes Haar. Doch der Obdachlose war nicht irgendein Kauz, sondern offenbar ein hochgefährlicher Mann, in dessen Rucksack die Polizei 38 verschlüsselte Lagepläne von Erddepots mit Waffen, Munition und Bomben fand. Verstreut waren die Lagerstätten über Thüringen, Bayern, Sachsen und Österreich. Entdeckt wurde das Geheimnis, nachdem Krause sich im Mai 2008 zwischen Bayreuth und der Ortschaft Bindlach aus bis heute nicht geklärten Gründen eine Schießerei mit der Polizei geliefert hatte, die für ihn tödlich endete, weil er sich selbst gerichtet haben soll.[275] Dem vorausgegangen war eine einfache Kontrolle Krauses durch die Beamten, weil der Mann sich an einem Fahrrad zu schaffen gemacht hatte. Die Hintermänner Krauses sind offiziell bis heute unbekannt. Was gesichert ist, ist die Tatsache, dass Krause gebürtiger Berliner und zum Zeitpunkt seines Todes 53 Jahre alt war. Zudem war er innerhalb von 20 Jahren 25 Mal umgezogen – und zuletzt in Plauen gemeldet. Wer „seine" Bombe in dem Paulchen-Panther-Film unterbrachte, ist – wie der gesamte Film – nicht geklärt.

Erstaunlich mutet auch an, was am 25. Juni 2013 vor dem OLG München in der Verhandlung gegen Zschäpe und andere so ganz nebenbei zutage trat. Offensichtlich gab es mindestens drei Versionen des Videos, die allesamt in der ausgebrannten Zwickauer Wohnung des Trios gefunden worden sein sollen. Existierte nur eine Fassung, wäre im Gerichtssaal nicht von früheren Versionen gesprochen worden.[276]

Der Rosarote Panther taucht im Kontext des NSU übrigens noch einmal auf, aber an ganz anderer Stelle. Und zwar bei den Ermittlungen zum Polizistinnenmord von Heilbronn. Im Zuge dieser Untersuchungen stießen die Fahnder auf festgenommene Mitglieder einer Bande aus Ex-Jugoslawien, die sich „Pink Panther" nennt und seit Beginn dieses Jahrhunderts in ganz Europa und auch in Übersee aktiv ist. Ihre Spezialität: Brutale Überfälle auf teure Juweliere unter anderem in Zürich und an der Cote d'Azur. Die absolut skrupellos vorgehenden Bandenmitglieder sind in ihrer Mehrheit ehemalige Kämpfer aus dem Jugoslawien-Krieg und kennen somit weder Gnade noch den wirklichen Wert eines Menschenlebens. Über ihre Schmuggelwege laufen nicht nur Diamanten („Pink Panther" ist die Bezeichnung eines bestimmten Diamanten), sondern vermutlich auch Drogen und Waffen.[277]

Besonders im Bereich Drogen und Waffen kommen automatisch islamische Länder (Drogenrohstoffanbau) mit ins Spiel, worüber wir im Kapitel zu Heilbronn noch Eingehendes erfahren werden. Die Bande „Pink Panther" soll seit 2003 verstärkt aktiv sein und wird als äußerst gefährlich bezeichnet. Schließt sich hier möglicherweise ein Kreis, dessen Existenz den Behörden bisher nicht klar war? Ein Kreis, der sich aus früheren Söldnern und Soldaten des Jugoslawien-Krieges gebildet hat und nun seinem verbrecherischen und blutigen Handwerk nachgeht? Nach dem Krieg haben sich zahlreiche Banden zusammengeschlossen, die zum Teil auch aus religiösen Motiven handeln – das geben sie zumindest vor. Während auf serbischer und montenegrinischer Seite vorwiegend Christen leben, sind es auf der bosnischen und albanischen Moslems. Auch zahlreiche Deutsche, vornehmlich aus dem rechten Lager, nahmen als Söldner auf serbischer Seite an dem Krieg teil, aber auch in den Reihen der Bosnier. Einer von ihnen ist Alexander N. aus Baden-Württemberg, der immer wieder mit dem NSU in Zusammenhang gebracht wird.[278] Möglicherweise sind zwischen den christlichen und muslimischen Kämpfern noch einige Rechnungen aus der Zeit des Krieges offen, die nun auf deutschem Boden durch deutsche Täter beglichen werden könnten.

11. Sonderfall Heilbronn: Die tote Polizistin und das Geheimnis von der Theresienwiese

Seit sechs Jahren rätseln Ermittler, Öffentlichkeit und Politik über die Hintergründe des Mordes an der Polizistin Michele Kiesewetter und den Mordversuch an ihrem Kollegen Martin A. – falsche DNA-Spuren, widersprüchliche Angaben aus Ermittlerkreisen und offene Lügen haben den Fall zum größten Mysterium der deutschen Kriminalgeschichte gemacht. Doch mit dem 4. November 2011 wurde alles anders. An dem Tag des brennenden Wohnmobils von Eisenach klärte sich aus Sicht der Behörden auch der Fall von Heilbronn auf wundersame und gleichfalls leichte Art und Weise. Waffen und Ausrüstungsgegenstände der beiden Beamten wurden bei Uwe Mundlos und Uwe Böhnhardt gefunden. Und schon war klar – ohne jegliche kriminalistische und juristische Logik –, dass die beiden Männer die Mörder von Heilbronn gewesen sein müssen. Doch so einfach ist das nicht mit den Killern von der Theresienwiese. Aufklärung tut not.

Tauchen wir also an dieser Stelle in das Labyrinth des Falls ein:
Am 25. April 2007, dem Tag von Heilbronn, lag die Stadt am Neckar unter einem strahlend blauen Himmel. Sommerliche Temperaturen von über 20 Grad Celsius hatten die Bevölkerung zur Mittagszeit ins Freie gelockt. Eiscafés hatten geöffnet, das Leben spielte sich an diesem Tag weitestgehend auf der Straße ab. Auch ihre Mittagspausen verbrachten zahlreiche Menschen im Freien. So auch die Polizeibeamten Michele Kiesewetter und Martin A., die mit ihrem Streifenwagen zur Heilbronner Theresienwiese, einem Veranstaltungsplatz, gefahren waren und sich dort in den Schatten eines Trafohäuschens gestellt hatten. Sie waren im Rahmen des Konzeptes „sichere City" unterwegs und hatten an diesem Tag lediglich ein paar Verkehrskontrollen, Überprüfungen und Streifenfahrten zu tun gehabt – reine Routine. Michele Kiesewetter war eigens einen Tag früher aus einem Kurzurlaub zurückgekehrt, um den Dienst für eine Kollegin zu übernehmen. Um kurz vor 14 Uhr, so die offiziellen Verlautbarungen der Polizei nach dem Attentat, müssen

dann zwei Täter an den Streifenwagen herangetreten sein, Waffen gezogen und den beiden Beamten in die Köpfe geschossen haben. Während Kiesewetter sofort tot war, wurde ihr Kollege schwer verletzt und überlebte, kann sich jedoch bis zum heutigen Tag nicht an den Ablauf der Geschehnisse erinnern. Brauchbare und weiterführende Zeugenaussagen zum Tatablauf lagen und liegen nicht vor. Erst durch den NSU kamen die Behörden den Mördern von Heilbronn auf die Spur. Es sollen Uwe Mundlos und Uwe Böhnhardt gewesen sein.

Soweit die offizielle Version in geraffter Form, die sich von der wirklichen, real geschehenen zum Teil gravierend unterscheidet und deswegen auch keine ellenlange Betrachtung verdient. Mit Fug und Recht kann behauptet werden, lediglich Tag, Zeitpunkt der Schüsse und die Opfer stimmen; alles andere ist fragwürdig. Aus welchen Gründen auch immer wurde der Öffentlichkeit seitens der Behörden über mindestens sechs Jahre hinweg eine Story „verkauft", die bestimmte Einzelheiten nicht nannte. Diese kamen dennoch ans Tageslicht und sollten von uns genauer betrachtet werden. Steigen wir also ein in die Welt der Schweiger, Vertuscher und Zurückhalter im Fall der toten Polizistin von Heilbronn, die schon lange nicht mehr als das Zufallsopfer gilt, als das sie zu Beginn der Ermittlungen öffentlich dargestellt wurde.

Kurz nach den Schüssen kam übereinstimmenden Darstellungen nach ein älteres Ehepaar auf Fahrrädern am Tatort vorbei und machte entsetzt Halt, um die Polizei zu rufen. Anderen Berichten zufolge entdeckte ein Taxifahrer den Mord.[279] Die ersten am Tatort eingetroffenen Beamten vermuteten zunächst, ein Ausbrecher aus dem Haftkrankenhaus Hohenasperg bei Stuttgart sei der Täter von der Theresienwiese.[280] Diese Information, die sehr früh gestreut wurde, tauchte danach öffentlich nie wieder auf. Interessant zu erfahren wäre in diesem Zusammenhang der Grund für die Annahme, der Ausbrecher könne der Täter gewesen sein. Bei dem Mann handelte es sich um den Rumänen Catalin Barca, damals 32 Jahre alt, der noch am 4. April 2007 per Öffentlichkeitsfahndung durch das LKA Baden-Württemberg gesucht wurde.[281] Immerhin waren Zielfahnder des LKA auf den Mann angesetzt, der nach seinem Ausbruch lediglich als Laubeneinbrecher in Erscheinung getreten war. Am 3. April wollten Zeugen den Gesuchten in der Nähe eines Ludwigsburger Luxushotels gesehen haben. Zu diesem Zeitpunkt sei er am linken Arm verletzt gewesen und habe gehumpelt.

Welche Verbrechen der Täter begangen hatte, ob er gefährlich war oder nicht und inwieweit die Bevölkerung hätte Vorsicht walten lassen sollen, wurde unüblicher Weise in der Pressemitteilung nicht gesagt.[282]

Die Beschreibung[283] des Gewaltverbrechers, der wegen schweren Raubes und anderer Delikte einsaß, passte verblüffend genau auf jene, die wenig später der Polizei im Zusammenhang mit den Schüssen von der Theresienwiese gegeben worden war. Zeugen wollten in der Nähe einen Mann mit blutverschmiertem Arm gesehen haben. Vom Aussehen her glich der hektisch wirkende Mann einem Südländer. Er rannte über eine Fahrbahn zu einem wartenden Pkw, sprang hinein und verschwand. Ohne hier weiter auf die erwiesenermaßen unbrauchbare offizielle Erzählung der Behörden einzugehen, gleichen wir einmal ab, wo sich Wirklichkeit und polizeiliche Fiktion voneinander unterscheiden.

Widersprüche in den zeitlichen Abläufen:
Angeblich hätten Kiesewetter und ihr Kollege am Veranstaltungsplatz Theresienwiese kurz vor 14 Uhr eine Mittagspause eingelegt. Diese Aussage der Behörden hielt sich über Jahre hinweg und wurde stets wiederholt. Indes: Sie stimmte nicht! Erst im Jahr 2013 kam heraus, dass die Zeitabläufe ganz andere waren, was polizeiinterne Papiere belegen.[284] Demnach waren Kiesewetter und Martin A. bereits lange vor 14 Uhr auf dem Platz, den sie gegen 12 Uhr wieder verließen, weil auf der Wache eine interne Schulung anstand, an der sie teilnehmen mussten. Von der Dienststelle aus fuhren die beiden Beamten dann gegen 13:45 Uhr erneut zur Theresienwiese, wo sie um zirka 13:50 Uhr eintrafen. Schließlich fielen gegen 14 Uhr die Schüsse. Vor diesem Hintergrund taucht die Frage auf, ob die Beam-

ten eine Verabredung mit den Tätern hatten oder andere Personen erwarteten, statt derer dann aber plötzlich die Killer am Streifenwagen standen. Jedenfalls scheiden Kiesewetter und A. damit als Zufallsopfer aus.

Unbearbeitete DNA-Spuren:
Ganz abgesehen von der DNA-Phantom-Spur, die uns noch gesondert beschäftigen wird, wurden am Streifenwagen der Opfer laut Ermittlern wichtige DNA-Anhaftungen gefunden und gesichert. Doch hinter vorgehaltener Hand wurde im Jahr 2012 klar, dass 16 dieser Spuren bis zum heutigen Tage nicht ausgewertet worden sind. Warum?[285]

Martin A. kann sich an nichts erinnern:
Martin A., Beifahrer von Michele Kiesewetter und bei dem Überfall lebensgefährlich verletzt, kann sich bis auf den heutigen Tag an rein gar nichts erinnern, was die Geschehnisse von Heilbronn betrifft. Seine Kopfverletzungen waren derart stark, dass sein Erinnerungsvermögen gelöscht wurde. So die Aussage der Behörden zum Zustand des jungen Beamten, der inzwischen wieder im Polizeidienst ist. Doch wen wundert es, dass die offiziellen Angaben auch hier nicht der Wahrheit entsprechen? Der Polizist konnte sich bereits nach kurzer Zeit erinnern und machte seinen Kollegen gegenüber vom Krankenbett aus sogar Angaben, nach denen Phantombilder der Täter von Heilbronn gefertigt wurden. Diese Bilder sind allerdings nie veröffentlicht worden, weil sie sehr wahrscheinlich nicht Mundlos und Böhnhardt, sondern Gesichter zeigen, die nicht ins Konzept passen.[286] A. gab auch an, im Rückspiegel (Streifenwagen verfügen über zwei Innenspiegel) gesehen zu haben, wie sich zwei Gestalten dem Fahrzeug näherten. Martin A. gab an, die Mundpartie eines Mannes gesehen zu haben, der ein weißes Hemd und eine dunkle Jeans trug. (siehe Abb. 2) Er habe geglaubt, es habe sich dabei um einen Bürger gehandelt, der eine Auskunft wollte.[287] Beängstigend: Zwei Tage nachdem der junge Polizist im Klinikum Lud-

wigsburg, das für solche Fälle als das beste im Land gilt, auf der Intensivstation behandelt worden war, wurde er klammheimlich dort abgeholt und weggebracht. Warum und wohin, bleibt ein Geheimnis.[288]

Die Spur zum US-Geheimdienst:
Das Magazin STERN will kurz nach den Ereignissen von Heilbronn in den Besitz eines Papiers gekommen sein, das den Vorgang der Schüsse von der Theresienwiese auf amerikanisch dokumentiert. Dieses Papier soll den Bericht des US-Militärgeheimdienstes DIA über den tödlichen Zwischenfall darstellen. Vorausgesetzt, dieser Bericht ist keine Fälschung, ist sein Inhalt von größter Brisanz.[289] Demnach haben deutsche Verfassungsschützer zusammen mit US-Kollegen die Schüsse auf die Polizisten miterlebt und machen dafür Agenten (V-Leute?) aus rechten Kreisen verantwortlich. Dem vorausgegangen war eine Observation von Islamisten durch die Agenten. Die Islamisten hatten bei einer spanischen Bank in Heilbronn mehrere Millionen Euro eingezahlt.[290] Unter den Bankbesuchern soll auch ein Mevlüt K. gewesen sein, der das Interesse der Geheimdienstler ganz besonders wachgerüttelt hatte. Mevlüt K. wird als Mann an der Schnittstelle zwischen Islamisten, Geheimdiensten, Kriminellen und Neonazis genannt[291], ist Türke und stammt aus Ludwigshafen am Rhein. Über den regelmäßigen Besuch zweier Moscheen in Freiburg kam der gelernte Schweißer schließlich mit dem Al-Kaida-Netzwerk in Kontakt und fungierte für die Gruppe irgendwann als Kurier, besorgte gefälschte Pässe und hielt Kontakt zum Iran. Auch mit der islamistischen Gruppe „Al Tahwid" stand K. nach Angaben der Behörden in enger Verbindung. Diese Organisation, die ihren Hauptsitz Anfang des Jahrhunderts in Essen und London hatte, unterstütze Bin Ladens Organisation ebenfalls. Der in Deutschland ansässige Führer von „Al Tahwid", der 2002 36 Jahre alte Palästinenser Yaser H., lebte unauffällig im gutbürgerlichen Essener Stadtteil Holsterhausen im Hause einer Eckkneipe an der Robert-Koch-Straße, die unmittelbar am Universitäts-Klinikum und

nur zirka 400 Meter vom Polizeipräsidium entfernt liegt. Auch in der Nähe der Innenstadt nutzte er eine Wohnung, um seine Führungstätigkeiten für die Organisation zu erledigen. Über einen ebenfalls im Ruhrgebiet festgenommenen Mann namens Shadi A. hatte die Gruppe eine direkte Verbindung zu Osama Bin Laden. A. war eine Zeit lang einer der persönlichen Leibwächter des Terrorfürsten gewesen und sollte in Deutschland Anschlagsziele ausspähen.[292] Darunter vermuteten Fahnder auch die weiter oben genannte S-Bahn-Haltestelle „Am Wehrhahn" in Düsseldorf, die aktuell ja wieder im Zusammenhang mit dem NSU beschrieben worden war.

Auf einem Flug Richtung Türkei wurde Mevlüt K. schließlich von der türkischen Polizei festgenommen und dem Geheimdienst übergeben, mit dem der Türke aus Deutschland fortan kooperierte.[293] Schließlich wurden auch die Amerikaner auf ihn aufmerksam. K., schon V-Mann, galt auch als Unterstützer der „Sauerland-Gruppe", eine deutsch-türkische Terrorzelle, die im September 2007 aufflog und in einem Ferienhaus im Sauerland festgenommen worden war. K. hatte über die Türkei Bombenzünder aus serbischer und bulgarischer Produktion eingeführt. Die Chemikalien zum Bau der Bomben hatten die Terroristen in einer Garage in Freudenstadt (Baden-Württemberg) versteckt. Angeblich wurde der Sprengstoff durch das BKA gegen eine harmlose Flüssigkeit ausgetauscht.

Äußerst interessant an Mevlüt K. ist nun seine Verbindung zu einem gewissen Ahmed H., einem Somalier, der im Jahr 2008 an der Ermordung dreier georgischer Autohändler beteiligt gewesen war. In seiner Begleitung befand sich ein Talib O., V-Mann des LKA Rheinland-Pfalz. Und in dem Wagen, den der V-Mann vom LKA bekommen hatte, fand sich die ominöse DNA-Spur von Heilbronn, die ja – so später die offiziellen Verlautbarungen – angeblich durch eine Mitarbeiterin eines Wattestäbchen-Herstellers verursacht worden sein soll. Eine fürwahr kaum zu glaubende Kette von Kooperationen, Bekanntschaften und äußerst merkwürdigen Ereignissen. Auffällig ist, dass immer wieder die USA ins Spiel kommen und zwar dort, wo Eskalationen stattfinden. Schon 2007, so kann man wohl annehmen, wird die NSA (National Security Agency), der Teil der US-Geheimdienste, der für die Überwachung und Auswertung elektronischer Kommunikation zuständig ist und über ein weitaus größeres Budget verfügt als die CIA, ihre Lauscher in Deutschland aufgestellt haben. Ende Juni/Anfang Juli 2013 stellte sich ja heraus, dass die USA zusammen mit England Deutschland und die EU umfassend ausspionieren, was zu einem – zumindest verbal geäußerten – Skandal führte. Aufgrund der Tatsache, dass umfassend abgehört wurde und wohl auch noch wird, kann den US-Amerikanern auch die Kommunikation zwischen den Attentätern und deren Hintermännern bezüglich des Mordes von der Theresienwiese nicht entgangen sein. Immerhin ist die Deutschland-Abteilung der NSA in den „Patch Barracks" in Stuttgart-Vaihingen beheimatet; in direkter Nachbarschaft zur DIA.[294]

Nebenbei bemerkt ist der Begriff „Theresienwiese" eng verbunden mit Attentaten. Auch der Veranstaltungsort des Münchener Oktoberfestes heißt so. Hier wurde am 26. September 1980 ein Bombenanschlag rechter Terroristen verübt, bei dem 13 Menschen starben und mehrere hundert verletzt wurden.[295]

Das Phantom von Heilbronn:

Schnell schienen im Fall des Mordes an Michele Kiesewetter erste erfolgversprechende Spuren in Form von DNA-Abdrücken an den unterschiedlichsten Tatorten in Deutschland, Österreich und Frankreich vorzuliegen. Die Behörden in Baden-Württemberg wähnten sich einer unbekannten Frau aus dem Drogenmilieu auf der Spur und kamen offiziell auch dann noch nicht ins Grübeln, als bereits Laien vermehrt die Stirn runzelten, wenn wieder einmal ein Tatort genannt wurde, an dem sich die unerklärliche DNA befand. Die Krux an der Sache: Die unterschiedlichen Delikte, an deren Begehungsorten die DNA der Unbekannten vorlag, wollten von der Deliktpallette her so gar nicht zusammenpassen. Derart unterschiedliche Kriminalitätsfelder konnte und kann ein einziger Mensch nicht abdecken. Unter den DNA-Fundstellen waren so gut wie alle möglichen Verbrechen zu finden: von Tötungsdelikten über Einbrüche bis hin zu Schlägereien und Kraftfahrzeugdiebstählen.

Die durchaus beeindruckende Liste der Tatorte liest sich so:

- Mai 1993, Idar-Oberstein: Mord
- März 2001, Freiburg i. Br.: Mord
- Oktober 2001, Gerolstein: gef. Körperverletzung
- Oktober 2001, Mainz-Budenheim: Einbruch
- Januar 2003, Dietzenbach/Offenbach: Einbruch
- Dezember 2003, Heilbronn: Pkw-Diebstahl
- April 2004, Freiburg i. Br.: Einbruch
- September 2004, Anbois/Frankreich: schwerer Raub
- Oktober 2004, Steinach/Österreich: Einbruch
- Februar 2005, Ansfelden/Österreich: Einbruch
- Mai 2005, Ischl/ Österreich: Einbruch
- Mai 2005, Worms: vers. Mord
- Juli 2005, Gallneukirchen/Österreich: Einbruch
- Oktober 2005, Loibichl/Österreich: Motorraddiebstahl
- Dezember 2005, Karlsruhe: Einbruch
- Februar 2006, Schlierbach/Österreich: Einbruch
- April 2006, Ried/Österreich: Einbruch
- Juni 2006, Linz/Österreich: Pkw-Diebstahl
- Juni 2006, Garsten/Österreich: Einbruch
- Juli 2006, Mauthausen/Österreich: Einbruch

- August 2006, Gampern/Österreich: Einbruch

- September 2006, Telfs/Österreich: Einbruch

- Oktober 2006, Saarbrücken: vers. Einbruch

- Dezember 2006, Dietach/Österreich: Einbruch

- März 2007, Gallneukirchen/Österreich: Einbruch

- April 2007, Heilbronn: Mord u. vers. Mord

- Mai 2007, Imst/Österreich: Pkw-Aufbruch

- August 2007, Kornwestheim: Einbruch

- Januar 2008, Heppenheim: Dreifachmord

- März 2008, Quierschied: Homejacking (Einbruch mit Diebstahl des Kfz-Schlüssels und Diebstahl des Opfer-Pkws)

- März 2008, Quierschied: Homejacking

- März 2008, Tholey: Homejacking

- März 2008, Niederstetten: Einbruch

- April 2008, Riol: Homejacking

- April 2008, Oberstenfeld-Gronau: Homejacking

- Mai 2008, Saarhölzbach: Einbruch

- Oktober 2008, Weinsberg: unkl. Todesursache einer Frau

- Oktober 2008, Mannheim: DNA an einer Wohnungstür

- März 2009, Saarbrücken: DNA aus einer Einbruchserie aus Saarbrücken im Sommer 2007[296]

Stutzig hätten die Beamten spätestens bei der Homejacking-Serie oder auch bei den zahlreichen Einbrüchen werden müssen, denn wer kurz zuvor einen Mord oder Mordversuch begangen hat, riskiert in der Regel nicht, durch ein weiteres – vergleichsweise harmloses und ertragloses – Verbrechen entdeckt zu werden. Die Phantom-Täterin musste bei der Annahme, sie sei an allen hier aufgeführten Tatorten gewesen, eine äußerst clevere und intelligente Person gewesen sein. Schon von daher hätten Ermittler darauf kommen müssen, dass hier in der konkludenten Zusammensetzung der Delikte etwas nicht stimmen konnte.

Die eine Zeit lang als obdachlos und drogensüchtig eingestufte Frau muss ein wahres Monster mit übermenschlichen Kräften gewesen sein. Wer über Jahre hinweg – so die Annahme der Behörden – an der Nadel hängt, ist in keiner Weise fähig, derart raffiniert zu morden, zu reisen und sich absolut konspirativ zu verhalten. Eine Drogensüchtige taucht immer wieder in der Szene auf, um sich Stoff zu besorgen – und zwar in ihrer Heimat-Szene, wo sie Dealer und andere Süchtige kennt, um die Strukturen, Preise und Bedingungen weiß. Wenn Drogensüchtige alles sind – reisende Täter sind sie auf keinen Fall, weil sie diese Strapazen bereits nach kurzer Zeit ihrer Sucht einfach nicht mehr auf sich nehmen können. Doch auch das ließ die Ermittler im Fall des Heilbronner Polizistenmordes nicht aufhorchen. Auch die Frage danach, was mit der Beute aus den vielen Pkw-Diebstählen, nämlich aus den Autos selber wurde, ließ in den Amtsstuben niemanden grübeln. Es wäre ein Leichtes gewesen herauszufinden, wo eine drogensüchtige Frau oder ihre Helfer gestohlene Autos angeboten hätten. Ein schneller Verrat wäre erfolgt, denn die organisierten Autoschieber lassen keinerlei Konkurrenz zu – und schon hätte die Polizei ohne Probleme zugreifen können.

Irgendwann verstiegen sich nicht wenige Beamte, die mit dem Fall befasst waren, in wirre Gedanken. Das war in dem Moment, in dem in Frankreich zwei jugoslawisch-albanische Berufseinbrecher dingfest gemacht wurden und bei ihnen die DNA-Spur gefunden wurde. Die Männer kamen in Untersuchungshaft und wurden fast täglich zu der Sache befragt, doch sie schwiegen eisern. Schließlich nahmen deutsche Ermittler an, die Täter schwiegen aus Angst vor der großen Unbekannten, die innerhalb der organisierten Einbrecher-Mafia eine hohe Stellung einnehme und jeden Verräter ohne Gnade töten würde. Doch in Wirklichkeit rückten die Gefangenen nicht mit der Sprache heraus, weil sie schlicht nicht konnten. Der Grund: Die Unbekannte war ihnen einfach nicht bekannt.[297] Angesichts solcher massiven und kollektiven Denkausfälle auf Seiten der Polizei mochte so mancher nicht mehr an Zufälle glauben und schenkte der Sache damit mehr Aufmerksamkeit als vielen lieb war. Die öffentlich geäußerten Zweifel nahmen zu, und plötzlich wurde die Geschichte noch verworrener. Praktisch aus der Not heraus wurde das weibliche Phantom zu einer alten Frau, zu einer 71 Jahre alten Packerin eines Betriebes in Bayern, der Wattestächen produzierte. Hergestellt wurden die Stäbchen von einer Firma in Baden-Württemberg, deren Geschäftsführer eindeutig darauf hinwies, dass die Stäbchen laut Gebrauchsanleitung nicht zum DNA-Test geeignet seien. Dennoch wurden sie von den Beamten im Fall Heilbronn und vielen anderen genau dazu benutzt.[298] Zufall?

Nicht wenige Beobachter dieser seltsamen Vorgänge vermuten dahinter noch heute eher eine gelegte Spur, um die Öffentlichkeit bei den Hintergründen des Polizistenmordes von Heilbronn in die Irre zu führen. Reichlich merkwürdig erscheint auch die persönliche Geschichte der angeblichen Packerin, die übrigens nie in der Öffentlichkeit auftrat oder von Medien überprüft und befragt wurde. Praktischerweise soll die Frau eine Oberschlesierin mit schlechten Deutschkenntnissen gewesen sein und seit längerer Zeit nicht mehr in der Firma gearbeitet haben.[299] Was aber ist eine „längere Zeit", und in welchem Betrieb sind 71 Jahre alte Menschen tätig? Und unklar blieb auch, auf welche Weise die Frau die Wattestäbchen verunreinigt haben soll.[300] Im März 2009 wurde der Skandal öffentlich, doch bereits im Januar desselben Jahres soll die Polizei Baden-Württemberg darüber informiert gewesen sein.[301] Brauchte man noch Zeit, um ganz bestimmte andere Spuren zu verfolgen oder wahre Hintergründe zu verschleiern?

Die Masche mit den Wattestäbchen muss durchaus erfolgreich gewesen sein, auch wenn öffentlich von einem unverzeihlichen Fehler, von einer nie dagewesenen Panne geredet wurde. Wie anders könnte man sich ein erneutes Ereignis fast identischer Natur bei der Suche nach Spuren im Brandhaus des NSU erklären? Im Wohnmobil von Mundlos und Böhnhardt wollen Spurensicherer an einem Paar grauer Wollsocken DNA-Anhaftungen von Beate Zschäpe isoliert haben – und eine „Mischspur" eines unbekannten Mannes, der seine DNA auch schon bei einem Autodiebstahl in Berlin hinterließ.[302] Wieder ein Fall von verunreinigtem Besteck? Wieder ein Mensch, dieses Mal ein Mann, im Rentenalter am Fließband einer Verpackungsfirma? So schnell die Nachricht von den Wollsocken auftauchte, so schnell verschwand sie auch wieder aus den Medien.

Auf die Idee, anhand der DNA-Spur eine Altersbestimmung der Spurenlegerin vorzunehmen, ist ebenfalls niemand gekommen. Eine solche Untersuchung ist zwar nicht einfach, wäre aber im Fall Heilbronn durchaus angebracht gewesen. Allerspätestens mit dem Ergebnis eines solchen Altersnachweises hätte sich das Phantom in Luft aufgelöst, weil ja schließlich eine 71 Jahre alte Frau wohl mit an Sicherheit grenzender Wahrscheinlichkeit nicht jene Taten begangen haben konnte, die der „unbekannten weiblichen Person" (Polizeijargon) zugeschrieben worden waren. Zudem, das sei hier nur am Rande erwähnt, ist das Gros der Fälle, an deren Tatorten die ominöse DNA gefunden worden sein soll, bis dato nicht geklärt, insbesondere die beiden Morde an zwei Rentnern nicht. Ihre Mörder laufen noch immer frei herum!

12. Exkurs: Was der Staat uns in Sachen Heilbronn verschweigt

Rückhaltlose Aufklärung zusammen mit der Öffentlichkeit wird oft und gern von den Behörden in den Raum geworfen, um damit innerhalb der Bevölkerung ein gewisses Interesse an der Lösung eines besonders schwierigen Kriminalfalls zu wecken – so auch im Fall Heilbronn. Doch der vielgepriesenen Rückhaltlosigkeit wird in der Realität ganz schnell ein Riegel vorgeschoben, der meistens mit der Phrase „aus ermittlungstaktischen oder kriminaltaktischen Gründen" gerechtfertigt wird. Mit diesem Begriff lässt sich selbstverständlich auch eine gewisse Politik betreiben, die dazu geeignet ist, wahre Täter-Opfer-Verhältnisse geheim zu halten; selbst dann, wenn die Mithilfe der Bevölkerung zur schnellen Lösung des Falls beitragen könnte. So auch – wen wundert's – bei den Ermittlungen zum Polizistenmord vom April 2007.

Im Zuge der polizeilichen und staatsanwaltschaftlichen Recherchen zu Heilbronn haben sich im Laufe der Zeit recht konkrete Hinweise auf mehrere dringend Tatverdächtige ergeben. Dabei soll es sich laut Akten, in die ich persönlich Einblick nehmen konnte, um serbische und russische bzw. kasachische Schwerverbrecher handeln, für die ein Menschenleben rein gar nichts zählt.[303] Menschenhändler, Mörder, Trickdiebe und Schmuggler sollen sich nach Erkenntnissen der Kripo unter dieser Gruppe aufhalten und ihren dunklen Geschäften nachgehen. Bei diesen Machenschaften wurden einige dieser Herrschaften offenbar unbewusst von dem auf der Theresienwiese anwesenden Streifenwagen gestört. Man handelte so, wie es in diesen Kreisen an der Tagesordnung ist: Die Störenfriede wurden ausgeschaltet.

Die Verdächtigen – und genau das scheint ein politisches Problem darzustellen – stammen zum Teil aus dem Milieu der Landfahrer, gehören also den Gruppen der Sinti und Roma an (dazu später mehr). Hier sei im Einzelnen dargestellt, um wen und was es sich dabei dreht.

Wenige Wochen nach dem Mord und Mordversuch meldete sich ein Informant aus der Szene der Landfahrer bei der Staatsanwaltschaft

Heilbronn und gab an zu wissen, wer das Attentat auf der Theresienwiese begangen habe. Das blutige Verbrechen sei demnach von einem Mann mit Spitznamen „Chico" und einer unbekannten Frau ausgeführt worden. Der Informant, ein in der Justizvollzugsanstalt Stuttgart-Stammheim einsitzender Häftling, der ebenfalls den Landfahrern angehört, berichtete davon, die Frau und „Chico" hätten zum Zeitpunkt des Auftauchens des Streifenwagens gestohlenen Schmuck an Schausteller verkaufen wollen, die auf dem Veranstaltungsplatz gerade das Heilbronner Frühlingsfest aufbauten.[(304)]

„Chico" und die Frau hätten sich gestört gefühlt und geschossen. Danach sollen die Täter geflüchtet sein, versehen mit neuen gefälschten Pässen, die ein Mittelsmann in Hanau bei Frankfurt/Main hergestellt habe. Nach polizeilichen Erkenntnissen soll „Chico" mit nicht weniger als fünf Alias-Namen unterwegs sein und engen Kontakt zu einem „König des Rip Deal" besitzen. Bei dieser Verbrechensart handelt es sich um Delikte im Immobilienbereich, mit denen Kaufwillige um eine Anzahlung gebeten werden, die sie dann nie wiedersehen bzw. die sie auf Immobilien leisten, die real überhaupt nicht existieren. Umfangreiche Telefonüberwachungen der Apparate des Verdächtigen, der Tippgeber und dessen Angehöriger führten schließlich zu einem verdichteten Tatverdacht gegen „Chico", der auch in Telefonaten immer wieder darauf angesprochen wurde, doch eine Polizistin in Heilbronn erschossen zu haben. Er selber war allerdings stets der Meinung, mit dieser Anschuldigung hereingelegt worden zu sein, könne sich aber den Grund nicht erklären.

Etwa zehn Tage vor dem Ereignis auf der Theresienwiese sollen „Chico", eine Stuttgarter Prostituierte und eine weitere Frau in Heilbronn gewesen sein, um dort Heroin in Empfang zu nehmen. Der Stoff sollte mit Schmuck bezahlt werden. Die Mordtat selber bestritt „Chico" gegenüber seinen Gesprächspartnern immer wieder. Zurzeit soll der Mann in seiner Heimat Serbien leben. Gegenüber JVA-Bediensteten sprach der Informant davon, mehr über die Tat von Heilbronn zu wissen, dieses aber nicht sagen zu können, weil das zu gefährlich sei. Käme heraus, dass er geredet habe, müssten einige seiner Leute mit dem

Schlimmsten rechnen. In diesem gesamten Zusammenhang gab und gibt es nicht den leisesten Hinweis auf eine etwaige Anwesenheit von Mundlos, Böhnhardt und Zschäpe am oder um den Tatort in Heilbronn. Um es vorwegzunehmen: Auch von den zahlreichen Zeugenaussagen zum Polizistenmord geht nicht eine in Richtung der inzwischen als offiziell geltenden Täter aus den neuen Bundesländern.

Doch mit „Chico" hat sich der interessante Reigen der stark Verdächtigen zum Mord am Neckar noch längst nicht erschöpft. Der Tippgeber aus dem Knast und seine Verwandtschaft unterhielten offenbar auch regen Kontakt zu undurchsichtigen Russen, von denen dann und wann hinter Gittern Grüße ausgerichtet wurden, die beim Empfänger keine Freude hervorriefen. Nicht nur rund um den Tatort wollen unterschiedliche Zeugen zur tatrelevanten Zeit gegen 14 Uhr russisch aussehende Männer mit unauffällig-auffälligem Verhalten gesehen haben. Auch sei ein blutverschmierter Mann kurz nach 14 Uhr in ein wartendes Auto gehechtet, dessen Fahrer *„dawei, dawei"* (schnell, schnell) gerufen habe. Nachdem der Blutige im Auto saß, sei der Wagen mit hoher Geschwindigkeit davongefahren. Beobachtet wurde dieses Ereignis offenbar nicht von irgendwem, sondern von einem V-Mann der Polizei, genannt „V-Person 1749", die noch heute innerhalb Baden-Württembergs und auch in anderen Bundesländern im Drogenbereich aktiv ist.[305]

Dieser Polizei-Zuträger soll am Mordtag nicht allein, aber ohne dienstlichen Auftrag in der Nähe des Tatortes gewesen sein. Zahlreiche weitere Agenten und Spitzel gaben sich sozusagen dort die Türklinke in die Hand. Ein im Anhang dieses Buches veröffentlichtes Phantombild aus dem Komplex Heilbronn ähnelt wohl einem ehemaligen V-Mann des Verfassungsschutzes. Er saß dem Vernehmen nach ganz in der Nähe des Tatortes mit weiteren Männern im Gras. Zudem hatte wohl ein Führungsbeamter des LfV Baden-Württemberg an diesem Tag in Heilbronn ein Treffen mit einem Islamisten. Alles Zufall? Dann wohl auch die Diskussion um die Anwesenheit von FBI-Leuten in der Stadt. Nicht zuletzt die bereits erwähnten US-Boys, die in ihrem Wagen auf der Autobahn geblitzt wurden. Sie sollen zur „Special Forces Group" aus Böblingen, wo auch Kiesewetter und ihr Kollege her waren, gekommen sein.[(306)]

Von Bedeutung scheint hier das Aufgabengebiet der US-Agenten zu sein, das sich auf die Beobachtung (und Führung?) ehemaliger Bosnien-Söldner erstreckt. Ein Angehöriger der rechten Szene aus Ludwigsburg gehörte zu jenen Kämpfern. Ludwigsburg liegt nur knapp 40 km von Heilbronn entfernt.

Polizistin Michele Kiesewetter soll vertraulichen Angaben zufolge mehrere Monate vor ihrem Tod einen Einsatz in einer „Russendisco" gehabt haben, in dessen Verlauf einer der Russen die junge Beamtin ausgefragt haben soll. Bei diesem Einsatz habe sie, so soll sie sich gegenüber einer Freundin geäußert haben, den Lockvogel spielen und Wodka trinken müssen. Ihre Aufgabe habe darin bestanden, ihren Kollegen im entscheidenden Moment von innen die Tür zum Lokal zu öffnen.[(307)] Einem Kollegen, der bei dem Einsatz in Kornwestheim dabei gewesen sein soll, wurden in der Folge sämtliche Radmuttern am Wagen gelöst.

Ausgerechnet einen Namen aus der Familie des in Stammheim inhaftierten Tippgebers der Polizei fanden Ermittler in einem dienstlichen Notizbuch Michele Kiesewetters, das sie bei der Durchsuchung der Opfer-Wohnung sicherstellten. In dem Buch soll der Name mit dem Hinweis „Haftbefehl" vermerkt gewesen sein, den Kiesewetter bei einer Einsatzbesprechung notiert haben soll. Doch der Betroffene gab auf Nachfrage der Polizei an, mit der Beamtin nie in Kontakt gewesen zu sein. Wieso notierte sich die Frau dann den Namen? Handelt es sich hier um unerforschte Zusammenhänge zwischen ihr und der ominösen Familie H.? Selbst wenn Michele Kiesewetter dienstlich mit H. zu tun gehabt hätte, wäre das Notizbuch wenig hilfreich gewesen. Die Eintragung muss aller Wahrscheinlichkeit nach andere Gründe als polizeiliche gehabt haben.[(308)] Merkwürdig erscheint dabei allerdings die Aussage H's., er sei am Tattag gegen 10:30 Uhr auf der Theresienwiese gewesen, um dort eine Schaustellerfamilie zu besuchen.[309] Überdies soll sich nach Angaben von Vertrauenspersonen des Staates ein Zettel mit dem Namen Adolf H. in der Brusttasche von Michele Kiesewetter befunden haben![310] Im Protokoll der Polizei, in dem die Auffindesituation der Leiche Kiesewetters festgehalten ist, werden die beiden geöffneten Brusttaschen explizit erwähnt. In diesem Zusammenhang ist es wichtig zu wissen, dass Polizisten in ihren Hemdentaschen so nützliche Dinge wie Kugelschreiber und Notizbücher tragen. Die Taschen sind gewöhnlich zugeknöpft, weil ein Polizeibeamter stets damit rechnen muss, plötzlich einem Verdächtigen o. Ä. hinterherspurten zu müssen. Bei geöffneten Taschen könnten die Gegenstände verloren gehen. So werden auch Kiesewetter und Arnold gehandelt haben, zumal es an diesem Tag im April heiß war und sie keine Jacken trugen, in denen sie ihre Utensilien aus den Hemdentaschen hätten verstauen können. Darauf aufbauend liegt es nahe zu vermuten, einer der Täter habe die Brusttaschen an Kiesewetters Uniform geöffnet, um den Zettel mit dem Namen zu entnehmen. Das würde auch den blutverschmierten Arm eines der von Zeugen gesehenen Verdächtigen schlüssig erklären.

Erstaunlich, ja geradezu mysteriös mutet in diesem Kontext an, dass es einen Mann mit demselben Namen gibt, der aktiv im Zentralrat der deutschen Sinti und Roma mitarbeitet. Das Zentrum hat seinen Sitz in Heidelberg, nicht weit von Heilbronn entfernt. Noch im August 2012 trafen sich Offizielle des Verbandes, der Holocaust-Überlebende H. und der Thüringer Innenminister zu Gesprächen. Inhalt der Unterredung: Die Vorkommnisse in Heilbronn![311] Bei dem Holocaust-Überlebenden dürfte es sich aller Wahrscheinlichkeit nach um einen nahen Verwandten, eventuell Großvater, des Adolf H. handeln, den Kiesewetter notiert hatte. Dieser wurde im Jahr 1966 geboren. Adolf H., der Ältere, nahm im Jahr 2007 in seiner Funktion als Vorstandsmitglied des Zentralrats auch im Saarland an politischen Gesprächen teil. Eine Pressemitteilung darüber wurde am 25. Mai 2007, genau einen Monat nach dem Attentat von Heilbronn, veröffentlicht.[312]

Michele Kiesewetter soll ihre Vorgesetzten geradezu gedrängt haben, am 24. Mai 2007 Dienst machen zu können, obwohl sie Urlaub hatte und die Teilnehmerliste für den Einsatz „sichere City" in Heilbronn bereits voll war. Da muss es ihr wie ein Geschenk vorgekommen sein, dass sie ein Anruf von der Dienststelle mit der Frage, ob sie nicht arbeiten wolle, erreichte. Der Grund: Ein Kollege hatte sich krankgemeldet, somit war ein Platz auf der Einsatzliste frei geworden. Was war es, das die junge Frau so sehr zur Arbeit zog, eine über längere Zeit geplante Aktion etwa, bei der sie unbedingt mitmachen wollte?[313]

Immerhin ranken sich um den Tag, an dem der Mord geschah, die merkwürdigsten Gerüchte. Dazu zählt die Aussage einer Nachbarin des Vaters von Micheles damals aktuellem Freund, ein weiterer Nachbar habe seinen roten Wagen rund 15 Minuten vor der Tat auf der Theresienwiese geparkt. Warum er das machte, bleibt allerdings unklar. Der Mann wohnt immerhin rund 25 Kilometer vom Tatort entfernt und wird nicht zufällig dort gewesen sein.[314]

Am Tag des Geschehens hatte die Polizeidirektion Heilbronn (zu der Kiesewetter und A. nicht gehörten, weil sie zur Bereitschaftspolizei gehörten und die Kollegen in Heilbronn lediglich unterstützten) in der Zeit von 9:30 Uhr bis 12 Uhr, also immerhin zweieinhalb Stunden lang, einen Vortrag über Islamismus angesetzt, an dem die meisten Beamten teilnahmen – ausgerechnet zu dem Zeitpunkt, zu dem Islamisten in Heilbronn unter den Augen von Geheimagenten angeblich Millionenüberweisungen getätigt haben und anschließend in eine Schießerei mit Kiesewetter und A. verwickelt worden sein sollen. Gut zwei Monate später, am 22. Juni 2007, wurden nach Angaben eines Kollegen von Kiesewetter sämtliche Radmuttern an dessen Wagen gelöst. Auch andere Kollegen hätten diverse Schwierigkeiten gehabt oder Sachbeschädigungen erleiden müssen. Allesamt waren sie mit Michele Kiesewetter in einem Fitnessclub, in dem auch Russen trainierten, die dann und wann durch ihr Verhalten Anlass zur Beschwerde gegeben haben sollen.

Auf einer Autobahn wurde der jungen Polizeibeamtin durch mehrere Männer angedeutet, an den Reifen des von den Unbekannten benutzten Kleinbusses stimme etwas nicht. Hilfsbereit sei die Polizistin dem Fahrzeug der Männer auf einen Parkplatz gefolgt, wo die Fahrzeuginsassen bedrängend auf die Frau zugekommen wären. Wie Michele Kiesewetter sich aus der Situation befreite, ist nicht überliefert. Bei den Angreifern kann es sich um sexuell motivierte, aber auch aus anderen Gründen vorgehende Täter gehandelt haben.

Rätselhafte Besucher aus dem Osten tauchen im Zusammenhang mit dem Fall von Heilbronn überraschend häufig auf. Eine Vertrauensperson (VP) der Polizei berichtete, den Täter zu kennen. Am Tag des Mordes sei angeblich ein Fahrzeug auf dem Veranstaltungsplatz angekommen, das mit zehn Kilo Heroin beladen gewesen sei. Gesteuert worden sei es von einem Mann aus Kirgisien. Der Abholer und der Streifenwagen trafen zufällig gleichzeitig am selben Ort ein, deswegen sei es zu den Schüssen gekommen. Nach den Erkenntnissen vom 4. November 2011, an dem Mundlos und Böhnhardt sich im Wohnmobil angeblich das Leben nahmen, wurde die von der VP genannte Spur durch die Polizei einfach nicht weiter verfolgt. Das konnte bei den in Deutschland herrschenden Befehlsstrukturen der Polizei nur aufgrund einer strikten Weisung „von oben" erfolgt sein.[315]

Ähnlich Bemerkenswertes gibt es über die Tatsache zu berichten, dass ausgerechnet Kiesewetter und A. Opfer der noch unbekannten Mörder geworden sind. Laut offizieller Untersuchungen fuhren die beiden jungen Polizisten zum ersten Mal miteinander Streife, worüber sie sich in den Tagen zuvor per SMS verständigt haben sollen. Das entspricht allerdings in keiner Weise den Gepflogenheiten. Zwar suchen und finden sich Streifenpartner immer wieder aufgrund persönlicher guter Erfahrungen miteinander, weil dieser Umstand das Arbeiten enorm erleichtern kann. Doch das muss im Fall Kiesewetter/A. kategorisch ausgeschlossen werden, da sie ja genau diese Erfahrungen noch nicht miteinander machen konnten. Ergo müssen andere, uns zunächst unbekannte Faktoren eine Rolle gespielt haben. Darüber rätselten auch die den Fall bearbeitenden Ermittler, indem sie sich fragten, ob „gewisse Insiderkenntnisse"[316] seitens der Attentäter vorhanden waren, da diese ansonsten nicht hätten wissen können, wann und wer am 25. April 2007 in dem Streifenwagen auf der Heilbronner Theresienwiese saß. Diese Information konnte nur einem kleinen Personenkreis innerhalb der Polizei bekannt gewesen sein. Dass Kiesewetter und ihr Kollege ausgerechnet zur tatrelevanten Zeit Pause auf dem Veranstaltungsplatz machten, konnte nach offizieller Darstellung niemand wissen.

Doch wer versichert uns denn, dass die Beamten dort nicht eine Verabredung hatten, von der wiederum ihre Vorgesetzten keine Kenntnis haben konnten? Erstaunlich mutet eine These der Kriminalisten an, wonach die Täter nicht unbedingt eine Hinrichtung der Polizisten herbeiführen, sondern diese nur „ausschalten", also kampfunfähig machen wollten, weil nur jeweils ein Kopfschuss auf die Opfer abgefeuert wurde. Um sicherzugehen, hier auch tödlich gehandelt zu haben, wäre mindestens ein zweiter Schuss notwendig gewesen, so die Analytiker.

Noch heute wird der Öffentlichkeit vorgegaukelt, Kiesewetter und ihr Kollege seien am Tag des Attentats nur einmal auf der Theresienwiese gewesen, nämlich zum Zeitpunkt des Überfalls. Tatsächlich aber waren sie bereits gegen 11:30 Uhr dort, verließen den Ort wegen einer Kurzschulung auf dem Polizeirevier Heilbronn und kehrten kurz bevor die Schüsse fielen wieder zum Kirmesplatz zurück. Erwarteten die Beamten dort jemanden?

Fallanalytiker des Landeskriminalamts Baden-Württemberg mit Sitz in Stuttgart haben in einem bemerkenswerten Nebensatz ihres Berichtes festgehalten, dass Mundlos und Böhnhardt der Analyse nach überhaupt nicht die Täter von Heilbronn sein konnten. Dieser Nebensatz wurde weit vor dem Erscheinen des „Nationalsozialistischen Untergrunds" am 4. November 2011 niedergeschrieben und besagt: Es dürfte sich im Fall von Heilbronn um Täter handeln, die in der kriminellen Hierarchie nicht ganz oben stünden, d. h. untere Chargen, Befehlsempfänger sind. Und genau das waren nach Darstellung von Politik, Polizei und willfähriger Medien Uwe Mundlos, Uwe Böhnhardt und Beate

Zschäpe ausgerechnet *nicht*, sondern vielmehr das genaue Gegenteil davon. Der NSU soll ja eine Art „braune RAF" gewesen sein, wobei die Mitglieder solcher Organisationen in der Szene – wie vormals bei der wirklichen RAF – absolute Stars, unantastbare Führer darstellten, die ihrerseits Befehle erteilten und eben nicht entgegennahmen. Das wird auch an den angeblich von Mundlos und Böhnhardt erteilten Aufträgen zur Waffenbeschaffung klar. Nicht sie beschafften Waffen für andere, sondern Helfer beschafften Waffen für das Trio. So jedenfalls lautet die landauf, landab immer wieder gepredigte offizielle Darstellung der Verhältnisse. Oder sollten die Fallanalytiker aus der Schwabenmetropole am Ende recht behalten, und das Trio bestand wirklich nur aus Helfern für andere Täter im Hintergrund, für staatlich gelenkte?

Darüber hinaus hielten die Experten fest, die Täter hätten aller Wahrscheinlichkeit nach aus einer Motivlage heraus gehandelt, die eine Art Wiedergutmachung für erfahrene Unterlegenheit gegenüber der Polizei beinhaltet habe. Doch auch das kann nicht auf das NSU-Trio zutreffen, denn Mundlos und Böhnhardt konnten nach bekannter Darstellung öffentlicher Stellen gegenüber der Polizei stets nur Siege einfahren. Weder wurden sie bei den ihnen zugeschriebenen Überfällen noch in der ihnen unterstellten Mordserie auch nur einmal gefasst, ja, gerieten nicht einmal in die Gefahr einer Festnahme. Die Polizei hatte in all den Jahren und bei sämtlichen Delikten nicht den Hauch einer Chance gegen sie. Somit schließt sich auch dieses von den Fallanalytikern unter Umständen für andere Täter richtigerweise ersonnene Motiv im Fall des Trios von selbst aus.

Wer darüber hinaus bislang der öffentlichen Darstellung anhing, in Heilbronn seien zwei Pistolen der Marken „Tokarev" und „Radom" zum Einsatz gekommen, muss sich angesichts der wirklichen Ermittlungsergebnisse enttäuscht sehen. So sicher wie nach außen hin dargestellt, waren und sind sich die Ermittler bei den verwendeten Waffen nämlich gar nicht, ähnlich übrigens wie bei der angeblichen Tatwaffe „Ceska" in der Mordserie. Intensiven Untersuchungen zufolge könnte es sich bei der Waffe, mit der Kiesewetter ermordet wurde, nämlich um folgende Fabrikate gehandelt haben:

- Radom, Modell VIS35, Kal. 9 mm (polnischer Hersteller)
- Norinco, Modell 213, Kal. 9 mm (chinesischer Hersteller)
- Daewoo, Modell DP 51,9 mm (koreanischer Hersteller)

Ähnliches gilt für die Waffe, aus der auf Kiesewetters Kollegen A. gefeuert wurde. Hier kämen in Frage:

- Tokarev, Modell TT 33, Kal. 7,62 mm (russischer Hersteller)
- Radom, Modell TT 33, Kal. 7,62 mm (polnischer Hersteller)
- Norinco, Modell 54, 7,62 mm (chinesischer Hersteller)
- Crvena Zastava, Modell M75, Kal. 7,62 mm (jugoslawischer Hersteller)[317]

Also entsprechen auch hier die wahren Fakten in keiner Weise dem, was offiziell der Öffentlichkeit übermittelt wurde und noch immer wird. Warum, was soll damit eventuell vertuscht werden? Zu denken gibt auch der Termin des Einsatzes im Rahmen des Konzepts „sichere City", denn eigentlich war der 25. April 2007 dafür gar nicht vorgesehen. Im Vorfeld hatten die Verantwortlichen bei der Heilbronner Polizei den 20. April ausgesucht, Hitlers Geburtstag, dann aber aus unbekannten Gründen für den Einsatz der Bepo (Bereitschaftspolizei) wieder verworfen.

Ein Teil dieser detaillierten Informationen entstammt internen Papieren, in die ich Einblick hatte und die mir teilweise in Kopien vorliegen. Und aus diesen erfahren wir noch mehr...

13. Zur Person Kiesewetters

Michele Kiesewetter, die in Heilbronn unter nicht geklärten Umständen erschossene Polizistin, ist ein Mysterium für sich. Entgegen allen Gewohnheiten junger, moderner Menschen, sich in der Öffentlichkeit des Internets zu präsentieren, hat sich Kiesewetter im Netz oder anderswo nicht sichtbar betätigt. Der interessierte Deutsche erfährt über das Opfer von der Theresienwiese aus Primärquellen rein gar nichts. Lediglich wenig tiefreichende Zeitungsartikel und aussagearme Pressemitteilung der Behörden stellen die Palette an Informationen über Kiesewetter dar. Eine 22 Jahre alte Frau im Jahre 2007 ist normalerweise bei Facebook, tauscht sich in Internetforen über Hobbies u. Ä. aus, nicht so bei Michele Kiesewetter. Sie ist und bleibt ein Phantom, wie es in Sachen NSU so viele gibt.

Fest steht: Kiesewetter stammte aus Oberweißbach in Thüringen, wo auch ihre Familie lebt und verwurzelt ist. 2003 trat die junge Frau ihren Dienst bei der Bereitschaftspolizei in Baden-Württemberg an und kam in die Wildermuth-Kaserne Böblingen. Thomas Mürder, Chef der Bereitschaftspolizei, äußerte über Kiesewetter einmal, sie stamme aus einem anderen Bundesland und sei innerhalb von eineinhalb Jahren immer wieder bei der Bereitschaftspolizei eingesetzt worden.[318] Eine zunächst harmlos klingende Aussage, die zu keiner weiteren Erkenntnis führt. Doch beim zweiten Hinsehen tauchen Fragen auf. Etwa jene, ob Kiesewetter normalerweise in einer völlig anderen Einheit – womöglich einen heimlichen – Dienst tat und nur dann und wann normalen Streifendienst versah. Dafür spricht, dass sie nicht ständig bei der Bereitschaftspolizei ihren Dienst versah. Wenn Michele Kiesewetter 2003 zur Bereitschaftspolizei nach Baden-Württemberg ging, wie kann der Leiter dieser Abteilung dann im Jahr 2007 behaupten, die Frau sei seit 1,5 Jahren dort eingesetzt worden?

Was hat Michele Kiesewetter in den verbleibenden zweieinhalb Jahren bei der Polizei gemacht, was waren dort ihre wahren Aufgaben? Fest steht auch, dass der Familienname der Polizistin im Zusammenhang mit hauptamtlichen Mitarbeitern der Stasi genannt wird. In einer internen Auflistung des Ministeriums für Staatssicherheit der ehemaligen DDR sind insgesamt acht Personen mit dem Nachnamen Kiesewetter als gut bezahlte Stasi-Mitarbeiter (keine „Inoffiziellen Mitarbeiter – IM", sondern tatsächliche Beamte) aufgeführt. Das Gros dieser Personen, bei denen es sich um sechs Männer und zwei Frauen handelt, lebt im Raum Sachsen/Thüringen.[319] Zudem ist ein Onkel der Getöteten selber Kriminalbeamter in Saalfeld und war vor einigen Jahren beim Staatsschutz beschäftigt.[320]

Ermitteln im Namen des Staates scheint bei den Namenträgern Kiesewetter also besonders beliebt zu sein. Aussagen des BKA-Präsidenten Jörg Ziercke, Michele Kiesewetter habe bereits in ihrer Jugend Kontakte zu Rechtsradikalen gehabt, wurden von der Familie kategorisch bestritten.[321] Fühlte sich der Onkel Kiesewetters, der wenige Tage nach dem Mord an seiner Nichte die Täter im rechten Milieu vermutete, bei seiner Aussage an zweifelhafte Freunde von Michele Kiesewetter erinnert? Immerhin pflegte die junge Frau Umgang mit einer Freundin, die ebenfalls Polizistin ist und Kontakte zu Rechtsradikalen zugegeben hat. Noch im Jahr 2003, Kiesewetter hatte gerade bei der Polizei angefangen, machten die jungen Frauen gemeinsam Urlaub in Ungarn. Kennengelernt hatten sie sich bei der Oma des damaligen Lebensgefährten der Kiesewetter-Freundin, der ebenfalls Polizeibeamter ist, nämlich besagter Onkel Mike oder Maik W.. Nachdem sich die Thüringer Beamtin von ihrem Freund getrennt hatte, heiratete sie den Inhaber einer Sicherheitsfirma, in deren Reihen Rechtsradikale beschäftigt gewesen sein sollen. Mit dabei: Ein Freund des mutmaßlichen NSU-Helfers Andre K.. Dieser Freund wiederum hatte Kontakte zu einem Cousin von Michele Kiesewetter.[322] Sie und die Polizistin wollen sich zuletzt Weihnachten 2006 gesehen haben.

Darüber hinaus hatte Michele Kiesewetter einen ungewöhnlich großen Freundes- und Bekanntenkreis, der zu einem wesentlichen Teil aus Kolleginnen und Kollegen bestand. Immer wieder soll es zu Bettgeschichten und Kurzbeziehungen der Beamtin gekommen sein, worin

Ermittler zu Beginn auch ein mögliches Mordmotiv sahen, wobei sie diese These kurze Zeit später aber wieder fallen ließen. Im Zuge der Ermittlungen und Durchsuchungen der Wohnung Kiesewetters, die sie unweit ihrer Böblinger Dienstelle mit einer Kollegin teilte, händigte eben diese Kollegin den Fahndern einen Zettel mit einer Mobilnummer aus, die sich später als Telefonnummer von Martin A. herausstellte. Das Ungewöhnliche daran: Michele Kiesewetter hatte die Nummer zuhause in einem Schuh aufbewahrt!

Das Zweifamilienhaus, in dem Kiesewetter lebte, schien mit Bedacht als Privatdomizil gewählt worden zu sein. Am Ende einer kleinen Sackgasse, in direkter Nähe zur S-Bahn-Station, schön übersichtlich und ruhig gelegen, mit ausgeprägter Sozialkontrolle. Hatten die junge Polizistin und ihre Kollegin etwa allen Grund, einen solchen Standort zu suchen, der ihnen die Möglichkeit bot, die Szene auf der Straße genauestens im Blick zu behalten? Musste Michele Kiesewetter bereits weit vor ihrem Tod schon das Schlimmste befürchten?

Michele Kiesewetter und ihr Kollege Martin A. machten in der Beweis- und Festnahme-Einheit (BFE) 523 Dienst, einer Spezialeinheit der Polizei, die u. a. auf gewaltsame Auseinandersetzungen spezialisiert ist, zum Teil verdeckt arbeitet und dann und wann sogar im Ausland tätig ist. Zu dieser Einheit gehörten laut diverser Medienberichte mehrere Beamte, die in einem Ableger des rechtsradikalen und pseudo-religiösen amerikanischen „Ku-Klux-Klan" organisiert gewesen sein sollen,[323] darunter einer der Vorgesetzen der beiden jungen Beamten. Der Mann ist in der baden-württembergischen Demonstranten-Szene als „Prügelglatze" bekannt und soll auch in die verheerenden Auseinandersetzungen zwischen Polizei und Protestlern verwickelt gewesen sein, die sich im Stuttgarter Schlossgarten anläßlich einer Demonstration gegen das Bahn-Projekt „Stuttgart 21" am 30. September 2010 ereigneten.

14. Zur Person Martin A.

Martin A., Kollege von Michele Kiesewetter und bereits zuvor erwähnt, scheint bei den Ereignissen von Heilbronn zunächst eine untergeordnete Rolle zu spielen. Doch der Schein trügt offenbar. Der junge Beamte, der nach seiner Behandlung im Krankenhaus wieder in den Polizeidienst eintrat und zunächst in der Böblinger Wildermuth-Kaserne Bürodienst versah, hat einen Stiefvater, der über Jahre hinweg Referatsleiter (also Führungsbeamter) im Kölner Bundesamt für Verfassungsschutz war.[324] Kiesewetters Patenonkel, so wissen wir, ist Kripobeamter beim Staatsschutz in Saalfeld/Thüringen.[325]

Nun geistert eine These nicht nur durchs Internet, wonach Martin A. Kenntnis von denjenigen Kollegen bei der Bereitschaftspolizei erhalten haben soll, die im rechtsradikalen Ku Klux Klan (KKK) organisiert waren.[326] Darüber soll er seiner Kollegin Kiesewetter und seinem Stiefvater vom BfV berichtet haben. Kiesewetter informierte ihren Patenonkel, und die beiden Streifenbeamten – immerhin in der Beweissicherungs- und Festnahmeeinheit der Polizei – ermittelten auf eigene Faust. Das wiederum stieß in den Reihen der Kollegen auf Unmut, was auch der Vorgesetzte von Kiesewetter und A. erfuhr, der eines der KKK-Mitglieder gewesen sein soll.[327] Schließlich habe man Kiesewetter vorzeitig aus dem Urlaub zurückbeordert. Auf der Theresienwiese hätten dann Kollegen von A. und der jungen Frau auf die beiden geschossen.

Soweit die These, die auch im Internet vertreten wird. Ob nun etwas daran ist oder nicht, kann erst einmal dahingestellt bleiben. Fest steht jedenfalls, dass sich um Martin A. eine Reihe von Gerüchten ranken. So soll die Kundin eines Friseursalons, der einer Frau aus der rechtsradikalen Szene Baden-Württembergs gehört, in ihrer Eigenschaft als Krankenschwester auf den schwerverletzten A. angesetzt worden sein. Angeblich habe man diese Krankenschwester dazu bringen wollen, dem Polizisten ein flüssiges Schmerzmittel einzuflößen, was diese allerdings abgelehnt habe. Wurde Martin A. deswegen Hals über Kopf von der Intensivstation in Ludwigsburg in eine unbekannte Klinik gebracht? Besagte Krankenschwester soll seit Mai 2012 verschwunden sein. Wie gesagt, das alles sind nur Gerüchte...

Dazu zählt auch ein Michael N., der 2007 noch in Diensten der Polizei Heilbronn stand und jetzt in Hannover arbeitet. Er tat sich mit kryptischen Mitteilungen im elektronischen Kondolenzbuch für Michele Kiesewetter hervor und gab an zu wissen, dass Polizeibeamte in Heilbronn die Finger am Abzug gehabt hätten. Hier seine Äußerung im Wortlaut:

„Wiedermal bin ich hier auf deiner Seite. Wiedermal erinnere ich mich ganz genau an diesen Tag, ich sehe Heilbronn heute noch jeden Tag in einem Chaos... es ist mir völlig unbegreiflich, wie ein Mensch solch eine Kälte und Brutalität haben kann, jedoch scheint es sie ja zu geben. Ich habe seit Beginn der Ermittlungen meine ganz eigene Theorie, was da passiert ist, wer zum Täterkreis gehören könnte und vor allem, warum dies passierte... doch vermutlich würde man mich für völlig bescheuert halten... oder es könnte eine Gefahr für die entstehen, die diesen Ermittlungsschritt gehen würden... vielleicht, wer diesen Fall näher verfolgt hat, kann sich jemand denken, was ich hier damit meine... doch es ist einfach unmöglich, dass bei hellichtem Tag niemand was gesehen hat... theoretisch... es sei denn, jemand hat was gesehen, das ihm so garnicht auffällig erschien, weil es eben völlig normal an einem Streifenwagen ist und man dem keine Bedeutung zu misst. Jetzt habe ich mich schon zu weit raus gelehnt... Ich wünsche noch nach so vielen Jahren, dass die Angehörigen und Freunde diesen schweren Schlag verkraften können... sie mögen sich damit versuchen zu trösten, dass ihre Tochter eine gute, nette, freundliche und vor allem sehr kompetente Polizeibeamtin war. Gott möge mit ihnen sein, Gott möge aber auch einen Fingerzeig auf die Täter geben, damit diese endlich gefasst werden können.

Die Täter werden gefasst, das weiß ich, ob früher oder später, jeder macht mal einen Fehler, und immer nur dann, wenn man sich ZU SICHER fühlt.

Der Tag wird kommen... und auch der Tag wird kommen, an dem wir uns alle vor Gott, unserm Herrn, verantworten müssen, für dies, was wir im Leben taten. «[328]

Soweit die Worte von Michael N., der offenbar ein enger Kollege von Kiesewetter und A. war. Und noch ein Eintrag fällt auf dieser Seite auf. Unterschrieben mit „Soldat Harald Roth, Hammelburg" postet hier ein Unbekannter:

„*Vielleicht warst Du auf Einsatz beim OpenAir 2004 in Hassleben. (Sorry, BKA: Meine Brüder sind tot – ich kenne keine Jahreszahlen mehr!) Der graue VW-Bus DoKa – waren da die Uwe-Ärsche drin? Ich frag Dich, denn keiner glaubt an Beziehungstat!"*

Eine reichlich wirre Einlassung, die allerdings hinsichtlich der Bezüge zum VW-Bus und zum Open-Air-Festival zu denken gibt. Wahrscheinlich gab es aus Sicht des Soldaten einen Zwischenfall, an dem die Passagiere (wohl zwei Männer) eines VW-Busses beteiligt waren und von ihm noch heute für Mundlos und Böhnhardt gehalten werden. Geradezu mysteriös erscheint der Hinweis zum BKA und der, seine Brüder seien tot.

Zurück zu Martin A., der in manchen Kreisen ohne Beweis „V-Mann des Verfassungsschutzes" genannt wird. Eine Annahme, die schon deswegen unzutreffend ist, weil ein Polizeibeamter bei Erlangung bestimmter Kenntnisse die Pflicht hat, diese seiner Dienststelle zu melden, was ganz besonders einen Beamten herausfordert, der gerade erst die Ausbildung beendet hat und noch voller Tatendrang streng nach Vorschriften handelt. Da erübrigt sich eine Verpflichtung als V-Mann, der zudem immer aus der Szene selber, nie aber aus staatlichen Behörden stammt. Dennoch scheint Martin A. nicht frei von merkwürdigen Umständen zu sein. Der gebürtige Bremer befand sich trotz seiner schweren Kopfverletzungen bereits im August 2007 wieder im Dienst und begann später ein Studium an der Fachhochschule der Polizei in Villingen-Schwenningen, das er inzwischen abgeschlossen haben soll.

Während der Öffentlichkeit immer wieder vermittelt wurde, Martin A. könne sich an den Tathergang auf der Theresienwiese nicht erinnern, liefen intern ganz andere Programme ab.

Der verletzte Beamte wurde immer wieder vernommen — unter anderem unter Hypnose — und war schließlich in der Lage, Angaben zu machen, aus denen ein Phantombild erstellt wurde, das allerdings bis heute nicht den offiziellen Weg an die Öffentlichkeit fand, weil es nicht die geringste Ähnlichkeit mit Mundlos und Böhnhardt aufweist. Vielmehr ist dort ein dunkelhaariger Mann Mitte 30 zu sehen (siehe Abb. 2), dessen Beschreibung auf einen in der Lichtbildkartei der Kripo existenten Verdächtigen passt. Dieses Bild wurde von Martin A. unter mehreren hundert anderen im März 2011 herausgesucht. Auch konnte er sich unter Hypnose an Teile des Geschehens genauer erinnern — so unter anderem daran, dass zwei Personen von hinten auf den Streifenwagen zugekommen seien, was Arnold im Rückspiegel beobachtet haben will. Dann weiß er lediglich noch von seinem Sturz aus dem Auto und dass er sich selber auf dem Boden liegen sah.

Und auch hier wieder das schon gewohnte Bild: Die Behörden verschweigen gegenüber der Öffentlichkeit wesentliche Tatsachen, erwarten allerdings bei der Fahndung nach den Tätern die Mithilfe der Bevölkerung. Ganz offensichtlich handelt es sich hierbei um eine bewusste Irreführung, zu wessen Gunsten auch immer.

15. NSA und NSU

Empörung, Erstaunen, Ungläubigkeit und Kopfschütteln. So reagierte das offizielle politische Berlin im Sommer 2013 auf die Nachricht, der US-amerikanische Geheimdienst NSA (National Security Agency) speichere aus Deutschland stammende Kommunikationsdaten in Milliardenhöhe und werte diese für seine, also amerikanische Zwecke und Interessen aus. Genau das machen die Amerikaner übrigens seit Mitte der 1940-er Jahre. Besonders aktiv, auch in Deutschland, waren sie zum Zeitpunkt des Kalten Krieges von den „Patch Barracks" in Stuttgart aus. Lautes Bekennen zu Souveränität, Freundschaft und anderen in der Politik völlig belanglosen Dingen waren im Sommer 2013 in der Bundesrepublik die Folge. Ausgelöst hatte den Skandal übrigens ein Edward Snowden, Ex-Mitarbeiter eben jenes Dienstes aus den USA. Die Massivität und der Druck der Empörung ließen aber auch genauso schnell wieder nach, wie die ganze Sache in die Öffentlichkeit gelangt war. Wahrscheinlich wohlbegründet. Noch vor Mitte Juli 2013 reiste Bundesinnenminister Friedrich nach dem Motto *„denen werde ich's zeigen!"* nach Washington, um dort mit der Faust auf den Tisch zu hauen. So jedenfalls hörten sich seine Vorankündigungen an. Doch noch in den USA bekannte er sich plötzlich öffentlich zum Tun der NSA, betonte, alles sei legal und nur böse Terroristen seien ins Fadenkreuz des Dienstes geraten. Fast 50 Attentate seien damit verhindert worden. Also, alles ist in bester Ordnung.

Höchstwahrscheinlich ist noch etwas ganz anderes als Terroranschläge verhindert worden, nämlich die Preisgabe des Wissens der USA zum Thema NSU. Wenn die NSA – und das macht sie nachweislich – die gesamte Kommunikation der deutschen Sicherheitsbehörden mitschneidet, kennt sie auch den elektronischen (und nicht nur den) Informationsfluss zum Thema NSU und besonders zum Fall von Heilbronn. Und dazu zählt nicht nur das plumpe Abhören des Polizeifunks, sondern auch das Anzapfen von Computern und anderen Datenspeichern und -leitungen. Dabei interessiert die Lauscher aus Stuttgart besonders das, was im Verborgenen bleiben soll, etwa die wirklichen Täterbeschreibungen, die wahren Zusammenhänge zwischen Islamisten, NSU und dem Tod von Michele Kiesewetter, die Herkunft der Ceska 83 und vieles, vieles mehr.

Bleiben wir in diesem Kontext mal ganz schlicht und einfach und stellen uns die Konsequenzen vor, kämen diese Dinge an die Öffentlichkeit. Und das würden sie, wenn die USA sich danach richten würden, was das politische Berlin lauthals gefordert hatte: Herausgabe dessen, was durch die „Freunde" abgesogen wurde und noch immer wird.

Hintergrund des Sinneswandels der Deutschen könnte auch die Tatsache sein, dass ein Herr Gauck, seines Zeichens heute Bundespräsident und beim Hören der US-Hymne jedes Mal einem Weinkrampf nahe, einst kräftig mitgeholfen haben soll, das Stasi-Unterlagen-Gesetz zu unterlaufen – zu einer Zeit, zu der er in Berlin noch Chef eben jener Behörde war. Das Ganze muss sich 1999 ereignet haben, so jedenfalls der SPIEGEL.[329] Bei Nacht und Nebel seien plötzlich bewaffnete Grenzschützer vor der Gauck-Behörde aufgetaucht und hätten ein über 13.000 Seiten starkes Aktenbündel mitgenommen. Das ging auf direktem Wege in die USA, wo es noch heute im Tresor schlummert. Der Inhalt der brisanten Papiere: Unterlagen der Stasi darüber, dass die NSA die deutsche Bundesregierung weit vor der Wende nach Strich und Faden ausgeforscht hat. Die Schlapphüte aus Ostberlin waren in der Lage, einen Agenten bei der deutschen Abteilung der NSA in Stuttgart zu postieren, der regelmäßig den heißen Infostoff direkt in die Hände von Stasi-Minister Mielke lieferte. Von dort gingen die Papiere (nachdem sie kopiert worden waren) weiter nach Moskau.[330] Der Mann mit dem Decknamen „Paul" galt als Spitzenquelle, die in Ostberlin immer wieder für Begeisterungsstürme sorgte. Ob er mit Nachnamen „Panther" gerufen wurde, soll hier nur ein Gedankenspiel am Rande bleiben.

Nach der Wende ging das Material zunächst in die Bestände der Gauck-Behörde über und lag dort eine ganze Weile lang. Unter Umgehung der gesetzlichen Vorschriften soll es schließlich in die USA gekommen sein. Verantwortlich in der Behörde damals: Joachim Gauck. „Paul", im wahren Leben James Háll, brachte die Papiere für die DDR stets in einer Plastiktüte in seine Frankfurter Wohnung, wo sie kopiert wurden. Anschließend ging das Material wieder zurück in die deutsche NSA-Zentrale.

Einen Verräter in den Reihen der NSA gab es schon lange vor Edward Snowden. Er hieß William Binney und hatte bei der NSA ein Programm zum Abhören bestimmter Personenkreise wie Terroristen geschaffen. Dieses Programm war derart gestaltet, dass komplizierte Verschlüsselungen lediglich das Abhören eben dieser Personen zuließen. Die Regierung unter George W. Bush hob diese elektronischen Barrieren auf, so dass nun der gesamte Datenverkehr der Welt abgeschöpft werden konnte. Obama, so der Kritiker aus den Reihen der NSA, habe das nicht rückgängig gemacht, sondern profitiere nach wie vor genauso davon wie George W. Bush auch.

Demnach dürften die USA nicht nur über die deutsche Kommunikation im Rahmen der Mordserie und des Polizistenmordes von Heilbronn, sondern auch über die Art der Führung von V-Leuten durch MAD und Verfassungsschutz vollständig im Bilde sein. Gesetzt den Fall, beim NSU und seinen drei wichtigsten Mitgliedern handelte es sich um eine staatliche „Einrichtung", hat die NSA auch Kenntnisse darüber, was, wie und wo trio-intern gesprochen und was beschlossen wurde. Dazu zählen natürlich auch Anleitungen und Hilfestellungen durch deutsche Geheimdienste. Zu denen zählt auch der „Militärische Abschirmdienst" (MAD) mit Hauptsitz in Köln, also praktisch in direkter Nachbarschaft zum Bundesamt für Verfassungsschutz. Untergebracht in einer Kaserne, werden von hier aus auch die rund 1.300 Mitarbeiter in den 14 Außenstellen angewiesen und geführt. Der militärische Geheimdienst der Bundeswehr verfügt über Filialen in Kiel, Hannover, Wilhelmshaven, Düsseldorf, Münster, Koblenz, Stuttgart, München, Amberg, Leipzig, Geltow und Rostock.[331] Aus den Reihen dieser Dienststellen verfügen die Amerikaner von der NSA sicherlich auch über Erkenntnisse, die sich im Zusammenhang mit dem Anwerbungsversuch des MAD bei Uwe Mundlos im Jahr 1995 ergeben haben. Damals leistete der junge Mann seinen Wehrdienst ab und fiel offiziellen Angaben zufolge durch das Singen rechter Lieder und kitschige Visitenkarten mit Hitler-Konterfei auf. In einer Vernehmung durch den MAD, in der ihm Kooperation angeboten wurde, lehnte Mundlos dieses Ansinnen angeblich ab.[332] Doch nichts spricht dagegen, dass er in Wirklichkeit nicht doch angenommen haben könnte und so zum V-Mann unterschiedlicher deutscher Geheimdienste wurde, er nach seiner Wehrdienstzeit in den rechten Kreisen seiner Heimat spionierte oder auch im Umfeld seiner Bundeswehr-Kameraden. Das war aus Sicht des Geheimdienstes besonders Mitte der 1990-er Jahre nötig, denn zu dieser Zeit kämpfte die Bundeswehr auch in der öffentlichen Wahrnehmung mit dem starken Problem des Rechtsextremismus in den eigenen Reihen. Wehrpflichtige, aber auch Berufssoldaten fielen häufig durch ihre Gesinnung auf. Stark verbreitet war diese Haltung in Kasernen in Norddeutschland (allen voran in Bremen). Selbst ein in Afghanistan eingesetzter Offizier der Bundeswehr soll noch im Jahr 2012 dort aktiv gewesen sein. Um seinen Fall soll sich der MAD ebenfalls gekümmert haben.[333]

Doch in den 1990-er Jahren war der Militärische Abschirmdienst in solche Ermittlungen weit stärker eingebunden. Unter anderen gab es folgende Fälle zu bearbeiten:

- September 1992: Angetrunkene Soldaten der 7. Division grölen vor Asylbewerberheimen in Cottbus rechte Parolen;

- 9. November 1992: Drei Offiziere der Bundeswehr und ein Anwärter vom Marinegeschwader in Kiel werfen Übungshandgranaten auf das Gelände eines Asylantenheims;

- 9. Mai 1992: Rund 60 Skinheads überfallen in Magdeburg die Feier einer Punker-Gruppe, wobei einer der Punker ums Leben kommt. Zur Gruppe der Täter zählt ein Unteroffiziersanwärter der Bundeswehr;

- November 1992: Zwei Zeitsoldaten aus Wildflecken werden als Mittäter von Anschlägen auf Asylbewerberheimen ermittelt;

- 1993 durchsucht die Polizei in Nordrhein-Westfalen, Niedersachen und Sachsen-Anhalt Wohnungen und Unterkünfte von Bundeswehrsoldaten. Gefunden wird Beweismaterial für die Existenz einer rechtsterroristischen Vereinigung!

- April 1994: Es wird bekannt, dass der Landesvorsitzende des Bremer „Reservistenverbandes der Bundeswehr" rechtsradikal ist. Reinhard W. ist gleichzeitig Lehrer an der Fachschule der Bundeswehr;

- Juni 1994: In Brandenburg wird die rechtsextreme Wehrsportgruppe „Dragon" zerschlagen. Chef ist der 33-jährige Unteroffizier der Bundeswehr, Hans-Dieter K..[334] Die Gruppe soll im Kern aus fünf Personen bestanden haben und wurde schnell als der immer wieder bei solchen Gelegenheiten herangezogene „Einzelfall" tituliert. K. soll als Feldwebel der „Nationalen Volksarmee" (NVA) der ehemaligen DDR von der Bundeswehr übernommen worden sein und machte Dienst in Parsewalk/Vorpommern.[335]

Angesichts der Aktivitäten der NSA muss immer wieder betont werden, dass diese Vorgänge, mit denen der MAD befasst ist, auch in den Regierungskreisen der USA bekannt sind und ohne weiteres als politisches Druckmittel benutzt werden könnten. Dazu zählt auch der peinliche und sicherheitsrelevante Fall eines österreichischen Offiziers des dortigen Heeresnachrichtendienstes, praktisch dem Pendant zum MAD in Wien. Gernot A., auch stellvertretender Leiter der Landesverteidigungsakademie in Österreich, führte ein geheimes Doppelleben. Hinter der Fassade des biederen Konservativen vergnügten sich Gernot A. und seine Frau bei bisexuellen Ausschweifungen auf heimlichen Treffen. Zu ihren bevorzugten Partnern zählten auch der Militärattache der russischen Botschaft zu Wien und dessen Gattin. Mit dem Militär unterhielt A. auch undurchsichtige Kontakte zur Bundeswehrführungsakademie in Hamburg – und schon wurde aus dem Fall in Wien die Geheimsache „Dürer", in der auch hinter den Kulissen der MAD ermittelte und noch immer tätig ist. Im Sommer des Jahres 2007 soll Gernot A. dann plötzlich in Deutschland verstorben sein. Während halboffizielle Quellen davon berichten, er sei während eines Besuchs bei Verwandten in München einem Herzleiden erlegen, existiert eine weitere Version, wonach der Österreicher in der Nähe von München erschossen auf einem Autobahnparkplatz gefunden worden sein soll. Nachfragen meinerseits bei den verschiedenen deutschen Geheimdiensten erbrachten dahingehend – wie erwartet – keine Aufklärung.[336] Auch hier ist der MAD aktiv, und die NSA weiß Bescheid. Aber nicht nur dieser amerikanische Geheimdienst ist vollständig durch deutsche Dienste informiert, sondern noch acht weitere. Das zumindest behauptet die „Süddeutsche Zeitung", wenn sie schreibt:

„Den vorliegenden Unterlagen zufolge unterhält der deutsche Inlandsgeheimdienst auch eine ‚enge und vertrauensvolle Zusammenarbeit' mit acht weiteren US-Diensten, etwa der Central Intelligence Agency (CIA) und einer bislang weithin unbekannten Abteilung 15 der US Army Counterintelligence. Laut eines Jobangebots führt dieser Dienst ‚offensive Gegenspionage auf der ganzen Welt' durch, ausgeschriebener Einsatzort war Stuttgart."[337]

Bei dem Wort „Stuttgart" erinnern wir uns an die mögliche Verwicklung eines US-Dienstes in den Fall von Heilbronn.

Bezüglich des NSU soll eine Quelle des deutschen Militärgeheimdienstes MAD bereits im Jahr 1999 am Rande einer Feier das angebliche Mörder-Trio für tot erklärt haben. Ihre Leichen seien auf der griechischen Ferieninsel Kreta gefunden worden, hieß es – eine ähnlich verwirrende Lage wie bei dem österreichischen Offizier. Die Quelle, die dem MAD darüber berichtete, war selber tief in rechte Kreise verstrickt und lieferte regelmäßig Informationen. Die Behauptung über den Tod der drei soll demnach ein Beamter des Landeskriminalamtes Thüringen aufgestellt haben.[338] Darin steckt eine echte Sensation. Sollte stimmen, was der Beamte gesagt haben soll, konnte das NSU-Trio nicht aus

Böhnhardt, Mundlos und Zschäpe bestanden haben, da die Männer zweifellos länger als bis 1999 lebten und Beate Zschäpe noch immer unter den Lebenden weilt. Dabei drängt sich die Frage auf, ob die uns als Serienkiller bekannten Figuren lediglich NSU „spielten", also eine Gruppe weiterführten, die in Wirklichkeit schon lange nicht mehr existierte? Und: Geschah diese mögliche Weiterführung der Gruppe auf Anweisung staatlicher Stellen?

Somit wären alle drei Beteiligten von Geheimdiensten eingesetzte Personen, um eventuell die rechte Szene Deutschlands an sich zu binden. Auch darüber – sollte diese These sich bewahrheiten – wird der US-Dienst NSA im Detail im Bilde sein und mit diesem Wissen gehörigen Druck auf die in Deutschland Verantwortlichen ausüben können. Da wundert es auch niemanden, dass die Vorwürfe, Behörden hätten das NSU-Trio über Jahre hinweg gedeckt, vehement zunehmen. Sogar Angehörige des LKA Thüringen äußern inzwischen diesen Verdacht – so geschehen vor den diversen Untersuchungsausschüssen von Bund und Ländern zum Thema.[339] Infolgedessen kam ans Tageslicht, wie sich Verfassungsschutz und Landeskriminalamt in Erfurt und Umgebung gegenseitig auf die Füße traten, wobei der VS offenbar die Nase meistens vorn hatte. So mussten nach Aussagen von leitenden Kriminalbeamten in den 1990-er Jahren alle Aktionen des LKA Thüringen im rechten Bereich vorab dem Verfassungsschutz gemeldet werden. Die letztlich erfolglose Suche führte das LKA dann auch auf eine staatliche Unterstützung des NSU zurück.[340]

Da passt auch das Zurückhalten wichtiger Fahndungsdaten durch die Schlapphüte ins Bild, welche die Leute vom Landeskriminalamt sozusagen ins Leere laufen ließen. Nach Schilderungen von LKA-Mitarbeitern hob eine unbekannte Person im Februar 1998 von Böhnhardts Sparkassenkonto 1.800 D-Mark ab und wurde dabei – wie übrigens alle Bankkunden am Geldautomat – fotografiert. Das Foto wurde von der Sparkasse der Polizei zur Verfügung gestellt. Diese leitete es zwecks Auswertung an den Verfassungsschutz weiter, wo das Bild auf unerklärliche Weise bis zum heutigen Tage verschwand. Und über allem thronte offenbar die NSA mit ihren unvorstellbar intensiven Abhöreinrichtungen. Das US-Justizministerium soll im Zusammenhang mit dem „Nationalsozialistischen Untergrund" deutschen Behörden eine ganze DVD mit Daten angeboten haben, die sich wesentlich auf den im Münchener Prozess als Terrorhelfer angeklagten Ralph W. beziehen sollen. Diese DVD wurde vom Untersuchungsausschuss des Deutschen Bundestages zur Auswertung nachträglich angefordert.[341]

Diese Datensammlung gilt mithin als Beweis dafür, dass die NSA stets und ständig über die Vorgänge rund um den NSU vollständig im Bilde war und noch immer ist.

Doch nicht nur die USA, auch die Geheimdienste anderer Länder hatten ein Interesse daran zu erfahren, was sich in der Bundesrepublik auf dem Sektor des Rechtsradikalismus tut und tat. Allen voran stand in dieser Angelegenheit zu Zeiten der DDR das „Ministerium für Staatssicherheit" (MfS) in Ostberlin. Aus Akten der Stasi-Unterlagenbehörde geht hervor, wie intensiv die Schlapphüte nicht nur in die rechte Szene der DDR (die es auch gab), sondern auch in die der alten Bundesrepublik eingedrungen waren. *Inoffizielle Mitarbeiter*, „IM" genannt, sorgten für einen Strom von Informationen aus dem sogenannten Operationsgebiet BRD. Zu diesen Mitarbeitern gehörte auch der Vater des bereits erwähnten Arnulf Priem. Horst Priem, seines Zeichens Ingenieur mit Kundenkontakt im Ausland und in der DDR wohnend, hatte sich selber der Stasi angeboten und war sofort genommen worden.[342]

Schon im Sommer 1978 traf Horst Priem sich mit seiner Schwiegertochter, die mit Arnulf damals im Westteil Berlins lebte, jenseits der Mauer. Unter dem Vorwand der Pflege des verwandtschaftlichen Verhältnisses horchte Priem die Frau über Personen und Aktivitäten der rechten Szene der Bundesrepublik aus – mit Erfolg. Treffpunkt war stets der Grenzübergang Bahnhof Friedrichstraße. Von dort überquerte man die Fahrbahn und ging ins Restaurant des Internationalen Handelszentrums der DDR, jenem schwarz-weißen Hochhaus, das noch heute an der Friedrichstraße steht, etwa sechzig Meter vom Bahnhof entfernt. Weitere Gespräche zwischen Priem und Schwiegertochter fanden in der Weinstube des Hotels „Berolina" an der Marx-Engels-

Allee in direkter Nachbarschaft zum DDR-Kult-Cafe „Mokka-Milch-Bar" statt. Über den Inhalt dieser Zusammenkünfte wollte der DDR-Geheimdienst sich einen Überblick verschaffen und ausloten, wo er in der rechten Szene der Bundesrepublik ansetzen konnte. Das führte zu einer Annäherung zwischen rechten Fußballfans des Westberliner Vereins Hertha BSC und dem Ostberliner Club FC Union Berlin. Häufig kamen Hooligans aus dem Westteil der Stadt in den Osten, um sich dort mit Gleichgesinnten aus Marzahn oder Hellersdorf zu treffen. Ein mit dem Decknamen „Thomas Rammer" versehener Ostberliner galt bis zum Ende der DDR im Jahre 1989 als Spitzenquelle. Teilweise stiftete „Rammer" seine Komplizen auch zu Taten an, was in größerem Stil bereits in den 1970-er Jahren vom Landesamt für Verfassungsschutz in Baden-Württemberg vermutet und dem dortigen Innenminister weitergeleitet wurde. Damals soll es eindeutige Hinweise darauf gegeben haben, dass neonazistische Gruppen in der Bundesrepublik nicht nur durch den Ostblock unterstützt, sondern sogar gegründet worden seien.[343]

Die „Nationalistische Front" (NF), eine rechtsextreme Partei aus Nordrhein-Westfalen, hatte in den 1980-er Jahren einen V-Mann des LfV NRW in ihren Reihen, der mit Hilfe finanzieller Zuwendungen, die aus der Kasse des Verfassungsschutzes stammten, die Arbeit der Partei unterstützt haben soll.[344] Die Existenz des V-Mannes war natürlich auch der Stasi bekannt — geradezu eine Blaupause für die Geschehnisse um den „Nationalsozialistischen Untergrund". Auch der niedersächsische Verfassungsschutz ließ es sich offenbar nicht nehmen, einen Mann in die Reihen der NF zu schleusen, der 1989 dort platziert wurde und später zugab, kurz vor einer Reise in ein Ausbildungscamp im Nahen Osten gestanden zu haben.[345]

Besonders bemerkenswert allerdings erscheint ein dritter V-Mann, den der MAD eingesetzt hatte. Der Bundeswehrsoldat berichtete Jahre danach, ohne sein Zutun hätte es manche Straftat der NF nicht gegeben. Schließlich wurde der Mann in die USA verfrachtet, wo er politisches Asyl erhielt.[346]

V-Männer, geheime Aktionen und längere Auslandsaufenthalte: In dem, was wir aus dem NSU-Komplex kennen, scheinen die deutschen Geheimdienste sich ja seit Jahrzehnten auszukennen – auch wenn sie ihr Wissen wohl nur in den seltensten Fällen „erfolgreich" anwenden. Im Zusammenhang mit der DDR begegnen uns auch wieder die in diesem Buch bereits mehrfach eingehend behandelten „Grauen Wölfe", jene faschistische und islamistische Türken-Organisation, die in der Bundesrepublik der 1970-er Jahre für Aufsehen unter der türkischen Arbeitnehmerschaft und beim DGB sorgte. Die Wölfe machten auch vor dem Territorium der DDR nicht halt und versuchten von Westberlin aus, jenseits der Mauer Politik zu machen, wovon auch die westdeutschen Geheimdienste wussten. Auch aus diesem Grund konnten die Grauen Wölfe in der Bundesrepublik schalten und walten, wie sie gerade wollten; übernahmen sie doch Aufgaben und lieferten Spionageergebnisse aus dem Reich des Eisernen Vorhangs, die von bundesdeutschen Diensten niemals hätten erlangt werden können.

Die Stasi hatte einen bulgarischen Agenten mit Decknamen „Todor" engagiert. Der Mann arbeitete offiziell als Fahrer in der Botschaft seines Landes in Ostberlin, übernahm in Wirklichkeit aber Spionageaufgaben. Dabei kam ihm zugute, dass er zwei bis drei Mal monatlich in den Westteil der Stadt fuhr, um Ersatzteile für die Fahrzeuge seiner Botschaft zu besorgen. Bei diesen Gelegenheiten ging er dann für sein Land und gleichzeitig für die Stasi bei oppositionellen Bulgaren auf Schnüffeltour. Dabei trafen sich die Oppositionellen vorwiegend in Westberliner Gaststätten, die von Türken geleitet wurden.[347] Jene waren wiederum Mitglieder der Grauen Wölfe und mischten auf diese Art im Sinne der Wölfe bei den Umsturzversuchen gegen das kommunistische Regime in Bulgarien mit. Die bevorzugten Kneipen der Exil-Bulgaren, die mit den faschistischen Türken gemeinsame Sache machten, lagen in der Nähe der Kantstraße. Dazu zählten unter anderem das „Tati" in der Konstanzer Straße 5 und ein Restaurant am Cosimaplatz. Aus diesen von der Stasi gesammelten Fakten wird erneut sehr deutlich, wie nah sich deutsche Dienste und türkische Organisationen nicht nur in den

1970-er Jahren, sondern bis zum Fall der Mauer und wahrscheinlich weit darüber hinaus waren – eng miteinander verflochten. Da wundert es nicht, sollte diese Allianz auch heute noch in Sachen NSU Bestand haben.

Da die DDR-Führung rechtsradikale Bestrebungen in der Bundesrepublik und auf internationalem Sektor sehr ernst nahm und gleichzeitig derartige Organisationen im „Operationsgebiet" (Bundesrepublik) offenbar verdeckt unterstützte, um Westdeutschland in der Welt zu diskreditieren, wurde über sämtliche Bestrebungen auf dem rechten Sektor penibel Buch geführt. Das erlaubt der Forschung aktuell, anhand der Stasi-Unterlagen ein nahezu lückenloses Bild über den deutschen Rechtsradikalismus bis zum Fall der Mauer zu erstellen. Dieses wiederum führt zu einem Erkenntnisprozess dahingehend, dass auch die Problematik um den NSU in einem erweiterten Kontext gesehen werden muss. Wie man genau daran unschwer erkennt, war auch der Ostblock, nicht nur die US-amerikanische NSA, zu diesem Thema mit seinen Horchposten auf Empfang. Ausgeführt wurden diese Lauschangriffe der DDR gegen die Bundesrepublik übrigens durch den nur wenig bekannten „Mil-ND", den militärischen Nachrichtendienst Ostberlins, ein Pendant zum MAD in der Bundesrepublik. Dazu hat wesentlich der ehemalige DDR-Diplomat und spätere Journalist Klaus Behling beigetragen.

Wie groß das Interesse an rechtsradikalen Gruppen jenseits der Mauer war, lässt sich anhand der eingesetzten *Inoffiziellen Mitarbeiter* (IM) in diesem Bereich erkennen. Zum Teil wurden in der Bundesrepublik sogar V-Leute der Stasi mit der Bezeichnung „IMB" eingesetzt. Hinter diesem Kürzel verbargen sich ganz besonders erprobte und erfolgreiche Kader der DDR-Spionage. Dabei stand das „B" für Feindkontakt, also für eine direkte Beziehung zwischen Beobachter und Beobachtetem. Ähnlich wie der westdeutsche Verfassungsschutz und dessen militärische Variante MAD reihenweise V-Leute in rechtsradikalen Kreisen hatten und noch immer haben, so arbeiteten auch nahezu unzählige Leute dort für die DDR. Im Einzelnen gab es unter anderen

bei folgenden Organisationen im Bundesgebiet mit Decknamen versehene Spitzel, die aller Wahrscheinlichkeit nach nicht nur beobachteten,
sondern zum Teil auch aktiv in Aktionen der Gruppen eingebunden
waren:

- „Bund Heimattreuer Jugend", genannt „Orkan", IME Rolf Berger

- „Deutsche Aktionsgruppen", genannt „Hieronymus", Friedrich

- „Graue Wölfe", die wir eingangs bereits ausführlich erwähnten,
  genannt „Oase" und „Transit", IMB Isa, IMB Piero, IMS Sarah,
  IMB-VL Akkon

- „Junge Nationaldemokraten", genannt „Taxi"

- „KOMM-MIT-Verlag", IME Willi Mühlfeld

- „NSDAP/AO", genannt „Granach", IMB Feld, IMB Jörg Jäger,
  IMB Mike Krüger (nicht mit dem Künstler identisch), Friedrich,
  Herbert, IMB Otto Folkmann, Sascha, IMW

- „Wehrsportgruppe Hoffmann", IMB Josef Ries, IMB Jörg Jäger,
  IM-VL Konrad, Friedrich, IMB Otto Folkmann, Sascha

- „Wiking-Jugend", IMB Jörg Jäger, IME Rolf Berger, IMF Günter
  Frank, Friedrich, IMB Otto Folkmann[348]

Dies stellt nur einen kleinen Ausschnitt dessen dar, was die Stasi zur
Beobachtung und Infiltrierung rechtsradikaler Gruppen in der Bundesrepublik unternahm. Ihre Fänge reichten bis weit in die rechtsradikalen
Organisationen der Bundesrepublik hinein. Da störte auch ein Doppel-
agent nicht, brachte er den Ostdeutschen doch auch brauchbare Informationen darüber, wie die westdeutschen Kollegen vom Verfassungsschutz mit dem Problem Rechtsradikalismus und Neonazismus umzu-
gehen pflegten. Eine der ergiebigsten Quellen war Hans-Dieter Lepzi-
en, ein Taxiunternehmer aus Peine, der als Mitglied der NPD bei west-
lichen Geheimdiensten angeheuert hatte und die rechte Szene aus-

horchte. Gleichzeitig arbeitete der stets klamme Mann auch für die Stasi und besserte so sein Einkommen ansehnlich auf.[349] Mitte der 1970-er Jahre war der Agent auch zusammen mit Paul Ernst Otte, der die „Otte-Gruppe", eine rechte terroristische Vereinigung, gegründet hatte. Ihr Ziel war die Legalisierung der NSDAP und die Abschaffung der DDR. Zu diesem Zweck wurden von der Gruppe auch Anschläge auf die Anlagen der innerdeutschen Grenze verübt. Lepzien soll auch den Versuch unternommen haben, einen Angehörigen des Bundesgrenzschutzes (BGS, heute Bundespolizei) zum Diebstahl von Uniformen, Helmen und Waffen zu bewegen – alles unter den Augen der Staatssicherheit der DDR! Und auch im deutschen Terrorjahr 1977, dessen Ereignisse aus diesem Segment immer nur der linken RAF zugerechnet werden, waren Lepzien und Kameraden kräftig aktiv. Rohrbomben, wie wir sie aus der Mundlos/Böhnhardt-Garage von 1998 kennen, hatten der Agent und seine Komplizen bereits in den 1970-er Jahren hergestellt. Der Sprengstoff dafür kam – wie die angebliche Ceska aus der Mordserie – aus der Schweiz. Eine der Bomben landete in den Händen des Neonazi-Führers Michael Kühnen. Was aus dieser Bombe wurde, weiß angeblich niemand.[350] Vielleicht fand sie sich ja beim Verfassungsschutz und Jahre später in einer ostdeutschen Garage. Immerhin war Lepzien V-Mann des Verfassungsschutzes.

Ein ganz ähnlicher Fall war der gelernte Friseur, Bademeister und spätere Journalist Peter W.. Der Mann betätigte sich in den 1970-ern gleich als Dreifachagent. Für den westdeutschen VS als „Werner", für die Stasi als „Rolf Römer" und für den italienischen SISMI als „Sigmund".

Da verwundert es so schnell niemanden, dass ein direkter VS-DDR-Bezug auch zum Terror-Trio besteht. Dabei handelt es sich um Thomas Dienel, einst Besitzer einer Model-Agentur und Zuträger aus rechten Kreisen für den thüringischen Verfassungsschutz. Dienel war noch 1989 Mitglied der SED und warf sich nach der Wende den neuen Herren im Land an den Hals – mit Erfolg. Dienel durfte fortan den Spitzel geben. Dabei kam ihm sicherlich auch seine Vergangenheit als FDJ-

Sekretär (Freie Deutsche Jugend) in Weimar[351] zugute, waren solche Posten doch in der Regel von der Stasi nicht abgeneigten Personen besetzt worden. Heute spielt Dienel eine wesentliche Rolle bei den Ermittlungen im Komplex NSU. Der Mann mit dem Decknamen „Küche" (im Übrigen lässt das Rückschlüsse auf die Fantasie einiger VS-Mitarbeiter zu, die nicht sehr ausgeprägt sein dürfte, denn Dienel ist gelernter Koch) wird als verschwendungs- und trunksüchtig bezeichnet. Im Jahr 1997 wurde er durch den Verfassungsschutz abgeschaltet, weil er angeblich dem VS eine Liste mit Rechtsextremen verkaufen wollte, die von der Polizei erstellt worden war. Wie Dienel an diese Liste kam, konnte angeblich nie ermittelt werden.[352] Offenbar gab es zumindest zu diesem Zeitpunkt inoffizielle Kontakte zwischen der Polizei und Rechtsradikalen. Dabei liegt der Gedanke an Polizisten im Ku-Klux-Klan, die an anderer Stelle des Buches behandelt werden, recht nahe.

Noch während der Wendezeit 1989/1990 war die Stasi besonders im Bereich Thüringen, aus dem das Trio ja stammen soll, staatsloyal aktiv. Der Leiter der MfS-Bezirksverwaltung Suhl, Generalmajor Lange, soll einer der härtesten Stasi-Offiziere überhaupt gewesen sein.[353] Er war den früheren Kadern und eventuell späteren „Rechtsradikalen" sicherlich ein guter Lehrmeister in puncto Disziplin und Auftragserfüllung.

16. Parallelen zur RAF

Über zwei Jahrzehnte hinweg galt die *Rote Armee Fraktion* (RAF) als schlagkräftige Terrorgruppe mit internationaler Anbindung und der Fähigkeit, die Bundesrepublik Deutschland an die Grenzen ihrer politischen und rechtsstaatlichen Existenz zu bringen. Einen wesentlichen Anteil daran hatten die Frauen in der RAF und ähnlichen Organisationen, wie der „Bewegung 2. Juni", den „Revolutionären Zellen" oder der „Roten Zora". Genau hier versuchen Mainstreammedien und Politik seit geraumer Zeit eine Parallele zum NSU zu schaffen – in den meisten Fällen sehr gequält und deswegen kaum überzeugend.

Sozusagen sind Gudrun Ensslin, Brigitte Mohnhaupt und Ulrike Meinhof nun nicht mehr die „Mütter des Bösen", sondern eine einzelne Frau – Beate Zschäpe. Sie soll angeblich Eigenschaften besitzen, die auch die frühen Anführerinnen der linksterroristischen Organisationen mitbrachten: absolute Verblendung, Hass gegen Staat und Gesellschaft sowie ungeahnte Führungseigenschaften gegenüber Männern. Nach Darstellung in der Öffentlichkeit ist es diese Frau, die im Links- wie im Rechtsterrorismus den Ton hinter den Kulissen angibt und festlegt, wer wann zu sterben hat, welche Anschlagsziele ins Auge gefasst werden und wie das Leben in der Illegalität zu organisieren ist. Doch im Fall des NSU haben die Geburtshelfer der Gruppe ein wenig zu plakativ in die RAF-Mottenkiste gegriffen und eine Art Frankenstein-Monster geschaffen, das bereits beim ersten Hinsehen den Eindruck hinterlässt, nur zu diesem Zweck erschaffen worden zu sein. So kann eine weitere anzuzweifelnde Gemeinsamkeit mit den „Kollegen" von ganz links bei Zschäpe, Mundlos und Böhnhardt festgestellt werden – und zwar in Sachen Geldbeschaffung.

Doch auch hier zeigt sich wieder deutlich: Diese Gruppe kann einfach nur künstlich erschaffen und mit Eigenschaften aus der Retorte versehen worden sein, denn was ihr in puncto Banküberfällen zugeschrieben wird, gehört zwar zum Repertoire von deutschen Terrorgruppen, wurde allerdings von diesen bereits vor Jahrzehnten aufgegeben, weil die Geldinstitute keine großen Barmittel mehr bereithalten, sich Banküberfälle schlicht nicht mehr lohnen. Angeblich aber soll der NSU genau dieses schon längst nicht mehr erfolgreiche Muster von der RAF übernommen und weiter in die Tat umgesetzt haben.

Auch hier zeigt sich: Die Macher des NSU haben offenbar vom Schreibtisch aus gehandelt und bei der „Geburtshilfe" Erkenntnisse aus längst vergangenen Zeiten einfließen lassen. Getreu dem Motto: *„Was früher gut war, kann heute nicht schlecht sein."*

Doch noch viel interessanter wird die Sache, wenn sich der Betrachter nicht mit den Parallelen, sondern mit den Unterschieden zwischen RAF und NSU beschäftigt. Dann tritt offen zutage, was bei der „braunen RAF" so alles fehlt, um eine wirkliche Terrorgruppe zu sein. Als da wären:

- RAF und auch die Rechtsterroristen der 1980-er Jahre, wie Odfried Hepp und seine Leute oder die „Wehrsportgruppe Hoffmann", verfügten über zahlreiche Erddepots mit Waffen, Sprengstoff und Bargeld – ganz nach dem GLADIO-Vorbild. Mundlos, Böhnhardt und Zschäpe werden solche Verstecke nicht nachgesagt. Etwa deswegen, weil die Waffen, die bei ihnen gefunden wurden, zuvor gar nicht in ihrem Besitz waren?

- Im völligen Gegensatz zu allen Terroristen dieser Welt gibt es vom NSU nicht eine einzige öffentliche politische Forderung! Es existiert nicht ein Drohbrief, nicht ein Pamphlet, das erklärt, warum gemordet wird. Im Grunde existiert die Gruppe lediglich durch Erzählungen des Staates. Für ihren physischen Bestand gibt es bis heute keinen Beweis. Nüchtern betrachtet ist der NSU völlig unpolitisch.

- Wie an anderer Stelle des Buches schon erwähnt, fehlt ein klares Feindbild. Wieso Blumen- und Gemüsehändler sowie Imbissbuden-Betreiber umbringen und keine Politiker oder einen Imam oder jemanden vom Zentralrat der Muslime?

- Konspirative Wohnungen, wie wir sie von den Linksterroristen kennen, fehlen hier ebenfalls. Das Trio lebte offen und unbekümmert, machte sogar in aller Öffentlichkeit Urlaub – so, als sollte es unbedingt gesehen werden.

- Um Unterstützung in der gesamten Republik zu erfahren, wurden die RAF-Terroristen von einer ganzen Bewegung getragen und galten in der Szene als Stars. Mundlos, Böhnhardt und Zschäpe hingegen waren allenfalls lokale Größen, die über ihren begrenzten Kreis hinaus kaum Bedeutung hatten und somit auch nicht die Schlagkraft einer wirklichen Terrorgruppe entwickeln konnten.

17. Wie mit Toten schmutzige Politik betrieben wird

Insgesamt haben die Vorgänge um den „Nationalsozialistischen Untergrund" dreizehn Menschen das Leben gekostet, denn immerhin starben in diesem Kontext neben den neun Opfern der Mordserie und der Polizistin Michele Kiesewetter in Heilbronn auch Uwe Mundlos und Uwe Böhnhardt einen gewaltsamen Tod. Darüber hinaus war im Spätsommer 2013 ein Leben zu beklagen, das auf dem Volksfestplatz in Bad Cannstatt sein Ende fand und auf das wir hier noch zu sprechen kommen werden. Doch nicht nur Menschenleben wurden ausgelöscht, vieles, was sich in der deutschen Gesellschaft seit langer Zeit einmal wieder zart geregt hatte, wurde durch die offizielle „NSU-Politik" wie von Wehrmachtsstiefeln niedergetrampelt. Gemeint ist damit ein kleines Maß an deutschem Selbstvertrauen, das nach dem Zweiten Weltkrieg und dem Fall der Mauer nicht mehr spürbar vorhanden war. – ein Selbstvertrauen dahingehend, endlich einmal unbequeme Wahrheiten auszusprechen, ohne dabei gewaltsam vorzugehen, rechte Parolen zu grölen oder Ewiggestrigem anzuhängen.

Was sich seit Sommer 2010 in der deutschen Gesellschaft relativ rasant entwickelt hatte, stellt für die Vertreter der offiziellen Politik, für die Meinungsführer und ihre Unterstützer, für die Gleichmacher in diesem Land eine enorme Gefahr dar, der es auch mit schmutzigen Tricks zu begegnen gilt. Gemeint ist damit die Haltung der überwiegenden Mehrheit der Deutschen, endlich nicht mehr den Sündenbock geben zu müssen, endlich nicht mehr mit der Nazikeule geprügelt zu werden und endlich auch Kritik an Ausländern in der Bundesrepublik üben zu können. Eine Gesellschaft, die sämtliche Herausforderungen seit 1945 mit Bravour gemeistert hat, sich zu einer nahezu pazifistischen Bewegung gewandelt und die Überwindung der politischen Weltblöcke geschafft hat, hat auch das Recht zur Kritik am Verhalten von Ausländern in der Bundesrepublik – und zwar ohne als antisemitisch oder rechtsradikal beschimpft zu werden. Ausschlaggebend war dabei der SPD-Politiker, Bundesbank-Vorstand und Islam-Kritiker Thilo Sarrazin, der mit seinem Buch „Deutschland schafft sich ab" schonungslose Kritik an der verfehlten Ausländerpolitik, deren wirtschaftlichen und gesellschaftlichen Folgen sowie an dem Hang vieler islamistisch geprägter Einwohner Deutschlands zur Kriminalität übte. Dass er in seinem millionenfach verkauften Werk auch große Teile der Deutschen massiv kritisierte, wurde übrigens von den Verfechtern des Multi-Kulti geflissentlich übersehen. Es passte ja nicht ins Bild von einem verrohten Ausländerhasser.

Obwohl einerseits Behörden und Politik immer wieder zu Recht vor gefährlichen islamistischen Terroristen warnten und warnen, wird den Deutschen im Umgang mit eben jenen Angehörigen dieses Glaubens ein absoluter Schongang verordnet. Wer sich nicht daran hält, unterliegt sofort einer Art Bann wie zu Zeiten des Mittelalters. Persönliche Diffamierungen und Beleidigungen, Verlust des Arbeitsplatzes oder sonstige wirtschaftliche Nachteile, Bedrohungen und körperliche Angriffe gehören zu den alltäglichen Folgen dieses Bannstrahls. Dennoch nimmt und nahm aufgrund des Sarrazin-Buches die kritikstarke Haltung der Deutschen immer mehr zu. Da musste Abhilfe geschaffen werden. Ein neues Rostock-Lichtenhagen musste her.[354]

Ein Sammelbecken für Rechtsradikale, versehen mit V-Leuten der Behörden, war offensichtlich das Mittel der Wahl. Zwar trieben Mundlos, Böhnhardt und Zschäpe bereits lange vor dem Jahr 2010 ihr Unwesen in der Szene, doch kamen sie erst fast auf den Tag genau ein Jahr nach dem unübersehbaren Erfolg von Sarrazin „groß heraus" – wieder einer dieser reinen Zufälle? Dieses Mal musste die Keule allerdings stärker sein als in Rostock. Dieses Mal sollte sich nicht ein einziger Deutscher der Abscheulichkeit der Taten entziehen können – Erziehungspolitik und Manipulation an der deutschen Bevölkerung, die um Gottes Willen kein Selbstbewusstsein entwickeln darf. Inzwischen greifen diese Maßnahmen direkt und tief in die religiöse und politische Souveränität der Deutschen ein. Deutlich wurde das am Vergabeverfahren für Presseplätze vor Beginn des NSU-Prozesses, wo türkische Medien auf eine Platzgarantie bestanden – und diese auch nach massivstem

Druck der deutschen Politik auf die Münchener Justiz bekamen. Das ist ein im Grunde unvorstellbarer und mit dem Grundgesetz der Bundesrepublik nicht vereinbarer Vorgang.

Dieser Meinung ist nicht nur der Autor, auch türkische Kollegen sind der Meinung, hier sei deutlich übertrieben worden. So schreibt Akif Pirincci:

„Ob NSU-Prozess oder Pauschalverdächtigungen bei Bränden: Mit Hilfe muslimischer Lobbygruppen versucht die Türkei, sich immer mehr in die deutsche Politik einzumischen.

Wenn ein Raufbold anfängt, dich in eine bestimmte Ecke zu drängen, gibt es nur zwei Möglichkeiten, den Konflikt zu beenden: Entweder du sagst ihm klipp und klar, dass es für ihn Konsequenzen haben wird, wenn er damit nicht aufhört – oder aber du begibst dich in die Demutshaltung und signalisierst ihm deine Unterwerfung.

So in etwa muss man sich die gegenwärtig ablaufenden Frechheiten seitens der Türkei und ihrer der Separation dienenden U-Boote wie Türkische Gemeinde, DITIB, Koordinierungsrat der Muslime usw. hierzulande sowie die Kapitulationshaltung deutscher Politiker vorstellen. In einer Weise, die an Autoaggressivität grenzt, vermitteln die deutsche Regierung und die deutschen Medien einer Migrantengruppe, denen man freundlicherweise zu einem besseren Leben als in ihrer Heimat verholfen hat, dass sie der Schwanz ist, der mit dem Hund wedelt.

Brennen irgendwo von Türken bewohnte Häuser im Lande, so schweben sofort deutsche Ministerpräsidenten und türkische Botschafter vor Ort ein und betrachten mit betroffenen Gesichtern Schutt und Asche. Muss von einem Neonazi angesteckt worden sein. Eine kriminaltechnische Analyse ist nicht nur entbehrlich, sondern unerwünscht, wenn nicht sogar peinlich, könnte sie doch so etwas Langweiliges wie einen technischen Defekt oder Fahrlässigkeit seitens der Hausbewohner selbst als Ursache zu Tage fördern und die von allen flehentlich herbeigesehnte Gedankenverknüpfung ‚Türkenhaus, Nazi, Brand' im öffentlichen Bewusstsein zumindest ankratzen. Dass laut Statistik in Deutschland jährlich 600 Menschen bei Wohnungsbränden umkommen – geschenkt.

Manch ein grün-links gestrickter Journalist oder Politiker wünscht sich womöglich sogar, dass so eine Glatze doch endlich, endlich einmal ein Feuer in einem Türkenhaus legen möge, damit man die ‚Biodeutschen‘ (Cem Özdemir) dann derart mit der Nazi-Keule verprügeln kann, dass sie sich jeden Tag auf dem Marktplatz unter der türkischen, eher aber muslimischen Flagge versammeln und Rituale der Unterwerfung vollziehen.

Das Event des Jahres steht aber in München an, und die türkische Regierung sowie ihre unter Selbstkasteiungssucht leidenden deutschen Kollaborateure in der Presse sehen die Chance, die hiesige Politik fürderhin mittels der Drohmasse der hier Eingewanderten von Ankara aus zu lenken. Es geht um den Prozess der sogenannten Terrorzelle NSU, die eigentlich aus zwei Ausländerhassern bestand. Aber irgendeine versoffene Freundin von diesen zwei Mördern ist noch da, quasi der letzte Strohhalm, aus dem man noch ein bisschen Deutschfeindlichkeit für die Türkischstämmigen und für sich als Gutmensch saugen kann.

Das Perfide ist, dass all diese umgebrachten unschuldigen Menschen, die dem Rassenwahn von zwei Irren anheimgefallen sind, in Wahrheit überhaupt keine Rolle bei diesem Prozess spielen. Schon gar nicht für die Türkei, in der mehr Journalisten inhaftiert sind, als in den NSU-Gerichtssaal hineinpassen.

Nein, es ist der erste richtige Testlauf dafür, wie man mittels eines moralischen Habitus, Dreistigkeit, öffentlichem Gefuchtel und dem zarten Hinweis auf einen leicht entflammbaren, vor allem jungen Bevölkerungsanteil die Belange Deutschlands zukünftig zu steuern gedenkt. Nicht nur türkische Journalisten, die sich als Prozessbeobachter zu spät angemeldet haben – jetzt sollen auch noch türkische Abgeordnete im Gerichtssaal anwesend sein. Warum nicht gleich türkische Richter, die das Urteil fällen?

Ganz anders sieht die Sache natürlich im umgekehrten Fall aus. Die Drangsalierung und Ermordung von Einheimischen durch die ‚Gäste‘ muss der Öffentlichkeit durch die Blume des Soziologenkauderwelschs

181

als eine Art Charles-Dickens-Weihnachtsgeschichte verkauft werden:
arme Jugendliche halt. Neuerdings jedoch ist eine viel effektivere Me-
thode seitens der Medien erfunden worden, wie die mindestens zu In-
validität führenden Taten dieser islamischen Soziopathen insbesondere
U-Bahn-Benutzern vermittelt werden, nämlich überhaupt nicht. Man
verschweigt sie einfach oder gibt ihnen so hübsche Namen wie ‚Schläge-
rei unter Jugendlichen'. Solch einer ‚Schlägerei' fiel neulich unter vielen
anderen auch der 25-jährige Daniel S. in Kirchweyhe zum Opfer. We-
der kam ein Ministerpräsident angeflogen, um sein Mitgefühl auszu-
drücken, noch gab irgendein Migrantenverein ein Wort des Bedauerns
von sich.

Eins ist klar, Deutschland wird sich in den kommenden Jahren radikal
verändern, so sehr, dass die bereits jetzt stattfindende und gar nicht mal
schleichende Islamisierung im Sinne von Antiwestlichwerdung einem
wie ein harmloses Vorgeplänkel erscheinen wird. All diejenigen, die aus
grün-linker Verblendung, blinder Ausländerliebe oder reinem Karrie-
redenken in der Migrantenindustrie einen Kotau machen, werden sich
dann noch die Augen reiben, bevor man ihnen vielleicht die Schlinge
um den Hals legt, weil sie sich mit einer Frau unterhalten haben, ohne
vorher ihren Besitzer zu fragen.

Ich weiß übrigens sehr wohl, dass ich mir mit diesem Text eine Menge
Feinde schaffen werde, die es nicht so gerne sehen, wenn die Volksver-
blödung à la ‚die deutschen Muslimvereine dienen der Integration' in
Frage gestellt und die Ausländervergottungsmesse nicht dreimal am Tag
gelesen wird. Aber da ich kein von Kultursubventionen lebender
Staatskünstler bin und mir mein Geld auf ehrliche Weise verdiene, ist
mir das vollkommen egal. «[(355)]

Das hysterische Gebrüll aus der Türkei nahm sogar derart groteske
Formen an, dass kurz vor Beginn des NSU-Prozesses vor dem OLG in
München gefordert wurde, das in bayerischen Behörden obligatorische
Kruzifix im Gerichtssaal von der Wand zu nehmen. Es sei eine *„Bedro-*
hung" für alle Nichtchristen, hörte man aus Istanbul. Wie selbstlos, dass

sich hier ein einfacher türkischer Abgeordneter zu allem Überfluss auch noch zum Sprecher aller Nichtchristen dieser Welt erklärte.[356]

Es ist möglich, dass ein solches Verhalten auf den ersten Blick einfach nur übertrieben wirkt, doch in Wirklichkeit steckt weitaus mehr dahinter: Hier soll ein gewachsenes und auf christlichen Werten basierendes Rechtssystem verhöhnt und als gefährlich dargestellt werden – und zwar aus einer Richtung, die ein rechtsstaatliches Verfahren allenfalls auf dem Papier kennt. Ähnliches lässt sich aus dem Auftritt des Vaters des Kasseler Mordopfers Halit Yozgat, Ismael Yozgat, lesen. Der emotional schwer angeschlagene Mann nutzte die Gelegenheit und drapierte am 1.10.2013 ein Foto seines Sohnes im Kindesalter am Mikrofon des Zeugentisches, verbunden mit der eindeutig politischen Forderung, in Kassel eine „Halit-Straße" einzurichten. Auch hier zeigt sich der mangelnde Respekt vor dem Rechtssystem jenes Staates, der den Yozgats noch immer als Heimat dient und damit offensichtlich weitaus bessere Bedingungen bereitstellt als die Türkei.[357] Ganz nebenbei bemerkt trägt ein solches Verhalten von Opfer-Angehörigen in einem gehörigen Maße dazu bei, dass der Münchener Prozess endgültig zu einer Show verkommt.

Ein gutes Beispiel ist auch die immer wieder genannte Keupstraße in Köln mit ihrem Nagelbombenanschlag von 2004, den Mundlos und Böhnhardt angeblich begangen haben sollen. Beim LKA Düsseldorf, dem BKA und im Kölner Polizeipräsidium ist es längst kein Geheimnis mehr, dass sich in der Keupstraße verfeindete Türken und Kurden gegenüberstehen, die Türsteherszene von Köln verkehrt und Schutzgeldzahlungen an der Tagesordnung sind. Doch durch dieses Gestrüpp drang bisher kein deutscher Ermittler. Kooperation der multikulturellen Anwohner dort, die an der Aufklärung des Verbrechens ja eigentlich größtes Interesse haben müssten, mit den deutschen Behörden: null!

Kommen wir nun auf das eben angesprochene Todesopfer vom Cannstatter Volksfestgelände zu sprechen. Florian H. (21) soll in den

Jahren vor 2013 als Mitläufer der rechten Szene Baden-Württembergs gewirkt und Geheimnisvolles im Zusammenhang mit dem NSU erfahren haben.[358] Zudem habe der junge Mann den Behörden gegenüber Angaben zu einer zweiten Terrorgruppe aus dem rechtsextremen Bereich geliefert. Dem Vernehmen nach soll es sich dabei um eine „Neoschutzstaffel" (NSS) gehandelt haben, die auch Kontakte zum NSU hatte – so jedenfalls wurde die Aussage Florian H's wiedergegeben. Auch zu einem Treffen in Öhringen bei Heilbronn sei es im Zuge dieser Kontakte gekommen. Ausgerechnet dieser Zeuge, der am Tag seines Todes vom LKA erneut vernommen werden sollte, stirbt nicht irgendwo, nein, er stirbt am Eingang zum Campingplatz des Stuttgarter „Wasen", dem Volksfestgelände der Schwabenmetropole – just an einem Tag, an dem die Aufbauarbeiten zu eben diesem Fest in vollem Gange sind. Das ist eine unheimliche Parallele zum Polizistenmord von Heilbronn. Auch er ereignete sich auf einem Festgelände, auch zu diesem Zeitpunkt liefen die Arbeiten zum Aufbau eines Volksfestes. Darüber hinaus sollen auf dem Campingplatz in Stuttgart, auf dem Florian H. zu Tode kam, Mundlos, Böhnhardt und Zschäpe eine Zeit lang campiert haben. Alles nur Zufälle oder die Ausgeburten kranker Hirne?

Dazu kann man sicherlich auch die Einlassungen eines gewissen Lothar Harold Schulte, einem verurteilten Rechtsextremisten, zählen. Immer wieder geistern seine Interpretationen zum NSU-Komplex durch das Internet. Schon 1979, weit vor den Internetzeiten, machte der Mann vor Gericht mit ominösen Darstellungen von sich reden.[359] Doch was Schulte von sich gibt, sollte nicht sofort abgetan werden. Immerhin berichtet der Mann nach wie vor davon, für „Werwolf-Organisationen" (Stichwort GLADIO) tätig gewesen zu sein, die Anschläge hätten durchführen sollen, die dann linker Urheberschaft zugeordnet worden wären. Der Sprengstoffexperte und Einzelkämpfer der Bundeswehr wurde für seine öffentlichen Äußerungen bezüglich des NSUs, den er im Zusammenspiel mit mehreren Geheimdiensten sieht, bislang nicht bezichtigt. Ein Zeichen für die Richtigkeit seiner Aussagen?

Schließlich müssen wir uns auch die Frage stellen, welchen Nutzen die Toten aus der Mordserie und von den Festtagswiesen denn hatten und haben und was am Ablauf des ganzen Geschehens auf etwas anderes als eine Ausländer hassende Bande Rechtsradikaler deutet. So fragt man sich, warum denn in der Mordserie nur ganz spezielle Ausländer zu Opfern wurden – keine Menschen jüdischen Glaubens, keine Araber, keine Asylbewerber... Diese Gruppen zählen zu den klassischen Opfern von Rechtsradikalen, kommen in der angeblichen NSU-Mordserie aber nicht vor, also kann hier nicht von allgemeinem Ausländerhass gesprochen werden. Wie erklären sich die Pausen zwischen einzelnen Mordtaten und wie die manchmal kurz aufeinanderfolgenden Tötungsdelikte? Setzte der Hass gegen Menschen aus anderen Ländern bei den Tätern zeitweise aus, hatten sie „Besseres" zu tun, waren sie in andere Verbrechen eingebunden, oder verließen sie zwischendurch immer wieder Deutschland, um in Ruhe die weiteren Entwicklungen abzuwarten, geschützt und protegiert von einer unbekannten Größe? Was nicht ohne Gewicht ist, aber öffentlich keine Erwähnung findet: Alle Opfer sollen eine Organisation gekannt haben, die sich mit dem Schmuggel von Waffen, Drogen und Menschen befasst, eine Import-Export-Firma aus der Türkei.

Hätte die Mordserie verhindert werden können, wenn Mundlos, Böhnhardt und Zschäpe weit vor Beginn der Blutspur festgenommen worden wären? Chancen, das Trio seit seinem Untertauchen im Jahr 1998 zu verhaften, hat es ernstzunehmenden Quellen zufolge mehrfach gegeben, doch nichts geschah. Kritiker der offiziellen Theorie wollen darin ein starkes Indiz dafür erkennen, dass der NSU durch das Bundesamt für Verfassungsschutz gegründet und unterstützt worden sei und an den Morden beteiligt war, ohne Mörder zu sein. Denn unmittelbar an den Tatorten wurde das Trio nie gesehen. Sämtliche Zeugen, die das Gegenteil behaupteten, sind vor Gericht mit ihren Aussagen zumindest bis Anfang Oktober 2013 gescheitert, konnten nichts Belastbares vorbringen und mussten zum Teil einräumen, sich getäuscht zu haben.

Anders hingegen verhielt es sich mit dem ehemaligen hessischen Verfassungsschützer Andreas T., der 2006 beim Mord in Kassel in unmittelbarer Nähe gewesen sein soll und sich auch nach mehreren Fahndungsaufrufen zunächst nicht bei der Polizei gemeldet hatte. Auch wenn seine Rolle in der Sache noch lange nicht klar ist, steht fest: Der Verfassungsschutz hat in Form des ehemaligen Mitarbeiters zumindest mit einem Teil der Mordserie zu tun und verhält sich dazu äußerst unkonventionell. So soll T. vor seinem Auftritt als Zeuge von einem Vorgesetzen eingebläut worden sein, immer nur nahe an der Wahrheit zu bleiben, was impliziert, dass die *gesamte* Wahrheit im Verborgenen bleiben soll.[360] T., so erinnert sich V-Mann Benjamin G., sei von ihm wenige Tage nach dem Mord von Kassel auf das Tötungsdelikt angesprochen worden, worauf der Verfassungsschützer nervös und unwirsch reagiert habe, was ansonsten nicht dessen Art gewesen sei.[361]

Auch das Auftauchen zahlreicher V-Leute, nicht nur in Heilbronn, macht stutzig. Immer wieder zeigt sich der Staat in Gestalt eben jener Personen, die ein dubioses Scharnier zwischen den Behörden und der rechtsextremen Szene in Deutschland darstellen. Oft genug übernehmen sie dabei aktive, führende Aufgaben innerhalb der Organisationen oder gründen solche sogar. Sehr vieles spricht dafür, dass es im Fall NSU genau so war. Ein mit dem Decknamen „Tarif" versehener Rechtsradikaler, ein führender Neonazi namens Michael S., spielte im Zusammenhang mit dem NSU eine ganz besondere Rolle. (Der Deckname „Tarif" wurde übrigens von der Stasi bereits Anfang der 1980-er Jahre zur Tarnung einer Westdeutschen aus dem Bereich des Linksterrorismus verwendet, die sich in Ostberlin mit hohen Vertretern der Palästinenser traf. Dabei ging es nicht nur um linke Positionen, denn die Palästinenser waren dafür bekannt, auch mit Terrorbereiten aus dem rechtsextremen deutschen Spektrum zu kooperieren.) Will man diversen Medienberichten glauben, war der wegen versuchten Totschlags verurteilte Mann im Zeitraum von 1995 bis zum Jahr 2001 als V-Mann für das Bundesamt für Verfassungsschutz (BfV) tätig. In dieser Zeit soll er ein Konzept zur Gründung einer rechten Terrorgruppe erstellt haben, die die Bundesrepublik unterwandern und abschaffen sollte. Dieses Konzept gilt in Expertenkreisen inzwischen als Blaupause zur Gründung des NSU. Die meisten Akten zu Michael S. wurden im BfV dann auch vernichtet und der V-Mann als harmlose Randfigur dargestellt.[362] Doch in Wirklichkeit kann er – zumindest theoretisch – als Gründer des *Nationalsozialistischen Untergrunds* angesehen werden. Heute soll S. unter anderem Namen im Ausland leben, wobei die Bundesrepublik unter anderem Österreich und Großbritannien als „Parkplatz" für ausgediente V-Leute bevorzugt.

Und auch die Türkei betreibt mit den Toten aus der Mordserie ein unfeines Spiel; gewinnt man doch leicht den Eindruck, die Türken in Deutschland würden sich durch die Serie eine Art Sonderstatus erhaschen wollen, der sie vor nahezu jeglicher Kritik, besonders in Richtung nicht stattfindender Integration, schützt. Hoffen wir, dass die deutsche Bevölkerung solche Manöver durchschaut und sich völlig unaufgeregt und demokratisch dagegen zur Wehr setzt.

Zwei Fragen stellt man sich nun logischerweise aufgrund dieser hier aufgezeigten Hintergrundinformationen: Wieso schweigt Beate Zschäpe, wenn sie mit den Morden nichts zu tun hat? Und wie wird der Prozess denn ausgehen?

Nun, meiner Ansicht nach ist der Prozess um die RAF-Terroristin Verena Becker in Stuttgart die Blaupause für den NSU-Prozess. Becker schwieg und kam mit geringster Strafe davon (das Ergebnis der Revision steht noch aus). Denselben Weg geht Beate Zschäpe. Sie ist offenbar eine V-Frau und schweigt, weil ihr ohnehin nichts nachgewiesen wird.

Und enden wir der Prozess wohl ähnlich wie bei Verena Becker: Sämtliche Taten werden Böhnhardt und Mundlos zugeschrieben, Zschäpes Beteiligung kann nicht eindeutig nachgewiesen werden...

Anhang 1 von Thomas Moser (Journalist)

Udo Schulze: Die „Kontext-Wochenzeitung", eine Internetzeitschrift, die jeweils mittwochs erscheint, und samstags als gedruckte Beilage der Wochenendausgabe der „TAZ", hat es sich zur Aufgabe gemacht, kritischen und investigativen Journalismus zu bringen, sich mit Hintergründen auseinanderzusetzen und im weitesten Sinne „frech" zu sein. Einer ihrer fähigsten Mitarbeiter, der Journalist Thomas Moser, trat stets durch seine kritische und gehaltvolle Berichterstattung zu den Themen „Stuttgart 21" und „NSU" hervor. Doch plötzlich sollen seine Texte zum Thema „Nationalsozialistischer Untergrund" im Blatt und in der Internetausgabe nicht mehr erscheinen. Sind sie zu staatskritisch? Moser ist der Meinung, hier werde der Hebel von außen angesetzt. Ein Beispiel: Ein Text zum Thema, dessen Erscheinen in „Kontext" für Mittwoch, den 9. Oktober 2013 zugesagt war, wurde nicht gebracht.

Verlag und Autor dieses Buches nehmen sich mit Genehmigung von Thomas Moser die Freiheit, diesen lesenswerten Bericht der Öffentlichkeit nicht vorzuenthalten – bitteschön!

Münchner Prozess/NSU-Mord Nummer 9 in Kassel:
Ein Verfassungsschützer am Tatort und eine Anklagebehörde, die Akten unterdrückt

Jeder der zehn Morde, die dem NSU-Trio angelastet werden, birgt ein besonderes Geheimnis. So auch das neunte Verbrechen im April 2006 an einem deutsch-türkischen Internetcafé-Betreiber in Kassel: Warum war ein Verfassungsschützer am Tatort? Vor dem OLG in München wurde vier Tage lang darüber verhandelt. Es war erst der Anfang, denn vor allem die Bundesanwaltschaft weiß mehr als sie preisgibt.

Am 4. April 2006 wurde der achte Mord an Mehmet Kubasik in Dortmund verübt. Zwei Tage später, am 6. April, folgte der neunte in Kassel. Der 21-jährige Halit Yozgat wurde gegen 17 Uhr in seinem Internetcafé mit zwei Kopfschüssen getötet. Der zweite Schuss wurde auf das am Boden liegende Opfer abgefeuert. Die Tatwaffe war eine Pistole der Marke Ceska. Sie wurde im November 2011 im Brandschutt der Wohnung in Zwickau gefunden, wo das Trio Uwe Böhnhardt, Uwe Mundlos, Beate Zschäpe gelebt hatte. Bei allen neun Morden wurde die Ceska verwendet.

Während der Tat waren nachweislich noch mindestens fünf Menschen in dem Laden: Der Iraker Amadi S., der in einer Zelle von 16:54 bis 17:03 Uhr telefonierte, wie die Auswertung der Computeranlage ergab. Seltsam: Er ist bisher nicht als Zeuge zum Prozess in München geladen. Warum nicht, können selbst die Opferanwälte nicht beantworten. Die Türkin Hediye C. saß damals mit einem Kleinkind im sogenannten Familienraum und telefonierte. Die Jugendlichen Emre E. und Ahmed T. surften im hinteren Raum im Internet. Ahmed T. ist als Zeuge geladen, erscheint aber nicht. Warum, bleibt unklar. Die sechste Person in dem Laden war der Beamte des hessischen Landesamtes für Verfassungsschutz Andreas Temme. Er hatte sich um 16:51 Uhr im hinteren PC-Raum ein- und kurz vor 17:02 Uhr ausgeloggt.

Wenige Minuten nach 17 Uhr fand der Vater, Ismail Yozgat, seinen Sohn hinter dem Tresen auf dem Boden liegen. Er wollte ihn um 17 Uhr ablösen und hatte sich verspätet. Durch seine Schreie kamen die Kunden dazu. Alle gaben später an, kurz vorher ein dumpfes Geräusch gehört zu haben, so, als ob etwas zu Boden fällt. Nur der Verfassungsschützer Temme war nicht mehr da. Er hatte das Geschäft verlassen.

Ismail Yozgat, 58 Jahre, schildert vor Gericht, wie er seinen toten Sohn fand. Ein Vater, dessen Herz gebrochen ist. Er schreit seinen Schmerz hinaus. Er erlitt in der Folge einen Herzinfarkt und ist heute Frührentner. Am 8. April hat er Geburtstag, zwei Tage nach dem Todestag seines Sohnes. Er wird ihn nie mehr feiern, sagt er. Sein Sohn ist in der Holländischen Straße in Kassel 1985 geboren und dort gestorben. Er hat nur noch einen Wunsch: dass die Straße Halit-Yozgat-Straße heißen soll. Die Mutter, Ayse Yozgat, wendet sich an die Angeklagte Beate Zschäpe und bittet sie zu reden und alle Vorfälle aufzuklären. Seit sieben Jahren könne sie nicht mehr richtig schlafen.

Der Verfassungsschützer Temme ist die Schlüsselfigur. Warum war er am Tatort? Zufall? Hatte er das Internetcafé kurz vor der Tat verlassen oder war er noch da, so wie die anderen fünf Besucher? Soll er dann beim Gehen das Opfer tatsächlich nicht bemerkt haben?

Vor dem Oberlandesgericht schildert Andreas Temme als Zeuge seine Version. Er tut das nicht zum ersten Mal, sagte schon vor dem NSU-Untersuchungsausschuss in Berlin aus und gab Fernsehinterviews. Am 6. April 2006 chattete er knapp elf Minuten lang auf der Kontakt-Webseite *I love.de*. Nach 17:01 Uhr loggte er sich aus und fuhr das Programm herunter. Er wollte zahlen, sah den Besitzer nicht, ging auf die Straße, kehrte zurück, ging nach hinten, wo die Toiletten sind, und wieder nach vorne. Weil Halit Yozgat nicht da gewesen sei, legte er ein 50-Cent-Stück auf den Tresen und verließ das Lokal. Sein Auto parkte davor. Temme will nichts gesehen, gerochen oder gehört haben, was mit dem Mord in Zusammenhang stand. Auch kein dumpfes Fallgeräusch. Und auf der Straße war niemand, der sich näherte. Für die Version des Verfassungsschützers bleibt ein Spielraum von vielleicht 20, 30 Sekunden für die Verübung des Mordes bis zum Erscheinen des Vaters. Das ist praktisch unmöglich.

Wenn Temme nicht selber der Mörder war, was die Staatsanwaltschaft ausschließt, muss er, auch wegen seiner Körpergröße von 1,90 m, zumindest das Opfer hinter dem Tresen liegen gesehen haben. Davon gingen auch die Ermittler aus. Dann aber war sein Weggehen eine Flucht, und er hätte etwas mit der Tat zu tun. Wo soll der Ladenbesitzer Halit Yozgat zwischen 17:01 und 17:03 Uhr gewesen sein, als Temme ihn gesucht haben will und ging? Halit wartete darauf, dass er jeden Moment von seinem Vater abgelöst wird. Er musste pünktlich weg, weil er einen Termin auf der Abendrealschule hatte. Immer, wenn er sich verspätete, sagt Ismail Yozgat vor Gericht, habe sein Sohn schon in der Tür gestanden.

Der Mord geschah an einem Donnerstag. Der LfV-Beamte Temme hatte für Freitag frei genommen, er stand zusammen mit seiner schwangeren Frau vor einem verlängerten Wochenende. Von dem Mord will er erst am Sonntag erfahren haben. Am Montag ging er normal zum Dienst und meldete sich nicht als Zeuge. Das muss man als Verdunkelung werten. Die Ermittler kamen ihm auf die Spur und nahmen in zwei Wochen später, am 21. April, fest. Er stand zunächst unter Tatverdacht. Das Ermittlungsverfahren wurde im Januar 2007 aber eingestellt.

Warum hat er sich nach dem Mord nicht gemeldet? Temme gibt sich zerknirscht. Er habe Angst vor dienstlichen Konsequenzen gehabt, denn in der

Nähe gebe es ein Beobachtungsobjekt des Verfassungsschutzes, dort solle man eigentlich nicht auftauchen. Und er habe sich geschämt, weil er chattete, obwohl er jung verheiratet war und sie ihr erstes gemeinsames Kind erwarteten. Sein Auftritt ist ein Abbild von dem vor dem Berliner Untersuchungsausschuss im September. Wie damals stockt ihm auch jetzt die Stimme, er schluckt und redet scheinbar bewegt. Den vorsitzenden Richter Manfred Götzl beeindruckt das nicht. Er insistiert darauf, plausibel erklärt zu bekommen, warum ein Staatsbeamter sich derart verantwortungslos verhält. *„Wollten Sie sich raushalten, aus welchen Gründen auch immer?"*, fragt er. *„Nein"*, antwortet der, *„wenn ich etwas wahrgenommen hätte, hätte ich das mitgeteilt."* Und weiter: *„Es war falsch, mich nicht zu melden. Ich glaube, ich habe mir meine Angst eingeredet. Ich verstehe mich ja selber nicht. Ich frage mich das seit sieben Jahren."* Andreas Temme muss sich selbst erniedrigen, er muss diese Rolle spielen, wahrscheinlich, um die wirklichen Hintergründe seiner Anwesenheit während eines Mordes zu verschweigen.

Der Ex-Verfassungsschützer, Arbeitsname „Alexander Thomsen", führte damals sechs Quellen – fünf im Bereich Islamismus und eine im Bereich Rechtsextremismus. Der V-Mann dort hieß Benjamin Gärtner (Quelle „GP 389"). Am Tattag telefonierte Temme zweimal mit ihm, mittags und etwa eine Viertelstunde nach der Tat. Inhalt unbekannt. Vier Tage nach der Tat traf er sich mit ihm, angeblich nur, um ihm seinen Agentenlohn zu geben. Von der VS-Arbeit Temmes und der Verbindung mit dem V-Mann Benjamin G. kennt die Öffentlichkeit bisher nur Bruchstücke. Von den Treffs im Jahre 2006 existieren keine Berichte. Bemerkenswert: Die Kontakte zwischen Temme/Thomsen und Gärtner gingen auch nach der Suspendierung des Verfassungsschützers weiter, telefonisch, festgestellt bei Telefonüberwachungen Temmes. Und auch mit der Quelle „GP 389" arbeitete das Amt nach dem Ausscheiden Temmes zunächst weiter. Sie soll 2006 dann abgeschaltet worden sein. Nebenkläger haben beantragt, Benjamin G. selber als Zeugen in München zu hören.

Benjamin Gärtner war schon V-Mann, als ihn Temme im Jahr 2003 übernahm. Er hatte Kontakt zur Kasseler rechten Szene, aber auch nach Thüringen und war 2001 bei einer Aktion des Thüringer Heimatschutzes (THS) in Eisenach festgenommen worden. Das war im Untersuchungsausschuss in Berlin zu erfahren. Zum rechtsextremen THS zählten auch Böhnhardt,

Mundlos und Zschäpe sowie die in München Angeklagten Ralf Wohlleben, Carsten Schultze und Holger Gerlach. Der THS war unter starker Mitwirkung des Verfassungsschutzes geschaffen worden und von zahlreichen V-Leuten durchsetzt. Ein führender Aktivist war der V-Mann Tino Brandt. Der Thüringer Verfassungsschutz wurde vom Hessischen aufgebaut. Aus dem Thüringer Heimatschutz ging das spätere NSU-Netzwerk um Böhnhardt, Mundlos, Zschäpe und Wohlleben hervor.

Fragwürdig ist auch das Verhalten der Amtsleitung, nachdem sein Mitarbeiter in Tatverdacht geriet. Während des Ermittlungsverfahrens trafen sich sowohl seine Vorgesetzte der Dienststelle Kassel als auch der LfV-Präsident Lutz Irrgang persönlich mit Temme. Das Treffen mit der Vorgesetzten fand nicht im Dienstgebäude statt, sondern in einer Autobahnraststätte, quasi konspirativ, denn es sollte nicht von der Polizei abgehört werden können. Die Inhalte der Gespräche sind nicht bekannt. Den ermittelnden Kriminalbeamten wurde die Vernehmung der Quellen Temmes untersagt – verantwortlich: der damalige Innenminister von Hessen und heutige Noch-Ministerpräsident Volker Bouffier (CDU). Quellenschutz vor Aufklärung eines Mordes, so die Maßgabe.

Die Ermittlungen gegen den Verfassungsschützer Temme umfassen 35 Aktenordner. Sie liegen dem Gericht nicht vor, sondern befinden sich bei der Bundesanwaltschaft in Karlsruhe. Nach dem Auffliegen des Terror-Trios im November 2011 übernahm sie das Verfahren. Noch nach dem Doppelmord im April 2006 an Mehmet Kubasik in Dortmund und Halit Yozgat in Kassel hatte sich die Behörde geweigert, die Ermittlungen zu übernehmen, obwohl bei allen neun Morden dieselbe Ceska-Pistole benutzt wurde und der Zusammenhang bekannt war. Im Mai 2006 kam es in Kassel zu einer Demonstration von Migrantenfamilien unter dem Motto „Kein zehnter Mord!" Doch die oberste Anklagebehörde schloss rechtsextreme und fremdenfeindliche Tatmotive aus und sprach von einem privaten Rachefeldzug eines Einzeltäters.

Nach dem November 2011 wurden sämtliche Ermittlungen der zehn Morde überprüft – auch die 35 Ordner zum Verfassungsschützer Andreas Temme. Allerdings waren sie an mehreren Stellen geschwärzt, wie der BKA-Beamte Michael Stahl vor dem Gericht zugeben muss. Auch, ob die Akten vollständig sind, kann er nicht sagen. Allem Anschein nach fehlten Unterlagen aus der Telefonüberwachung. Und auch die damaligen Ermittlungsakten der Staatsanwaltschaft Kassel gegen Temme liegen dem Gericht nicht vor. Mehrere Nebenklägeranwälte stellen den Antrag, alle diese Akten zum Prozess beizuziehen. Sie beklagten ein „Minus an Kenntnissen" gegenüber der Bundesanwaltschaft. Deren Vertreter widersprachen. In den Akten gebe es keine Anhaltspunkte für eine Tatbeteiligung oder Hintergründe der Tat. Und auch zum Schutz der Persönlichkeitsrechte von Herrn Temme sollten sie nicht ins Verfahren eingeführt werden. Schließlich gäben sie Einblick in dessen Privatleben.

Zum Beweis, dass die Akten doch wichtig sind, zitiert Rechtsanwalt Thomas Bliwier, der die Familie Yozgat vertritt, schließlich aus einem Protokoll der Telefonüberwachung Temmes: Ein Anruf von V-Mann Benjamin Gärtner auf dem Handy Temmes, den er nur unter seinem Tarnnamen Alexander Thomsen kannte. Auf der Mailbox hinterließ er den Satz: *„Hi, Alex, ich bin's, Benny. Es ist Post angekommen. Wenn du dein Handy anmachst, kannst du ja mal anrufen."* Datum 28. April 2006, eine Woche nach der Festnahme seines VP-Führers.

Andreas Temme wird zu einem späteren Zeitpunkt erneut vernommen werden. Bleibt noch zu vermelden, dass im Publikum an diesem Tag zwei Ministerialbeamte aus dem Bundesinnenministerium sitzen, die als offizielle BMI-Vertreter die Sitzungen des NSU-Untersuchungsausschusses in Berlin begleitet haben. *„Rein privat"*, erklären sie, gefragt, ob sie dienstlich da seien.

Thomas Moser

Anhang 2: Antwortschreiben der StA Berlin

Staatsanwaltschaft Berlin

Staatsanwaltschaft Berlin, 10548 Berlin, GSt: 231

Herrn
Udo Schulze
████████████
████████████████

Geschäftszeichen bei Antwort bitte
angeben: **231 Js 1036/13**

Dienstgebäude:
10559 Berlin, Turmstr. 91

Tel- Durchwahl (030) 9014 2220
       Zentrale (030) 9014 0
Fax Zentrale (030) 9014 3310

E-Mail: poststelle@sta.berlin.de
**(nicht für frist- und formwahrende
Schreiben)**

Datum: 02.07.2013

Ermittlungsverfahren gegen Markus H██████████

Ihre Strafanzeige vom 24. Juni 2013

Sehr geehrter Herr Udo Schulze,

das Verfahren habe ich eingestellt, da das Verbreiten wahrer Aussagen kein Verunglimpfen
eines Verstorbenen darstellt.

Mit freundlichen Grüßen

Beglaubigt

L████
Staatsanwalt

D████████
Justizbeschäftigte

Anschrift für Briefsendungen:
10548 Berlin
Anschrift für Paketsendungen:
Turmstr. 91, 10559 Berlin

Verkehrsverbindungen (unverbindlich)

Busse 187, 245, 123, M27, TXL; U-Bhf
Turmstr.; S-Bhf. Bellevue

Barrierefreier Zugang

Wilsnacker Str. 4

Sprechzeiten

Mo, Di, Do 08:30 - 15:00 Uhr
Mi und Fr 08:30 - 13:00 Uhr
Weitere Termine nach
Vereinbarung

Über den Autor

Udo Schulze (geb. 1962) ist Terrorismus-
experte und Enthüllungsjournalist. Er
studierte Politikwissenschaft, Recht und
Psychologie und ist seit 1984 als Journalist tätig. Nach beruflichen Stationen wie
BILD, BZ und RTL wendete er sich dem
wirklichen investigativen Journalismus
zu. In seinem 2004 erschienenen Buch
„Die Abrechnung – Deutschland, deine
Journalisten" beschreibt Schulze unver-
blümt die Zustände in deutschen Redak-
tionsstuben und berichtet über Medien-
lügen und die Manipulation der Bürger.

Auch zum Thema RAF recherchierte Udo Schulze. Das Buch „RAF – Becker, Buback und Geheimdienste" ist das erste Buch, das aus bislang unver-
öffentlichten Akten des Bundeskriminalamtes berichtet und die wahre Geschichte der Verena Becker, den RAF-Angehörigen in der DDR sowie die
dunklen Machenschaften des Staates erhellt.

Bisherige Buchveröffentlichungen:
„Staatsaffäre Natascha Kampusch" (mit Guido Grandt), Weltenwandel 2013
„RAF – Becker, Buback und Geheimdienste", Argo 2010
„Im Fadenkreuz der Ermittlungen", Argo 2009
„Die Abrechnung – Deutschland, deine Journalisten", Extrem Verlag 2004

Kontakt
Email: udo.schulze1@gmx.de

Quellen- und Fußnotenverzeichnis

(1) www.bild.de/news/inland/nsu/wohnmobil-des-boesen-27353340.bild.html –
Zugriff 23.3.13

(2) www.faz.net/aktuell/politik/inland/rechtsextremismus/zwickauer-terrorzelle-es-war-
selbstmord-11533076.html – Zugriff 23.3.13

(3) www.focus.de/politik/deutschland/nazi-terror/tid-24877/focus-titel-ueber-die-
terroristin-beate-zschaepe-rekonstruktion-der-irren-flucht_aid_706786.html –
Zugriff 24.3.13

(4) www.focus.de/politik/deutschland/nazi-terror/tid-24877/focus-titel-ueber-die-
terroristin-beate-zschaepe-rekonstruktion-der-irren-flucht_aid_706786.html –
Zugriff 24.3.13

(5) www.berliner-zeitung.de/neonazi-terror/zwickauer-terrorzelle-suche-nach-dem-
vierten-mann-in-der-nsu,11151296,14700928,item,0.html – Zugriff 24.3.13

(6) www.berliner-zeitung.de/neonazi-terror/zwickauer-terrorzelle-suche-nach-dem-
vierten-mann-in-der-nsu,11151296,14700928,item,0.html – Zugriff 24.3.13

(7) www.berliner-zeitung.de/neonazi-terror/zwickauer-terrorzelle-suche-nach-dem-
vierten-mann-in-der-nsu,11151296,14700928,item,0.html – Zugriff 24.3.13

(8) www.focus.de/politik/deutschland/nazi-terror/tid-24877/focus-titel-ueber-die-
terroristin-beate-zschaepe-rekonstruktion-der-irren-flucht_aid_706786.html –
Zugriff 24.3.13

(9) www.focus.de/politik/deutschland/nazi-terror/tid-24877/focus-titel-ueber-die-
terroristin-beate-zschaepe-rekonstruktion-der-irren-flucht_aid_706786.html –
Zugriff 24.3.13 – Bisher hieß es offiziell immer, man habe im Brandschutt der Wohnung in Zwickau eine oder mehrere DVDs mit dem ominösen Bekennervideo gefunden. Von abgesendeten Bekennerschreiben war in der Öffentlichkeit nie die Rede. Dem
FOCUS liegen eigenen Angaben zufolge Akten vor, aus denen der Vorgang in Leipzig
aber hervor gehe.

(10) www.focus.de/politik/deutschland/nazi-terror/tid-24877/focus-titel-ueber-die-
terroristin-beate-zschaepe-rekonstruktion-der-irren-flucht_aid_706786.html –
Zugriff 24.3.13

(11) www.spiegel.de/panorama/justiz/nsu-prozess-was-beate-zschaepe-nach-ihrer-
festnahme-sagte-a-909076.html – Zugriff 3.7.13

(12) www.welt.de/politik/deutschland/article13741150/Wurde-Beate-Zschaepe-als-V-Frau-
vom-Staat-gedeckt.html – Zugriff 3.7.13

(13) www.welt.de/politik/deutschland/article13741150/Wurde-Beate-Zschaepe-als-V-Frau-
vom-Staat-gedeckt.html – Zugriff 3.7.13

(14) BGH-Beschluss in dem Ermittlungsverfahren gegen Beate Zschäpe vom 28.12.2012, StG 1/12, S. 8, RN 12

(15) www.focus.de/politik/deutschland/nazi-terror/tid-25757/report-der-held-von-eisenach-teil2_aid_750742.html – Zugriff 24.3.13

(16) http://sueddeutsche.de/politik/neonazi-terror-der-letzte-tag-von-boenhardt-und-mundlos-1.1190232 – Zugriff 24.3.13

(17) www.insuedthueringen.de/regional/thueringen/thuefwthuedeu/Was-war-wirklich-los-im-Wohnmobil;art83467,2192462 – Zugriff 24.03.13

(18) www.insuedthueringen.de/regional/thueringen/thuefwthuedeu/Was-war-wirklich-los-im-Wohnmobil;art83467,2192462 – Zugriff 24.03.13

(19) www.berliner-zeitung.de/neonaziterror/zwickauer-terrorzelle-suche-nach-dem-vierten-mann-in-der-nsu,11151296,14700928,item,0.html – Zugriff 23.3.13

(20) www.berliner-zeitung.de/neonaziterror/zwickauer-terrorzelle-suche-nach-dem-vierten-mann-in-der-nsu,11151296,14700928,item,0.html – Zugriff 23.3.13

(21) www.stern.de/politik/deutschland/zwickauer-terrorzelle-das-raetsel-von-eisenach-1753339.html – Zugriff 23.3.13

(22) www.stern.de/politik/deutschland/zwickauer-terrorzelle-das-raetsel-von-eisenach-1753339.html – Zugriff 23.3.13

(23) Vertrauliches Gespräch des Autors mit Informanten

(24) www.welt.de/politik/deutschland/article13727823/Zweifel-an-Selbstmord-von-Boehnhardt-und-Mundlos.html – Zugriff 22.3.13

(25) https://www.youtube.com/watch?v=hWlkrBgrNRQ – Zugriff 25.3.13

(26) www.tagesspiegel.de/berlin/nsu-terror-polizei-untersucht-spur-zu-berliner-rockern/7167860.html – Zugriff 22.3.13

(27) www.zeit.de/politik/deutschland/2012-09/nsu-rocker-bandidos – Zugriff 26.3.13

(28) www.burks.de/artikel/040897.html – Zugriff 17.4.13

(29) www.insuedthueringen.de/regional/thueringen/thuefwthuedeu/Was-war-wirklich-los-im-Wohnmobil;art83467,2192462 – Zugriff 24.3.13

(30) www.insuedthueringen.de/regional/thueringen/thuefwthuedeu/Was-war-wirklich-los-im-Wohnmobil;art83467,2192462 – Zugriff 24.3.13

(31) http://einrechfrei.wordpress.com/2012/11/28/fakten-und-ungereimtheiten-zu-den-nsudoner-morden-teil-4-ii/ – Zugriff 05.04.13

(32) FOCUS 38/2012, S. 62 „Beerdigung gestoppt"

(33) www.youtube.com/watch?v=6p_A1g2m2wg – Zugriff 28.8.13

(34) www.insuedthueringen.de/regional/thueringen/thuefwthuedeu/Was-war-wirklich-los-im-Wohnmobil;art83467,2192462 – Zugriff 24.3.13

(35) www.spiegel.de/panorama/justiz/wattestaebchen-bka-vermutet-neue-panne-bei-nsu-ermittlungen-a-883920.html – Zugriff 26.3.13

(36) www.stuttgarter-zeitung.de/inhalt.polizistenmord-von-heilbronn-mischen-die-geheimdienste-mit.6438bc5b-28b1-4dfc-9b5f-69cc00799672.html – Zugriff 26.3.13
Normalerweise wird für einen Bankraub keine Sonderkommission eingesetzt, zumal die Täter ja angeblich feststanden, sondern die nötigen Ermittlungen werden vom zuständigen Raubdezernat übernommen. Diese Sonderkommission lässt auf einen Sonderfall schließen, der mit dem Überfall an sich eigentlich nichts zu tun haben kann.

(37) www.stuttgarter-zeitung.de/inhalt.polizistenmord-von-heilbronn-mischen-die-geheimdienste-mit.6438bc5b-28b1-4dfc-9b5f-69cc00799672.html – Zugriff 26.3.13

(38) www.freie-radios.net/49194 *Operation Rennsteig – alles muss man selber machen –* Zugriff 27.3.13

(39) www.berliner-kurier.de/politik-wirtschaft/nsu-terror-terror-braut-zschaepe-mysterioes-spur-ins-ministerium,7169228,16131724.html – Zugriff 27.3.13

(40) www.berliner-kurier.de/politik-wirtschaft/nsu-terror-terror-braut-zschaepe-mysterioese-spur-ins-ministerium,7169228,16131724.html – Zugriff 27.3.13

(41) www.neues-deutschland.de/artikel/228143.telefonanrufe-bei-der-terror-frau.html – Zugriff 27.3.13

(42) www.neues-deutschland.de/artikel/228143.telefonanrufe-bei-der-terror-frau.html – Zugriff 27.3.13

(43) www.neues-deutschland.de/artikel/228143.telefonanrufe-bei-der-terror-frau.html – Zugriff 27.3.13

(44) www.stern.de/panorama/die-nsu-und-der-verfassungsschutz-ruf-doch-mal-beim-nazi-an-1838271.html – Zugriff 28.3.13

(45) www.thueringer-allgemeine.de/web/ztg/leben/detail/-/specific/Terror-aus-Thueringen-Teil-2-Die-Rolle-der-Beate-Zschaepe-887642935 – Zugriff 28.3.13

(46) www.neues-deutschland.de/artikel/228143.telefonanrufe-bei-der-terror-frau.html – Zugriff 27.3.13

(47) www.sueddeutsche.de/politik/neue-details-ueber-die-zwickauer-terrorzelle-badetag-in-der-fruehlingsstrasse-1.1247504-2 – Zugriff 31.3.13

(48) www.fr-online.de/neonazi-terror/beate-zschaepe-ein-ganz-normales-leben-in-zwickau,1477338,11597882.html – Zugriff 01.04.13

(49) www.fr-online.de/neonazi-terror/beate-zschaepe-ein-ganz-normales-leben-in-zwickau,1477338,11597882.html – Zugriff 01.04.13

(50) www.n-tv.de/politik/NSU-plante-weitere-Morde-article10021186.html –
      Zugriff 02.04.13

(51) www.n-tv.de/politik/NSU-plante-weitere-Morde-article10021186.html –
      Zugriff 02.04.13

(52) www.fr-online.de/neonazi-terror/nsu-beate-zschaepe-zschaepes-raetselhafte-rolle-
      ,1477338,20763628.html – Zugriff 02.04.13

(53) www.sueddeutsche.de/politik/inhaftierte-nsu-terroristin-zschaepe-soll-gefangene-zur-
      gewalt-angestiftet-haben-1.1636439 – Zugriff 04.04.13

(54) www.welt.de/politik/deutschland/article114862539/Milch-gegen-Gewalt-Justiz-
      ermittelt-im-Zschaepe-Knast.html – Zugriff 04.04.13

(55) www.sueddeutsche.de/politik/inhaftierte-nsu-terroristin-zschaepe-soll-gefangene-zur-
      gewalt-angestiftet-haben-1.1636439 – Zugriff 04.04.13

(56) www.sueddeutsche.de/politik/inhaftierte-nsu-terroristin-zschaepe-soll-gefangene-zur-
      gewalt-angestiftet-haben-1.1636439 – Zugriff 04.04.13

(57) www.ndr.de/fernsehen/sendungen/45_min/videos/minuten887.html
      Der Hinweis mit der Handynummer beginnt bei Minute 00:03:04. – Zugriff 05.04.13

(58) www.kontextwochenzeitung.de/newsartikel/2013/03/dauer-sabotage – Zugriff 11.4.13

(59) Die deutschen Polizeidienststellen setzen ihre Pressemitteilungen bereits seit Jahren
      über den sog. Originaltextservice (OTS) der DPA ins Internet. Die Adresse lautet:
      www.polizeipresse.de

(60) www.fr-online.de/neonazi-terror/zwickauer-terrorzelle-wie-hat-die-nsu-ihre-taten-
      finanziert-,1477338,11551692.html – Zugriff 07.04.13

(61) Vorläufiger Abschlussbericht des Sächsischen Staatsministeriums des Innern zum Fall-
      komplex „Nationalsozialistischer Untergrund", S. 16

(62) Zeugenaussage EKHK V. am 5. August 2013 vor dem OLG München in dem Verfah-
      ren gegen Zschäpe u. a.

(63) Zeugenaussage EKHK V. am 5. August 2013 vor dem OLG München in dem Verfah-
      ren gegen Zschäpe u. a.

(64) www.welt.de/print-welt/article486516/Halbmond-ermittelt-in-Mordserie.html –
      Zugriff 11.4.13

(65) www.youtube.com/watch?=T-5HKZ-87ZI – Zugriff 10.3.13

(66) www.welt.de/print-welt/article663155/Tuerkische-Banden-immer-dominanter.html –
      Zugriff 12.4.13

(67) www.welt.de/print-welt/article663155/Tuerkische-Banden-immer-dominanter.html –
      Zugriff 12.4.13

(68) www.welt.de/print-welt/article663155/Tuerkische-Banden-immer-dominanter.html – Zugriff 12.4.13

(69) www.zeit.de/online/2009/28/mafia-deutschland/seite-2 – Zugriff 12.4.13

(70) www.wz-newsline.de/home/politik/nrw/organisierte-kriminalitaet-italienische-mafia-nur-auf-platz-6-1.471446 – Zugriff 12.4.13

(71) www.spiegel.de/panorama/brand-in-backnang-tuerkische-mutter-und-sieben-kinder-sterben-a-887943.html – Zugriff 16.4.13

(72) www.spiegel.de/panorama/justiz/brand-in-backnang-feuer-wohl-versehentlich-ausgeloest-a-892551.html – Zugriff 16.4.13

(73) Gössner, Rolf: *Geheime Informanten*, München 2003, S. 96ff

(74) Gössner, S. 100

(75) www.spiegel.de/politik/deutschland/bestuerzung-und-empoerung-brandanschlag-auf-duesseldorfer-synagoge-a-96419.html – Zugriff 27.8.13

(76) www.spiegel.de/politik/deutschland/duesseldorf-anschlag-auf-synagoge-geklaert-a-106612.html – Zugriff 27.8.13

(77) Das Papier beschreibt zusammenfassend die Erkenntnisse, die von den Strafverfolgungsbehörden und des Verfassungsschutzes bei den Ermittlungen im Fall Turgut zutage getreten sind. Dazu gehören vor allem kriminelle Hintergründe der Opfer-Familie. – Privatarchiv Udo Schulze

(78) www.spiegel.de/spiegel/print/d-77108510.html – Zugriff 16.4.13

(79) www.spiegel.de/spiegel/print/d-77108510.html – Zugriff 16.4.13

(80) EA2/303, Bü. 84 im Bestand des Hauptstaatsarchivs Stuttgart

(81) EA2/303, Bü. 84 im Bestand des Hauptstaatsarchivs Stuttgart

(82) EA2/303, Bü. 841 im Bestand des Hauptstaatsarchivs Stuttgart

(83) http://www.tagblatt.de/Home/nachrichten/ueberregional/baden-wuerttemberg_artikel,-NSU-Ausschuss-untersucht-rechte-Szene-und-Ku-Klux-Klan-im-Suedwesten-_arid,211195.html – Zugriff 19.4.13

(84) EA2/303, Bü. 835 im Bestand des Hauptstaatsarchivs Stuttgart

(85) EA2/303, Bü. 840 im Bestand des Hauptstaatsarchivs Stuttgart

(86) EA2/303, Bü. 840 im Bestand des Hauptstaatsarchivs Stuttgart

(87) EA2/303, Bü. 840 im Bestand des Hauptstaatsarchivs Stuttgart

(88) EA2/303, Bü. 840 im Bestand des Hauptstaatsarchivs Stuttgart

(89) EA 2/303 Bü. 497 im Bestand des Hauptstaatsarchivs Stuttgart. Hierbei handelt es sich um Akten des Innenministeriums von Baden-Württemberg, die sich mit Schutzmaß-nahmen für türkische Repräsentanten und Einrichtungen beschäftigen.

(90) Broschüre: „Sicherheitsgefährdende Bestrebungen von Ausländern 1971" des Bundes-amtes für Verfassungsschutz, S. 46. Das Heft befindet sich unter der Signatur EA2/303, Bü. 129 „politische Betätigung von Ausländern 1971-1973" im Bestand des Hauptstaatsarchivs Stuttgart

(91) EA2/303, Bü. 129 „politische Betätigung von Ausländern 1971-1973" im Bestand des Hauptstaatsarchivs Stuttgart

(92) www.spiegel.de/spiegel/print/d-77108510.html – Zugriff 16.4.13

(93) EA2/303, Bü. 840 im Bestand des Hauptstaatsarchivs Stuttgart

(94) EA2/303, Bü. 840 im Bestand des Hauptstaatsarchivs Stuttgart

(95) Im Slang der italo-amerikanischen Mafia ist ein „Fall Guy" ein Sündenbock nach Art des „dummen Hundes". Bestes Beispiel für eine solche Figur war Lee Harvey Oswald, der im November 1963 US-Präsident John F. Kennedy in Dallas erschossen haben soll und kurz darauf selber von Schüssen tödlich getroffen wurde.

(96) EA2/303, Bü. 840 im Bestand des Hauptstaatsarchivs Stuttgart

(97) BstU MfS Arbeitsbereich Neiber 0012, Archiv Udo Schulze

(98) BstU MfS Arbeitsbereich Neiber 0012, Archiv Schulze, hier: Erklärung von Bundesin-nenminister Dr. Wolfgang Schäuble zur Vorstellung des Verfassungsschutzberichtes 1988 am 4. Juli 1989 im Saal der Bundespressekonferenz in Bonn.

(99) www.spiegel.de/spiegel/print/d-77108510.html – Zugriff 16.4.13

(100) www.spiegel.de/spiegel/print/d-77108510.html – Zugriff 16.4.13

(101) www.spiegel.de/spiegel/print/d-77108510.html – Zugriff 16.4.13

(102) http://de.wikipedia.org/wiki/Encyclopaedia_of_Islam – Zugriff 21.4.13

(103) www.deutsch-tuerkische-nachrichten.de/2013/02/467997/sedat-peker-mafioso-aus-deutschland-soll-massaker-gegen-aleviten-angestiftet-haben/ – Zugriff 21.4.13

(104) Wegweisend hat dazu der Schweizer Historiker Prof. Dr. Daniele Ganser gearbeitet, der als erster ein umfassendes Werk zu der Geheimarmee der NATO verfasste und als Professor an der Universität Zürich tätig ist. Auch in Deutschland bestand während der Zeit des Kalten Krieges eine GLADIO-Einheit, die „Stay behind" genannt wurde und Teil des BND war. Ans Tageslicht kam die Existenz von GLADIO durch Ermitt-lungen eines italienischen Staatsanwaltes Anfang der 1990-er Jahre.

(105) http://de.wikipedia.org/wiki/Heimatschutzbataillon#Quellen – Zugriff 18.7.13

(106) www.heise.de/tp/blogs/6/153944 – Zugriff 24.4.13

(107) Kopie BStU, AR 8, S. 119ff

(108) Persönliches Gespräch zwischen dem Autor und Odfried Hepp im Sommer 2006 in Karlsruhe

(109) von Bülow, Andreas: *Im Namen des Staates – CIA, BND und die kriminellen Machenschaften der Geheimdienste*, München 1999, S. 363 f

(110) von Bülow, Andreas: *Im Namen des Staates – CIA, BND und die kriminellen Machenschaften der Geheimdienste*, München 1999, S. 359 f

(111) www.bild.de/politik/inland/nsu/bka-verweigert-auskunft-ueber-neo-nazi-todeslisten-21119264.bild.html Zugriff 13.5.13

(112) von Bülow. Andreas: *Im Namen des Staates – CIA, BND und die kriminellen Machenschaften der Geheimdienste*, München 1999, S. 361

(113) www.trend-infopartisan.net/trd0200/t210200.html – Zugriff 25.4.13

(114) www.trend-infopartisan.net/trd0200/t210200.html – Zugriff 25.4.13

(115) www.trend-infopartisan.net/trd0200/t210200.html – Zugriff 25.4.13

(116) www.trend-infopartisan.net/trd0200/t210200.html – Zugriff 25.4.13

(117) www.spiegel.de/spiegel/print/d-13513601.html – Zugriff 25.4.13

(118) www.zeit.de/gesellschaft/zeitgeschehen/2012-05/nsu-kriminalitaet-tuerken – Zugriff 26.4.13

(119) www.zeit.de/gesellschaft/zeitgeschehen/2012-05/nsu-kriminalitaet-tuerken – Zugriff 26.4.13

(120) www.welt.de/print/die_welt/hamburg/article115825086/Der-Hamburger-Mord-der-NSU.html – Zugriff 25.9.13

(121) www.stadtnetz-wuppertal.de/article22292_4519.html – Zugriff 26.5.13

(122) www.augsburger-allgemeine.de/neu-ulm/Mord-an-Blumenhaendler-Soko-stoesst-auf-raetselhafte-Todesfaelle-id17041111.html – Zugriff 26.5.13

(123) www.augsburger-allgemeine.de/neu-ulm/Mord-an-Blumenhaendler-Soko-stoesst-auf-raetselhafte-Todesfaelle-id17041111.html – Zugriff 26.5.13

(124) www.augsburger-allgemeine.de/neu-ulm/Mord-an-Blumenhaendler-Soko-stoesst-auf-raetselhafte-Todesfaelle-id17041111.html – Zugriff 26.5.13

(125) www.schwaebische.de/region/biberach-ulm/laichingen/stadtnachrichten-laichingen_artikel,-Blumenhaendler-Mord-mit-NSU-Taten-verglichen-Wohl-keine-fremdenfeindlichen-Motive-_arid,5490103.html – Zugriff 29.8.13

(126) www.sueddeutsche.de/politik/nsu-prozess-in-muenchen-mysterioese-spur-nach-nuernberg-1.1701287 – Zugriff 20.6.13

(127) Aussage des EKHK V. vor dem OLG München im Verfahren gegen Beate Zschäpe u. a. am 5. August 2013, vom Autor im Gerichtssaal mitprotokolliert.

(128) www.kurdmania.org/News-Pressemitteilung-der-KGD-zum-NSU-Prozess-item-1231.html – Zugriff 26.5.13

(129) www.welt.de/vermischtes/weltgeschehen/article12447050/Hat-der-Doener-Moerder-zwei-weitere-Opfer-erschossen.html – Zugriff 26.5.13

(130) www.-spiegel.de/spiegel/print/d-13686684 – Zugriff 27.5.13

(131) http://ob.nubati.net/de/pkk_idam.php – Zugriff 27.5.13

(132) http://ob.nubati.net/de/pkk_idam.php – Zugriff 27.5.13

(133) www.focus.de/politik/deutschland/mord-die-verscharrte-zeugin-_aid_208441.html – Zugriff 27.5.13

(134) Das „Romeo-Prinzip", das später von allen Geheimdiensten übernommen wurde, bestand darin, männliche Agenten an einsame Sekretärinnen oder hohe Beamtinnen der Bonner Politwelt heranzuführen und zu umgarnen. Wenn sich eine Beziehung zwischen dem Agenten und der Frau entwickelt hatte, wurde die Dame zur Spionage veranlasst. Die meisten der Frauen machten aus echter Zuneigung oder aus Angst mit.

(135) http://ob.nubati.net/de/pkk_idam.php – Zugriff 27.5.13

(136) www.spiegel.de/spiegel/print/d-8034290.html – Zugriff 27.5.13

(137) www.spiegel.de/spiegel/print/d-13686684.html – Zugriff 27.5.13

(138) www.sueddeutsche.de/politik/mord-an-pkk-aktivistinnen-tatverdaechtiger-ist-tuerkischer-nationalist-1.1585476 – Zugriff 27.5.13

(139) www.berliner-zeitung.de/polizei/tuerkischer-geschaeftsmann-erschossen-5000-euro-fuer-hinweise-auf-kreuzberger-todesschuetzen,10809296,11388888.html – Zugriff 8.8.13

(140) www.odenwaldgeschichten.de/?p=1264 – Zugriff 8.8.13

(141) www.faz.net/aktuell/rhein-main/frankfurt/frankfurt-sossenheim-geschaeftsmann-vor-tuerkischem-supermarkt-erschossen-1940102.html – Zugriff 8.8.13

(142) www.presseportal.de/polizeipresse/pm/64017/2524094/bundespolizeidirektion-muenchen-falsche-identitaet-aufgeflogen-bundespolizei-verhaftet?search=T%FCrke – Zugriff 8.8.13

(143) www.presseportal.de/polizeipresse/pm/74149/2499936/bpol-h-bundespolizei-vollstreckt-haftbefehle?search=T%FCrke – Zugriff 9.8.13

(144) www.presseportal.de/polizeipresse/pm/6337/2447167/pol-hh-130409-4-mutmasslicher-drogenhaendler-dem-haftrichter-zugefuehrt?search=T%FCrke – Zugriff 9.8.13

(145) www.shortnews.de/id/9691/hamburg-tuerke-erschossen-polizei-fahndet-mit-foto-nach-tatverdaechtigem – Zugriff 10.8.13

(146) www.berliner-kurier.de/polizei-justiz/fahndungsfotos-veroeffentlicht-auftrags-schlaeger-erschossen--blut-connection-nach-berlin,7169126,16493420.html – Zugriff 10.8.13

(147) www.tlz.de/startseite/detail/-/specific/NSU-Trio-soll-auf-Erfurter-Bahnhof-auf-Brueder-geschossen-haben-1605718557 – Zugriff 1.5.13

(148) www.tlz.de/startseite/detail/-/specific/NSU-Trio-soll-auf-Erfurter-Bahnhof-auf-Brueder-geschossen-haben-1605718557 – Zugriff 1.5.13

(149) www.mdr.de/thueringen/zwickauer-trio720.html – Zugriff 2.5.13

(150) www.mdr.de/thueringen/zwickauer-trio720.html – Zugriff 2.5.13

(151) E-Mail der Deutschen Bahn AG auf die Anfrage des Autors vom 2.5.13

(152) www.n24.de/Nachrichten/Politik/d/2775968/neue-ermittlungen-gegen-beate-zschaepe.html Minute 00:33-00:39 – Zugriff 3.5.13

(153) www.n24.de/Nachrichten/Politik/d/2775968/neue-ermittlungen-gegen-beate-zschaepe.html Minute 1:30-1:34 – Zugriff 3.5.13

(154) www.rundschau-online.de/politik/neue-ermittlungen-zschaepe-soll-auf-bruder-geschossen-haben,15184890,22604686.html – Zugriff 9.5.13

(155) www.rundschau-online.de/politik/neue-ermittlungen-zschaepe-soll-auf-bruder-geschossen-haben,15184890,22604686.html – Zugriff 9.5.13

(156) www.nordbayern.de/ressorts/schlagzeilenseite/neuer-vorwurf-zschape-schon-1996-in-mordfall-verwickelt-1.2864360 – Zugriff 12.5.13

(157) www.nordbayern.de/ressorts/schlagzeilenseite/neuer-vorwurf-zschape-schon-1996-in-mordfall-verwickelt-1.2864360 – Zugriff 12.5.13

(158) www.focus.de/politik/deutschland/nazi-terror/kurz-bevor-die-bombe-explodierte-zschaepe-spionierte-offenbar-nsu-anschlagsziele-aus_aid_987111.html – Zugriff 13.5.13

(159) www.nytimes.com/2013/05/07/world/europe/trial-of-neo-nazi-beate-zschape-in-germany.html?_r=0 – Zugriff 13.5.13

(160) www.fr-online.de/neonazi-terror/zwickauer-zelle--italiener-gaben-hinweise-auf-nsu,1477338,16519696.html – Zugriff 23.5.13

(161) www.fr-online.de/neonazi-terror/zwickauer-zelle--italiener-gaben-hinweise-auf-nsu,1477338,16519696.html – Zugriff 23.5.13

(162) www.spiegel.de/politik/ausland/zypern-frage-tuerkei-steuert-wiedervereinigung-an-a-229071.html – Zugriff 14.5.13

(163) www.faz.net/aktuell/politik/ausland/zum-tod-von-rauf-denktasch-unnachgiebiger-anwalt-der-zypern-tuerken-11607496.html – Zugriff 14.3.13

(164) Vertrauliches Informanten-Gespräch des Autors

(165) www.zeit.de/2012/48/Opfer-NSU-Hinterbliebene/seite-2 – Zugriff 25.5.13

(166) Gespräch des Autors mit einem Informanten

(167) www.sondereinheiten.de/forum/viewtopic.php?=4&t=6815 – Zugriff 30.5.13

(168) www.sondereinheiten.de/forum/viewtopic.php?=4&t=6815 – Zugriff 30.5.13

(169) Gespräch des Autors mit einem Informanten

(170) Gespräch des Autors mit einem Informanten

(171) Nachfrage des Autors bei der Auslandsauskunft der deutschen Telekom AG, Stand 30.5.13

(172) Beweisbeschluss BY-14 des NSU-Untersuchungsausschusses des Deutschen Bundestages v. 13.12.12, S. 20

(173) www.diepresse.com/home/sport/fussball/523142/Fussball_Der_groesste_Betrugsskandal_aller_Zeiten) – Zugriff 20.5.13

(174) www.sueddeutsche.de/sport/wettskandal-im-fussball-die-gekauften-tore-der-profikicker-1.151061 – Zugriff 20.5.13

(175) http://focus.de/panorama/welt/internationaler-wettskandal-leiche-von-fussballprofi-aus-fluss-gezogen_aid_67846.html – Zugriff 20.5.13

(176) www.spiegel.de/panorama/justiz/mysterioese-erschiessungen-spur-der-doener-moerder-fuehrt-zur-wettmafia-a-666670.html – Zugriff 20.5.13

(177) www.spiegel.de/panorama/justiz/mysterioese-erschiessungen-spur-der-doener-moerder-fuehrt-zur-wettmafia-a-666670.html – Zugriff 20.5.13

(178) www.bmi.bund.de/SharedDocs/Reden/DE/2012/10/fritsche_nsu.html – Zugriff 16.5. 2013 – Hans-Dieter Fritsche, Staatssekretär im Bundesministerium des Innern, zieht hier in einer Rede vor dem Deutschen Bundestag einen Vergleich zwischen RAF und NSU. In diesem Zusammenhang bezeichnet er den NSU als Kleinstzelle.

(179) Urteil des OLG Stuttgart v. 17.7.1986 GN 5-1StE 1/83 gegen Brigitte Mohnhaupt und Christian Klar, S. 44ff (Hervorhebungen durch den Autor)

(180) www.thuringer-allgemeine.de/web/zgt/leben/detail/-/specific/Gothaer-Polizei-Chef-offenbart-Details-zu-Eisenacher-Bankraub-1229938459 – Zugriff 16.5.13

(181) www.spiegel.de/fotostrecke/neue-spuren-doener-morde-spur-im-rechtsextremen-milieu-fotostrecke-75056-3.html – Zugriff 17.5.13

(182) www.ksta.de/muelheim/nagelbomben-anschlag-erleichterung-auf-der-keupstrasse,15187568,16326120.html – Zugriff 16.5.13

(183) www.kontextwochenzeitung.de/ueberm-kesselrand/118/die-falschen-polizisten-aus-der-koelner-keupstrasse-1273.html – Zugriff 3.7.13

(184) www.kontextwochenzeitung.de/ueberm-kesselrand/118/die-falschen-polizisten-aus-der-koelner-keupstrasse-1273.html – Zugriff 3.7.13

(185) www.kontextwochenzeitung.de/ueberm-kesselrand/118/die-falschen-polizisten-aus-der-koelner-keupstrasse-1273.html – Zugriff 3.7.13

(186) www.spiegel.de/fotostrecke/neue-spuren-doener-morde-spur-im-rechtsextremen-milieu-fotostrecke-75064-5.html – Zugriff 17.5.13

(187) http://friedensblick.de/2774/rekonstruktion-des-nsu-mordes-an-halit-yozgat/ – Zugriff 26.5.13

(188) www.spiegel.de/spiegel/print/d-80075315.html – Zugriff 26.5.13

(189) www.sueddeutsche.de/muenchen/bundeskriminalamt-mordserie-gegen-tuerkische-kleinunternehmer-1.662348 – Zugriff 18.5.13

(190) www.sueddeutsche.de/muenchen/bundeskriminalamt-mordserie-gegen-tuerkische-kleinunternehmer-1.662348 – Zugriff 18.5.13

(191) www.n-tv.de/politik/War-Zschaepe-die-Drahtzieherin-article7779781.html – Zugriff 26.5.13

(192) www.bild.de/news/inland/nsu/zschaepe-wird-mehr-belastet-32465712.bild.html – Zugriff 19.9.13

(193) www.spiegel.de/panorama/justiz/nsu-prozess-zeugin-koennte-person-mit-zschaepe-verwechselt-haben-a-924632.html – Zugriff 26.9.13

(194) Vertrauliches Gespräch des Autors mit einem Informanten

(195) www.tagesspiegel.de/politik/14-verhandlungtag-im-nsu-prozess-polizisten-fallen-durch-unsensible-aussagen-auf/8397682.htr – Zugriff 8.7.13

(196) Siehe die Antwort der Staatsanwaltschaft im Anhang 2 des Buches

(197) www.bifff-berlin.de/aktuell113.html – Zugriff 8.7.13. – Hier geht es um ein Verfahren, in dem provokante sexuelle Darstellungen in einem Magazin moniert wurden. Die Ermittlungen wurden eingestellt, weil es sich lt. Staatsanwaltschaft Berlin um Darstellungen handelte, die durch die Kunstfreiheit gedeckt seien.

(198) http://de.wikipedia.org/wiki/Allgemeine_Erkl%C3%A4rung_der_Menschenrechte – Zugriff 9.7.13

(199) www.youtube.com/watch?v=njAQXY7nBGk – Zugriff 24.5.13

(200) www.youtube.com/watch?v=N0PInHhpY50 – Zugriff 24.5.13

(201) www.merkur-online.de/aktuelles/politik/zdf-kuestenwache-zeigte-nsu-fahndungsfotos-zr-2504766.html – Zugriff 24.5.13

(202) http://de.wikipedia.org/wiki/K%C3%BCstenwache_(Fernsehserie) – Zugriff 24.5.13

(203) www.serienjunkies.de/kuestenwache/7x10-gegen-die-zeit.html – Zugriff 24.5.13

(204) www.tatort-fundus.de/web/folgen/chrono/2000-bis-2009/2001/487-bestien.html – Zugriff 24.5.13

(205) www.tatort-fundus.de/web/folgen/chrono/2000-bis-2009/2001/487-bestien.html – Zugriff 24.5.13

(206) Tornow-Godoy, Stefanie: *Konstruktion der Wahrheit, die Manipulation der US-Bevölkerung durch Politik und Medien am Beispiel der politischen Satire „Wag the Dog"*, Grin-Verlag 2012

(207) http://dasgehirn.info/aktuell/frage-an-das-gehirn/kann-uns-unterschwellige-werbung-beeinflussen – Zugriff 24.5.13

(208) www.amazon.de/Hollywood-Washington-Beeinflussung-US-amerikanischen-Filmindustrie/dp/3640620216#reader_3640620216 – Zugriff 26.5.13

(209) Dorina Linette Frerking: *Filmsynchronisation als Instrument politischer Beeinflussung: Ein Vergleich der Situationen in Deutschland und Spanien der frühen 50er Jahre am Beispiel der Disney-Klassiker „Peter Pan" und „Alice im Wunderland"*, S. 44, – Zugriff 26.5.13

(210) http://juris.bundesgerichtshof.de/cgi-bin/rechtsprechung/document.py?Gericht=bgh&Art=pm&Datum=2012&Seite=4&nr=60388&pos=145&anz=217 – Zugriff 26.5.13

(211) Der Autor war damals als Redakteur eines privaten TV-Senders zu Recherchen persönlich vor Ort und erlebte die Entlassung des Militaria-Händlers nachts am Düsseldorfer Polizeipräsidium mit.

(212) Im Sommer 2003 stand ein angeblicher Leibwächter von Osama bin Laden in Düsseldorf vor Gericht, weil er zusammen mit einem Komplizen den Auftrag gehabt haben soll, in Deutschland Anschlagziele auszukundschaften. Im Zuge dessen gab er zu, auch eine Disko in der Nähe der Ackerstraße ins Auge gefasst zu haben. Deswegen vermuteten die Behörden, auch der Anschlag wenige hundert Meter weiter an der S-Bahn-Station sei den Islamisten zuzuordnen, was allerdings nie bewiesen wurde. In die Recherchen hierzu war der Autor als TV-Redakteur ebenfalls eingebunden.

(213) Der Autor war zu diesem Zeitpunkt bei einer TV-Produktion tätig und wollte eben jenen Beitrag erstellen. Den Anruf des Staatsanwaltes nahm er persönlich entgegen.

(214) www.taz.de/!84961/ – Zugriff 26.5.13

(215) http://waz.m.derwesten.de/;sl_slide_u2=1;slst=-1/dw/staedte/duesseldorf/ermittlungen-zu-sprengstoff-anschlag-eingestellt-id3293692.html?service=mobile – Zugriff 26.5.13

(216) www.zeit.de/2000/46/Das_Duesseldorfer_Attentat – Zugriff 26.5.13

(217) www.taz.de/!44929/ – Zugriff 26.5.13

(218) www.taz.de/!44929/ – Zugriff 26.5.13

(219) http://peoplecheck.de/s/holger+passauer – Zugriff 26.5.13

(220) www.spiegel.de/panorama/justiz/grossfahndung-phantombild-des-mannichl-attentaeters-veroeffentlicht-a-597605.html – Zugriff 26.5.13

(221) www.sueddeutsche.de/bayern/der-fall-mannichl-ein-stich-und-die-folgen-1.369940 – Zugriff 26.5.13

(222) www.sueddeutsche.de/bayern/passau-weitere-pannen-im-fall-mannichl-1.150997 – Zugriff 27.5.13

(223) www.welt.de/politik/article2995955/Die-Ungereimtheiten-im-Fall-Alois-Mannichl.html – Zugriff 27.5.13

(224) www.welt.de/politik/article2995955/Die-Ungereimtheiten-im-Fall-Alois-Mannichl.html – Zugriff 27.5.13

(225) www.spiegel.de/panorama/justiz/fall-mannichl-dna-spuren-passen-nicht-zur-zwickauer-terrorzelle-a-798689.html – Zugriff 27.5.13

(226) www.focus.de/panorama/welt/angriff-auf-passauer-polizeichef-neue-spur-im-fall-mannichl-fuehrt-ins-rockermilieu_aid_936897.html – Zugriff 27.5.13

(227) www.spiegel.de/justiz/die-spur-der-nsu-tatwaffe-ceska-zbrojovka-83-a-867818.html – Zugriff 28.5.13

(228) www.spiegel.de/justiz/die-spur-der-nsu-tatwaffe-ceska-zbrojovka-83-a-867818.html – Zugriff 28.5.13

(229) www.spiegel.de/justiz/die-spur-der-nsu-tatwaffe-ceska-zbrojovka-83-a-867818.html – Zugriff 28.5.13

(230) www.bernerzeitung.ch/bern/kanton/So-kam-die-Pistole-aus-Bern-zu-rechtsextremen-Moerdern/story/18020861 – Zugriff 28.5.13

(231) www.focus.de/politik/deutschland/nazi-terror/tatwaffe-der-zwickauer-terrorzelle-bka-techniker-machen-abgeschliffene-waffennummer-sichtbar_aid_705512.html – Zugriff 28.5.13

(232) www.spiegel.de/politik/deutschland/nrw-salafisten-besassen-gleichen-waffentyp-wie-neonazi-a-889293.html – Zugriff 28.5.13

(233) www.ndr.de/geschichte/cellerloch102.html – Zugriff 28.5.13

(234) www.sueddeutsche.de/politik/v-mann-peter-urbach-soll-tot-sein-genau-das-stueckchen-arbeiterklasse-1.1312411 – Zugriff 28.5.13

(235) V-Leute und verdeckte Ermittler sind zwei völlig verschiedene Einrichtungen der polizeilichen und geheimdienstlichen Arbeit. Während V-Leute aus der Szene selbst stam-

men und in der Regel selber kriminell sind, handelt es sich bei verdeckten Ermittlern um Beamte. (Hervorhebungen durch den Autor)

(236) Urteil LG Krefeld StK 21/99, 32 Js 83/99

(237) Urteil LG Krefeld, S. 19

(238) Urteil LG Krefeld, S. 24 – Das Urteil liegt Autor und Verlag durch die Pressestelle des LG Krefeld vor, die den Schriftsatz anonymisiert hat. Dazu gehörte auch die Anonymisierung der Waffenmarke, die allerdings im hier wiedergegebenen Text des Bundesgerichtshofs genannt wird. Mit der Anonymisierung der Waffenmarke, deren Nennung rein gar nichts mit einem Verstoß gegen das Datenschutzgesetz zu tun hätte, sollte offensichtlich gerade jene Assoziation zwischen dem Komplex NSU und der im Urteil genannten Kriminalitätsfelder verhindert werden, die vom Autor im vorliegenden Buch hergestellt wird.

(239) http://jaessl.wordpress.com/2011/01/15/albanien-drogen-und-merkwurdige-tote/ – Zugriff 7.7.13

(240) http://jaessl.wordpress.com/2011/01/15/albanien-drogen-und-merkwurdige-tote/ – Zugriff 7.7.13

(241) http://jaessl.wordpress.com/2011/01/15/albanien-drogen-und-merkwurdige-tote/ – Zugriff 7.7.13

(242) http://jaessl.wordpress.com/2011/01/15/albanien-drogen-und-merkwurdige-tote/ – Zugriff 7.7.13

(243) Analysepapier des BND zum Kosovo, Privatarchiv des Autors

(244) Vgl. Beweisbeschluss BY-14 des NSU-Untersuchungsausschusses des Deutschen Bundestages v. 13.12.12, S. 20

(245) www.judentum.net/europa/zuerich.htm – Zugriff 30.5.13

(246) www.hagalil.com/archiv/2001/06/rabbiner.htm – Zugriff 30.5.13

(247) www.frankenpost.de/regional/oberfranken/laenderspiegel/Neue-Spur-bei-Jagd-auf-den-Doener-Killer;art2388,729857 – Zugriff 23.6.13

(248) www.justiz.bayern.de/sta/sta/ho/presse/archiv/2007/00703/ – Zugriff 23.6.13

(249) www.n-tv.de/panorama/Erste-heisse-Spur-article152652.html – Zugriff 18.6.13

(250) Vertrauliches Gespräch des Autors mit einem Informanten

(251) Informationen des Autors aus hohen Polizei- und Justizkreisen

(252) www.spiegel.de/panorama/justiz/nsu-prozess-mitangeklagter-carsten-s-beginnt-aussage-a-903766.html – Zugriff 05.06.13

(253) www.derbund.ch/ausland/europa/Die-Pistole-der-Zwickauer-Zelle-kostete-damals-1250-Franken/story/27729489 – Zugriff 14.6.13

(254) www.faz.net/aktuell/politik/inland/rechtsextremismus/nsu-prozess-gepruegelt-zerstoert-angegriffen-12210488.html – Zugriff 5.6.13

(255) www.stern.de/panorama/wegen-fehlender-beweise-schweiz-stellt-verfahren-zu-nsu-mordwaffe-ein-1995196.html – Zugriff 5.6.13

(256) www.zeit.de/gesellschaft/zeitgeschehen/2013-07/nsu-prozess-waffe-ceska – Zugriff 5.7.13

(257) Gössner, Rolf: *Geheime Informanten*, München 2003, S. 29ff

(258) Gössner, Rolf: *Geheime Informanten*, München 2003, S. 36

(259) Gössner, S. 37

(260) www.sueddeutsche.de/politik/zwickauer-terrorzelle-die-spur-der-waffen-1.1274430-2 – Zugriff 5.6.13

(261) http://welt.de/politik/deutschland/article/116868197/NSU-Kronzeuge-erzaehlt-von-seiner-Spielsucht.html?2013,6,6,12,47,39 – Zugriff 7.6.13

(262) Vertrauliches Gespräch des Autors mit einem Informanten

(263) Vertrauliches Gespräch des Autors mit einem Informanten

(264) http://unglaublichkeiten.net/lager/moell4.pdf – Zugriff 14.6.13

(265) http://de.wikipedia.org/wiki/NSU-Morde – Zugriff 14.6.13

(266) http://forum.spiegel.de/f22/nsu-prozess-muenchen-wie-war-das-also-mit-der-waffe-92156.html – Zugriff 14.6.13

(267) www.spiegel.de/panorama/justiz/heilbronner-phantom-fall-wattestaebchen-haetten-nicht-zur-dna-analyse-eingesetzt-werden-duerfen-a-615791.html – Zugriff 14.6.13

(268) www.freiepresse.de/NACHRICHTEN/DEUTSCHLAND/NSU-Prozess-Irrtum-oder-brisanter-Widerspruch-artikel8422858.php – Zugriff 14.6.13

(269) www.eaysmonotoring.ch/handelsregister/j-luxik-waffen-und-munition-748928 – Zugriff 15.6.13

(270) www.feuerwehr-kettig.de/html/hitzeschutz.html – Zugriff 19.6.13

(271) www.chemie-im-alltag.de/articles/0055/ – Zugriff 19.6.13

(272) www.nsu-watch.info/files/2013/05/NSU-Transkript.pdf – Zugriff 19.6.13

(273) www.nsu-watch.info/files/2013/05/NSU-Transkript.pdf – Zugriff 19.6.13

(274) http://de.wikipedia.org/wiki/Pink-Panther-Reihe – Zugriff 20.6.13

(275) dokmz.wordpress.com/2011/12/12/neonazi-bombenleger-in-osterreich – Zugriff 24.6.13

(276) www.merkur-online.de/aktuelles/politik/ganze-grausamkeit-2972659 – Zugriff 26.6.13

(277) www.spiegel.de/panorama/justiz/rauberbande-pink-panthers-monacos-polizei-verhaftet-mutmassliche-meisterdiebe-a-631626 – Zugriff 21.6.13

(278) www.freitag.de/autoren/gsfrb/informantin-krokus-wann-platzt-die-bombe – Zugriff 21.6.13

(279) www.bild.de/news/2007/news/hinrichtung-kopfschuss-1741622.bild.html – Zugriff 26.6.13

(280) Vertrauliches Gespräch des Autors mit einem Informanten

(281) www.lka-bw.de/LKA/presse/Pressemitteilungen/2007-04-04-Ausbruch.pdf – Zugriff 26.6.13

(282) www.lka-bw.de/LKA/presse/Pressemitteilungen/2007-04-04-Ausbruch.pdf – Zugriff 26.6.13

(283) www.strohgaeu.de/sm05_magazin.php?magazin=/backoffice/archives.pl?view=4-07 – Zugriff 26.6.13

(284) Vertrauliches Gespräch des Autors mit einem Informanten

(285) Vertrauliches Gespräch des Autors mit einem Informanten

(286) Vertrauliches Gespräch des Autors mit einem Informanten

(287) www.stimme.de/heilbronn/polizistenmord/sonstige-Polizistenmord-Fahnder-setzten-auf-Hypnose;art15061,2360698 – Zugriff 27.6.13

(288) www.kontextwochenzeitung.de/pulsschlag/116/nsu-ausschuss-blamiert-die-polizei-1254.html – Zugriff 27.6.13

(289) www.stern.de/politik/deutschland/heilbronner-polizistinnenmord-waren-verfassungsschuetzer-zeuge-beim-mord-an-michele-kiesewetter-1757092.html – Zugriff 27.6.13

(290) www.stern.de/politik/deutschland/heilbronner-polizistinnenmord-waren-verfassungsschuetzer-zeuge-beim-mord-an-michele-kiesewetter-1757092.html – Zugriff 27.6.13

(291) www.heise.de/tp/artikel/35/35986/1.html Zugriff 27.6.13

(292) Das geht aus polizeilichen Unterlagen der Jahre 2002/2003 hervor – Privatarchiv Udo Schulze

(293) www.heise.de/tp/artikel/35/35986/1.html – Zugriff 28.6.13

(294) https://www.fbo.gov/index?s=opportunity&mode=form&tab=core&id=7feea1e173c27180d8ba4533a013558c – Zugriff 02.07.13

(295) www.sueddeutsche.de/muenchen/film-ueber-das-oktoberfest-attentat-schreckensbilder-die-zweifeln-lassen-1.1694697 – Zugriff 02.07.13

(296) http://stimme.de/heilbronn/polizistenmord/statistik/Orte-an-denen-die-DNA-bisher-gefunden-wurde;art16449,1220100 – Zugriff 30.6.13

(297) www.stimme.de/heilbronn/polizistenmord/Heilbronn-Polizistenmord-Phantom-Kiesewetter-Pawlenko-Soko-Saarbruecken-Frankreich-Phantom-Suche-Soko-wird-Komplizen-vernehmen;art15061,1429033 – Zugriff 1.7.13

(298) www.welt.de/vermischtes/article3457025/Phantommoerderin-gibt-es-nachweislich-nicht.html – Zugriff 1.7.13

(299) www.n-tv.de/panorama/71-jaehrige-Packerin-enttarnt-article67815.html – Zugriff 1.7.13

(300) www.n-tv.de/panorama/71-jaehrige-Packerin-enttarnt-article67815.html – Zugriff 1.7.13

(301) www.zeit.de/online/2009/14/oesterreich-wattestaebchen – Zugriff 1.7.13

(302) www.spiegel.de/panorama/justiz/wattestaebchen-bka-vermutet-neue-panne-bei-nsu-ermittlungen-a-883920.html – Zugriff 1.7.13

(303) Das geht aus zahlreichen Gesprächen des Autors mit Ermittlerkreisen hervor. Auch aus dem Raum der Politik wurde d. A. zu diesem Thema Informationen zugetragen.

(304) Vertrauliches Mitteilung an den Autor

(305) www.kontextwochenzeitung.de/machtmarkt/130/agentreffr-theresienwiese-1749.html – Zugriff 26.9.13

(306) www.kontextwochenzeitung.de/machtmarkt/130/agentreffr-theresienwiese-1749.html – Zugriff 26.9.13

(307) Vertrauliche Angaben gegenüber dem Autor

(308) Vertrauliche Hinweise an den Autor

(309) Vertrauliche Hinweis an den Autor

(310) Vertrauliche Hinweis gegenüber dem Autor

(311) www.sintiundroma.de/medien/aktuelles/detailansicht/article/thueringens-innenminister-besuchte-zentralrat.html – Zugriff 15.9.13

(312) www.politik-saarland.de/index.php?site=artikel_direct&themeid=52&artid=65 – Zugriff 15.9.13

(313) Vertrauliche Hinweise an den Autor

(314) Vertrauliche Hinweis an den Autor

(315) Vertrauliche Information an den Autor

(316) Vertrauliche Information an den Autor

(317) Vertrauliche Mitteilung an den Autor

(318) www.faz.net/aktuell/gesellschaft/kriminalitaet/polizistenmord-in-heilbronn-blutverschmierter-mann-in der-naehe-des-tatorts-1438445.html − Zugriff 4.7.13

(319) Bei der Auflistung handelt es sich um das Papier „Ministerium für Staatssicherheit, Liste aller Hauptamtlichen Mitarbeiter des MfS sowie Personen, die auf der Gehaltsliste des MfS im November 1989 geführt wurden", Privatarchiv Udo Schulze

(320) www.kontextwochenzeitung.de/ueberm-kesselrand/106/spuren-des-terrors-247.html − Zugriff 4.7.13

(321) www.stern.de/politik/deutschland/raetselraten-um-michele-kiesewetter-stiefvater-bestreitet-kontakte-zur-rechtsradikalen-szene-1754470.html − Zugriff 5.7.13

(322) www.taz.de/Von-der-NSU-getoetete-Polizistin/!101623/ − Zugriff 8.7.13

(323) www.spiegel.de/politik/deutschland/polizisten-aus-baden-wuerttemberg-waren-bei-ableger-des-ku-klux-klan-a-847685.html − Zugriff 12.9.13

(324) http://wolfwetzel.wordpress.com/2013/04/17/der-selbstmord-der-nsu-mitglieder-keine-zweifel/ − Zugriff 6.7.13

(325) www.stuttgarter-nachrichten.de/inhalt.neonazi-terror-patenonkel-der-toten-polizistin-wusste-bescheid.785ffd14-3bc2-4b1a-8ae0-9fcb9963f2c0.html − Zugriff 6.7.13

(326) www.taz.de/!110681/ − Zugriff 6.7.13

(327) www.taz.de/!110681/ − Zugriff 6.7.13

(328) www.odmp.info/mod/polizei/kondolenz.php − Zugriff 7.7.13

(329) www.spiegel.de/spiegel/print/d-14010746.html − Zugriff 15.7.13

(330) www.spiegel.de/spiegel/print/d-14010746.html − Zugriff 15.7.13

(331) www.geheimdienst.org/mad.html − Zugriff 28.7.13

(332) www.spiegel.de/politik/deutschland/militaergeheimdienst-mad-wollte-nazi-killer-mundlos-als-quelle-werben-a-855180.html − Zugriff 28.7.13

(333) www.stern.de/investigativ/verstoss-gegen-soldatengesetz-rechtsextremer-bundeswehr-offizier-dient-in-afghanistan-1903393.html − Zugriff 29.7.13

(334) www.asfrab.de/bundeswehrchronik-1986-1995.html − Zugriff 29.7.13

(335) www.berliner-zeitung.de/archiv/-wehrsportgruppe-dragon--wollte-asylbewerberheime-angreifen-unteroffizier-agierte-als-trainer,10810590,8843268.html − Zugriff 29.7.13

(336) Grandt, Guido/Schulze, Udo: *Staatsaffäre Natascha Kampusch*, Elbingen 2013, S. 123ff

(337) „Verfassungsschutz beliefert NSA", in Süddeutsche Zeitung Nr. 213 v. 14.9.13

(338) www.radio-utopie.de/2012/07/30/mad-quelle-nsu-trio-bereits-1999-tot/ – Zugriff 29.7.13

(339) www.berliner-zeitung.de/neonazi-terror/rechter-terror-behoerden-sollen-nsu-trio-gedeckt-haben,11151296,23940514.html – Zugriff 13.8.13

(340) www.berliner-zeitung.de/neonazi-terror/rechter-terror-behoerden-sollen-nsu-trio-gedeckt-haben,11151296,23940514.html – Zugriff 13.8.13

(341) Gespräch des Autors mit einem Informanten aus dem Bereich der Bundespolitik vom August 2013

(342) MfS XV/3726/80 „Seemann" im Bestand der BStU

(343) Ein entsprechendes Anschreiben des LfV BW lagert im Bestand des Hauptstaatsarchivs Stuttgart und wurde vom Autor eingesehen. Die Hinweise sollen massiv und „wasserdicht" gewesen sein. Eine Anfrage des Autors beim Innenministerium Stuttgart vom Juni 2013 wurde abschlägig beschieden. Man habe aus dieser Zeit keinerlei Unterlagen mehr, hieß es.

(344) Gössner, Rolf: *Geheime Informanten*, München 2003, S. 145

(345) Gössner, Rolf: *Geheime Informanten*, München 2003, S. 151f

(346) www.zeit.de/2002/20/Der_Spion_der_in_die_Kaelte_ging – Zugriff 14.8.13

(347) Die Informationen stammen aus dem IM-Vorgang MfS XV 2086/88 im Bestand der BStU

(348) Akte MfS-HA XXII, Nr. 289/5 im Bestand der BStU

(349) Gössner, Rolf: *Geheime Informanten*, München 2003, S. 102ff

(350) Gössner, Rolf: *Geheime Informanten*, München 2003, S. 106

(351) www.spiegel.de/spiegel/print/d-17483243.html – Zugriff 26.8.13

(352) Gössner, S. 225ff

(353) www.schatzsucher.de/Foren/archive/index.php?t-8980.html – Zugriff 8.9.13

(354) In Rostock wurden 1991 Asylbewerberheime von randalierenden Rechtsradikalen überfallen und in Brand gesteckt. Besonders betroffen waren vietnamesische Familien. Während die Polizei den Mob weitestgehend gewähren ließ, spendeten zahlreiche Anwohner Beifall. Manche Historiker und Soziologen bezeichnen die Ausschreitungen noch heute als einen beginnenden Volksaufstand.

(355) www.focus.de/magazin/archiv/politik-warum-nicht-gleich-tuerkische-richter-in-deutschen-gerichtssaelen_aid_954889.html – Zugriff 24.9.13

(356) www.tagesspiegel.de/politik/nsu-prozess-streit-ums-kruzifix/8185452.html – Zugriff 4.10.13

(357) www.handelsblatt.com/politik/deutschland/halit-yozgat-emotionaler-zeugenauftritt-im-nsu-prozess/8872866.html – Zugriff 4.10.13

(358) www.berliner-zeitung.de/neonazi-terror/nsu-prozess-wichtiger-zeuge-im-auto-verbrannt,11151296,24474928.html – Zugriff 30.9.13

(359) www.spiegel.de/spiegel/print/d-39909558 – Zugriff 30.9.13

(360) www.stern.de/politik/deutschland/2-nsu-prozess-so-nah-wie-moeglich-an-der-wahrheit-2061859.html – Zugriff 6.10.13

(361) http://friedensblick.de/4261/nsu-wer-war-alles-verfassungsschutz-informant/ – Zugriff 6.10.13

(362) www.berliner-zeitung.de/neonazi-terror/ex-neo-nazi-architekt-des-nsu-als-v-mann-enttarnt,11151296,24521234.html – Zugriff 5.10.13

Bildquellen

Cover: Ceska – http://de.wikipedia.org/wiki/%C4%8Cesk%C3%A1_zbrojovka

(1) www.bka.de

(2) www.kontextwochenzeitung.de/pulsschlag/120/die-vertuschten-phantome-von-heilbronn-1297.html?tx_comments_pi1[page]=1

(3) Carsten S., AIDS-Hilfe Düsseldorf

Jan van Helsing

Halten Sie es für möglich, dass ein paar mächtige Organisationen die Geschicke der Menschheit steuern? Jan van Helsing ist es nun gelungen, einen aktiven Hochgradfreimaurer zu einem Interview zu bewegen, in dem dieser detailliert über das verborgene Wirken der weltgrößten Geheimverbindung spricht – aus erster Hand! Dieser Insider informiert uns darüber: was die Neue Weltordnung darstellt, wie sie aufgebaut wurde und seit wann sie etabliert ist – weshalb die Menschen einen Mikrochip implantiert bekommen – dass die Menschheit massiv dezimiert wird – welche Rolle Luzifer in der Freimaurerei spielt – dass der Mensch niemals vom Affen abstammen kann – welche Rolle die Blutlinie Jesu spielt – dass es eine Art Meuterei in der Freimaurerei gibt und was im Jahr 2012 aus Sicht der Freimaurer auf die Menschheit zukommt.

ISBN 978-3-938656-80-8 • 26,00 Euro

WAS SIE NICHT WISSEN SOLLEN!

Michael Morris

Einigen wenigen Familien gehört die gesamte westliche Welt – und nun wollen sie den Rest!

Eine kleine Gruppe von Privatbankiers regiert im Geheimen unsere Welt. Das Ziel dieser Geldelite ist kein Geringeres als die Weltherrschaft, genannt die *Neue Weltordnung*!

Michael Morris erklärt über die Zukunft der Finanz- und Wirtschaftswelt: *„Die Ländergrenzen werden bleiben, aber die Währungsgrenzen fallen! Ich habe in diesem Buch den Fokus auf die Wirtschaft, auf Geld und das Bankwesen gelegt, denn die Mechanismen des Geldes sind der Schlüssel zur Macht dieser Bankiers-Clans. Seit fast zweihundert Jahren sind wir immer wieder auf dieselben Tricks hereingefallen. Das geht nur deswegen, weil die meisten Menschen nicht verstehen, wie unser globales Finanzsystem funktioniert... Jeder Börsencrash war geplant und so ist es auch der nächste – und der kommt sehr bald."*

Der Autor zeigt zudem:

1. aktuelle Firmenbeteiligungen der Rothschild- und Rockefeller-Familien,
2. dass der IWF schon lange ein Konzept für eine Weltwährung vorliegen hat, und
3. dass es Alternativen gibt – für die Regierungen wie auch für den Einzelnen.

ISBN 978-3-938656-13-6 • 21,00 Euro

HÄNDE WEG VON DIESEM BUCH!

Jan van Helsing

Jan van Helsing

Sie werden sich sicherlich fragen, wieso Sie dieses Buch nicht in die Hand nehmen sollen. Handelt es sich hierbei nur um eine clevere Werbestrategie? Nein, der Rat: **„Hände weg von diesem Buch!"** ist ernst gemeint. Denn nach diesem Buch wird es nicht leicht für Sie sein, so weiterzuleben wie bisher. Heute könnten Sie möglicherweise noch denken: *„Das hatte mir ja keiner gesagt, woher hätte ich denn das auch wissen sollen?"* Heute können Sie vielleicht auch noch meinen, dass Sie als Einzelperson sowieso nichts zu melden haben und nichts verändern können. Nach diesem Buch ist es mit dieser Sichtweise jedoch vorbei! Sollten Sie ein Mensch sein, den Geheimnisse nicht interessieren, der nie den Wunsch nach innerem und äußerem Reichtum verspürt hat, der sich um Erfolg und Gesundheit keine Gedanken macht, dann ist es besser, wenn Sie den gut gemeinten Rat befolgen und Ihre Finger von diesem Buch lassen.

ISBN 978-3-9807106-8-8 • 21,00 Euro

HITLER ÜBERLEBTE IN ARGENTINIEN

Jan van Helsing & Abel Basti

Augenzeugen kontra Geschichtsbücher

„So ein Unsinn", werden Sie über den Titel denken. *„Hitler ist im Berliner Bunker gestorben. Man hat die verkohlten Leichen von ihm und Eva Braun gefunden, und das dort aufgefundene Gebiss wurde als das von Hitler identifiziert."*

Nun ja, diese Darstellung des Ablebens von Adolf Hitler ist zwar offiziell anerkannt und wurde kürzlich auch recht aufwendig verfilmt, ist aber selbst unter Historikern umstritten – nicht zuletzt deshalb, weil das angebliche Schädelfragment Hitlers im Jahre 2010 untersucht wurde und sich nach einem DNS-Test als das einer Frau herausstellte. Und wieso berichten die größten Tageszeitungen Paraguays im Jahre 2010, dass Hitler lange in Südamerika gelebt hat und auch dort gestorben ist? Nun stellen Sie sich bestimmt die Frage: *„Ja und, was soll's? Jetzt ist er aber bestimmt tot! Was soll ich mich damit noch beschäftigen?"* Richtig, genau das sollte man meinen. Allerdings werden in diesem Buch Personen präsentiert – die namentlich genannt werden –, die nicht nur behaupten, Adolf Hitler persönlich in Südamerika angetroffen zu haben und das über einen längeren Zeitraum hinweg – bis ins Jahr 1964 –, sondern auch, dass er die letzten zwanzig Jahre seines Lebens nicht untätig war – ganz im Gegenteil!

ISBN 978-3-938656-20-4 • 26,00 Euro

Johannes Holey

Rote Karte für Krankheits- und Ernährungsschwindler

Der überraschende Beschluss der Regierungsvertreter, Nahrungsergänzungs- und Naturheilmittel zu verbieten, jedoch weiterhin z.B. WLAN, das unsere Gehirne regelrecht ‚grillt', in allen Ecken und Winkeln zu erlauben, weckt Protest. Stellen Sie sich auch manchmal die Frage, wie man in einem solchen Chaos überhaupt gesund bleiben kann? Johannes Holey deckt in seinem 2. Band „Jetzt reicht's!" erneut eine Menge dreister Schwindel für Sie auf. Wussten Sie beispielsweise, dass man mit System die Familien zerstören will oder dass aus Profitsucht gezielt Krankheiten erfunden werden?

In einer Zeit, in der immer mehr Masken fallen und Lügen Beine kriegen, floriert aber auch gleichzeitig ein noch nie dagewesenes Potential an neuen Unterstützungsmöglichkeiten!

ISBN 978-3-938656-09-9 • 19,70 Euro

Johannes Holey

Wie lange lassen wir uns das noch gefallen?
Lügen in Wirtschaft, Medizin, Ernährung und Religion

Sind Sie der Meinung, dass Sie durch Fernsehen und Presse die Wahrheit erfahren? Dann können Sie sich das Lesen dieses Buches ersparen. Der Autor lässt Sie einen Blick hinter all jene Lügen riskieren, die Ihre Gesundheit, Ihr Leben und das Ihrer Kinder bis aufs Äußerste belasten. Seine Recherche in der alternativen Fachpresse und in weit über hundert Wissenschaftsberichten liefert dazu die jeweiligen top-aktuellen Wahrheiten. Dort, wo mächtige Organisationen das Weltgeschehen steuern und die Mainstream-Medien dazu schweigen müssen, suchte und fand er reichlich Aufklärung, auch wenn man darüber teilweise sehr erschrickt.

Johannes Holey demaskiert Lüge um Lüge – von erfundenen Krankheiten, über bewusste Mangelerzeugungen (Vitamin B12, Eisen u.a.), systematische Vergiftungen (Fluor, Übersäuerung u.a.), die lukrativen Ernährungslügen, den Fleisch-, Zucker- und Getränkeschwindel. Die möglichen Krankmacher Mikrowelle, Kunstlicht und Mobilfunk sind mit dabei wie auch das Klimakatastrophen-Märchen und die geplante Währungsreform.

ISBN 978-3-938656-44-0 • 21,00 Euro

NATIONALE SICHERHEIT – Die Verschwörung

Dan Davis

Theorien über eine Verschwörung gab es genug! In diesem Buch finden Sie die Fakten dazu: Adressen, Bilder, Beweise, Interviews!
Viele Menschen sind für diese Aufdeckungen verfolgt und gerichtlich belangt worden, unzählige wurden umgebracht. Und die Uhr tickt!
Der Autor wurde aufgrund unglaublicher Fakten von hochrangigen Politikern der Bundesregierung zu ‚Vier-Augen-Gesprächen' eingeladen, interviewte Opfer der Projekte MK-Ultra und Monarch, sprach mit verschiedenen Insidern und hatte bereits in seiner frühesten Kindheit Bekanntschaft mit Hochtechnologie, die dem Normalbürger gänzlich unbekannt ist.

Das Buch enthält 548 Fotos von geheimen Entwicklungen in Luft- und Raumfahrt!

ISBN 978-3-938656-25-9 • 25,50 Euro

BUCH 3 – Der Dritte Weltkrieg

Jan van Helsing

Ist das Schicksal der Menschheit vorherbestimmt...?

Im Jahre 1871 erstellten die Führer einer Geheimloge einen Plan, wie sie über drei Weltkriege die Welt – sprich die Zentralbanken, das Öl, die Energie- sowie die Wasserversorgung und die Medien – in ihre Gewalt bringen können. Auf dem Weg zur *Neuen Weltordnung* – einer Weltregierung kontrolliert von diesen Schattenmännern – sollte der Erste Weltkrieg inszeniert werden, um das zaristische Russland in ihre Hände zu bringen. Der Zweite Weltkrieg sollte über die Manipulation der zwischen den deutschen Nationalisten und den politischen Zionisten herrschenden Meinungsverschiedenheiten fabriziert werden, und der Dritte Weltkrieg sollte sich, diesem Plan zufolge, aus den Meinungsverschiedenheiten ergeben, die man zwischen den Zionisten und den Arabern hervorrufen würde. Es wurde die weltweite Ausdehnung des Konfliktes geplant.
Interessiert es Sie, ob es tatsächlich dazu kommt, und wenn ja, wie dieser Krieg ausgehen wird? Die in diesem Buch aufgeführten Prophezeiungen von über einhundert verschiedenen Sehern haben alle genau diesen Dritten Weltkrieg vorausgesehen und die weitere Entwicklung der irdischen Menschheit im Detail beschrieben.

ISBN 978-3-9805733-5-1 • 25,50 Euro